HIER+JETZT

Beatrice Schumacher

**100 JAHRE
NATURFREUNDE SCHWEIZ**
1905–2005

………. **engagiert** …… unterwegs

**100 ANS FÉDÉRATION SUISSE
DES AMIS DE LA NATURE**
1905–2005

… En route avec …… **engagement**

Mit fünf Porträts
von Roger Monnerat

Avec cinq portraits
de Roger Monnerat

2005 hier + jetzt, Verlag für Kultur und Geschichte, Baden

Inhalt

5	Vorwort/Préface
6	Einleitung/Introduction

9 MEHR ALS EIN VEREIN – EINE BEWEGUNG!

10	Die grossen Ideale
12	International vernetzt – lokal verankert
15	Sich organisieren
16	Herausforderung Politik
18	Ideelle Ziele – materielle Interessen
21	Résumé en français
23	Porträt Felicitas Keller und Eveline Lenherr, Niederwil

27 «BERG FREI» – DIE PROLETARISCHE EROBERUNG DER FREIZEIT

28	Erste Touren ins Hochgebirge
32	«Anders» wandern
36	Hoffnungsträger für die junge Generation
37	Zürich wird Sitz der internationalen Naturfreunde
39	Einzug der Feriengäste
42	Das grosse Häuserbauen
44	Skisport über alles
44	Der Landeshäuser-Plan
47	Résumé en français
49	Porträt Margrit Kohler, Meiringen

55 ZAUBERFORMEL VOLKSTOURISMUS

55	Ferien für alle
57	Ein Blick auf Europa und die Schweiz
60	Die Eroberung von Zermatt
62	Im Kreuzfeuer der Kritik
65	Die kurze Hochblüte des Volkstourismus
69	Interne Opposition, parteipolitische Gräben
72	Volkstourismus nach dem Volkstourismus
73	Résumé en français
75	Porträt Betty und Hans Fischer-Weisskopf, Münchenstein

81 DAZUGEHÖREN – UND ANDERS BLEIBEN

83	Ferienheime – das Wettrennen mit dem Komfort
85	Steigende Nachfrage – veraltete Infrastruktur
86	Der lange Weg zum Hotel
87	Die zweite Eroberung von Zermatt
90	Die Komfortspirale dreht sich weiter
92	Grenzen des Milizsystems
94	Sport – «Endlich von der Aussenwelt zur Kenntnis genommen»
96	Aushängeschild Skischule
97	Alte Ideale neu interpretiert
98	Natur – vom Bildungsziel zum Politikum
101	Eine kleine Bilanz
101	Résumé en français
103	Portrait Denis et Thérèse Monnat-Chapatte, Le Noirmont

107 AUF DER GRÜNEN WELLE?

108	Aufbrechen, umdenken, öffnen
116	Von oben reformieren
121	Dezentrale Strukturen stärken
127	Résumé en français
129	Porträt René Merki, Zollikofen

132 ANHANG

132	Abkürzungen
132	Chronologie
136	Verbandsorgane
136	Mitgliederentwicklung
140	Anmerkungen
141	Quellen und Literatur
142	Bildnachweis
142	Dank
143	Donationen/Dons

Vorwort

ENGAGIERT UNTERWEGS – eine treffende Beschreibung des Wegs von 100 Jahren Naturfreunde Schweiz. Engagement für Mensch und Natur, das war stets der Wegweiser; unterwegs oder vielmehr in Bewegung zu sein, war die Marschroute. Die Autorin Dr. phil. Beatrice Schumacher führt uns gekonnt und mit Herzblut durch eine erfolgreiche Geschichte. Naturfreunde, Schriftstücke und Fotos erzählen von Höhen und Tiefen, die es zu überwinden galt. Spannende Seiten führen zu vielfältigen Ereignissen und Erlebnissen der Vergangenheit und regen an zu einem Blick in die Zukunft.

Es ist wahrlich ein faszinierendes Buch entstanden. Dafür danke ich der Autorin, der Buchbegleitungsgruppe sowie den vielen Helferinnen und Helfern, die ihr Wissen und ihre Archive zur Verfügung stellten. Ein Dankeschön geht aber auch an die Donatoren, die mit ihren Zuwendungen die finanzielle Basis gesichert haben.

ENGAGIERT UNTERWEGS in die Zukunft schreiten. Das Engagement für Mensch, Natur und Umwelt, die Angebote an Aus- und Weiterbildung – all die Möglichkeiten für eine sinnvolle und nachhaltige Freizeitgestaltung. Das sind und bleiben unsere obersten Zielsetzungen. Dabei übernehmen unsere Naturfreundehäuser als Orte der Begegnung, des Verweilens und Aufbruchs in die Natur eine wichtige Funktion. Durch die Naturfreunde Internationale können wir zudem Brücken schlagen, eine naturfreundliche Verbindung herstellen zu anderen Menschen und Kulturen. Die Naturfreunde bieten zahlreiche Chancen und Möglichkeiten. Deshalb bedeutet eine Mitgliedschaft bei den Naturfreunden auch in Zukunft: Natur geniessen, hegen und pflegen, Naturfreundschaften beleben, Kameradschaft und Solidarität verbinden.
ENGAGIERT UNTERWEGS mit einem sonnigen «Berg frei».
Jürg Zbinden, Präsident Naturfreunde Schweiz

Préface

EN ROUTE AVEC ENGAGEMENT – une définition judicieuse du parcours 100 ans Fédération Suisse des Amis de la Nature. L'engagement pour l'homme et la nature a toujours été notre aspiration, et être en route, ou plutôt rester en mouvement, notre devise. L'auteur du livre, Dr. phil. Beatrice Schumacher, nous guide avec habileté et passion à travers une histoire jalonnée de succès. Des témoignages d'Amis de la Nature, des écrits et des photos viennent rappeler les hauts et les bas qu'il a fallu surmonter. Des pages captivantes mettent en relief des événements et des épisodes du passé et incitent à regarder vers l'avenir. Les recherches ont abouti à un ouvrage vraiment fascinant. Je remercie l'auteur, le groupe d'accompagnement du livre ainsi que les nombreuses aides diverses qui ont mis leurs connaissances et leurs archives à disposition du projet. Un grand merci aussi à tous les donateurs qui ont permis d'en assurer la base financière grâce à leurs contributions.

Attaquer l'avenir EN ROUTE AVEC ENGAGEMENT. L'engagement pour l'homme, la nature et l'environnement, les offres de formation – toutes les possibilités d'une organisation sensée et durable du temps libre. Cela reste notre priorité absolue. Les maisons des Amis de la Nature y jouent un rôle essentiel en tant que lieux de rencontres, de séjour et d'épanouissement dans la nature. L'Internationale des Amis de la Nature nous permet en plus de nous ramifier et de servir de lien entre différentes populations et cultures. Les Amis de la Nature offrent d'innombrables chances et possibilités. C'est pourquoi, être membre des Amis de la Nature signifiera toujours à l'avenir: savourer la nature, la choyer et la cultiver, créer des amitiés liées à la nature, allier camaraderie et solidarité.
EN ROUTE AVEC ENGAGEMENT et un radieux «Berg frei».
Jürg Zbinden, président de la Fédération Suisse des Amis de la Nature

Einleitung

Was und wer die Naturfreunde sind, heute und damals, ist nicht einfach zu sagen. Ein Touristenverein? Ein Bergsportverband? Eine Kulturbewegung der Arbeiterschaft? Eine Freizeitorganisation mit ökologischem Bewusstsein? Die Bezeichnungen aus verschiedenen Epochen stecken ein weites Feld ab: sportliche und kulturelle Freizeittätigkeiten in der Natur, Vermittlung der dazu notwendigen Kenntnisse und Gelegenheiten – angefangen bei der Vereinswanderung über den Skikurs bis hin zur naturkundlichen Bildungswoche.

Das ist viel, aber es geht noch um mehr: Als Verein, der ursprünglich 1895 in Wien von sozialistisch gesinnten Arbeitern sowie einigen Studenten und Lehrern gegründet worden war, teilten die Naturfreunde eine Weltanschauung. Sie wurden Teil der international orientierten Arbeiterbewegung und entwickelten sich selber zum internationalen Verein. Der erste Schritt dazu war die Gründung einer Ortsgruppe in Zürich 1905. Damit begann auch die Geschichte der Naturfreunde in der Schweiz. Internationale Verbundenheit ist bis heute ein Charakteristikum geblieben. Eine sozialistische Gesinnung beinhaltete Werte wie Solidarität, Freundschaft und Demokratie. Die Naturfreundebewegung teilte sie und hielt daran fest. Zu ihren ideellen Zielen gehörten auch das Lernen von der Natur, die Bildung von Körper und Geist und die Selbsthilfe. Konkret sah sie ihre Aufgabe darin, all jenen Zugang zu Freizeit, Sport und Tourismus zu verschaffen, die dies um 1900 – und noch bis weit ins 20. Jahrhundert hinein – alleine nicht vermochten. Eine besondere Bedeutung erhielten die Häuser, die als Ausgangspunkt für Bergtouren sowie als Wochenend- und Ferienunterkünfte gebaut wurden. In der Schweiz finden sich heute rund 90 Naturfreundehäuser, die meisten in den Voralpen und im Jura.

Dieses Buch bietet Einblicke in 100 Jahre Vereinsleben und Verbandspolitik. Es strebt nicht nach Vollständigkeit, sondern macht dort Station, wo die Organisation vor bedeutenden Entscheidungen stand, ihr Gesicht veränderte oder Konflikte zu bewältigen hatte.

Denn die Merkmale der Bewegung mussten in der praktischen Orientierung des Verbandes immer wieder neu interpretiert werden – allein schon darum, weil sich Lebensweise, gesellschaftliche Ordnung und (welt)politische Verhältnisse fundamental veränderten. Zwei zentrale historische Prozesse des 20. Jahrhunderts hatten entscheidende Auswirkungen: die enorme Zunahme an frei verfügbarer Zeit und an Konsummöglichkeiten sowie der tief greifende Wandel in Auffassung und Praxis des Sozialismus.

Anlass, den eigenen Weg zu diskutieren, bot auch die Bewegung selbst. Von Anfang an standen ideelle neben materiellen Zielen: Während für die einen Wandern oder Sport Mittel waren, um als Mensch frei und selbstbestimmt zu werden, genügte anderen die Teilnahme an solchen Aktivitäten vollauf. Damit verband sich die Frage, welchen Stellenwert Weltanschauung und Politik haben sollten. Sie zieht sich wie ein roter Faden durch die Vereinsgeschichte (Kapitel «Mehr als eine Bewegung» und «Berg frei»). Mit dem Organisationszwang sorgten die Naturfreunde für geschlossene Reihen, begrenzten aber ihr zahlenmässiges Wachstum. Ein Versuch, dies zu ändern, verband sich mit dem Engagement für den Volkstourismus (Kapitel «Zauberformel»). Er scheiterte. Die Naturfreunde wurden erst zur Breitenorganisation, als sie sich nach 1950 aus ihrer sozialistischen Verwurzelung lösten (Kapitel «Dazugehören»). Erneut belebt wurde die Debatte um den Stellenwert ideeller Ziele und politischer Meinungsäusserung nach 1980 mit der Suche nach einem ökologischen Profil (Kapitel «Auf der grünen Welle?»).

Wer und was die Naturfreunde sind, erschöpft sich nicht in der Geschichte ihres Verbands. Es waren und sind die Mitglieder, welche die Bewegung prägen. Zwischen den fünf Kapiteln zum historischen Wandel finden sich daher fünf Porträts: Sie stellen Mitglieder zwischen 19 und 80 Jahren vor und geben einen Einblick in individuelles Erleben damals und heute.

Introduction

Il n'est pas facile de dire, aujourd'hui comme hier, qui sont les Amis de la Nature et ce qu'ils font. Une association touristique? Une fédération de sport de montagne? Un mouvement culturel des ouvriers? Une organisation de loisirs soucieuse de l'écologie? Les définitions de différentes époques délimitent un vaste champ: activités de loisirs sportives et culturelles en pleine nature, transmission des connaissances indispensables – de la randonnée d'une association à une semaine de formation en sciences naturelles en passant par un cours de ski.

C'est beaucoup, mais il y a plus: fondé en 1895 à Vienne par des ouvriers soutenus par certains professeurs et étudiants d'obédience socialiste, les Amis de la Nature étaient guidés par une conception du monde. Ils ont rejoint le mouvement ouvrier internationalement orienté et se sont regroupés en fédération internationale. Le premier pas a été la création du groupe local à Zurich en 1905. Ce sera le début de l'histoire du mouvement des Amis de la Nature en Suisse. L'ancrage international est resté une caractéristique jusqu'à aujourd'hui.

L'orientation socialiste implique des valeurs comme la solidarité, l'amitié et la démocratie. Le mouvement des Amis de la Nature les a partagées et tenues en respect. Comptaient aussi parmi ses objectifs idéels l'apprentissage de la nature, l'exercice physique et mental ainsi que l'effort personnel. Concrètement, sa tâche consistait à faciliter l'accès aux loisirs, au sport et au tourisme à tous ceux qui en étaient privés vers 1900 et pendant une grande partie du XXe siècle. Un rôle particulier était joué par les maisons construites comme camps de base pour des excursions en montagne ainsi que comme résidences de vacances et de week-end. On recense aujourd'hui en Suisse environ 90 maisons, la plupart dans les Préalpes et dans le Jura.

Ce livre revisite 100 années de vie et de politique associative. Il ne prétend pas être exhaustif, mais se concentre sur les instants où l'organisation a été confrontée à d'importantes décisions, quand elle a changé de visage ou dû résoudre des conflits. Car les caractéristiques majeures qui se sont développées au cours d'un siècle au sein du mouvement des Amis de la Nature ont constamment dû être réinterprétées – ne serait-ce que parce que la manière de vivre, l'ordre social et les conditions (géo)politiques se sont fondamentalement modifiés. Les Amis de la Nature étaient surtout touchés par deux processus historiques centraux: l'augmentation massive de temps libre et de possibilités de consommation ainsi que l'évolution radicale par rapport à la mise en pratique du socialisme. Le mouvement s'est toujours efforcé de débattre à propos de sa propre voie. Des objectifs idéels ont dès le début complété les objectifs matériels: tandis que le sport ou la randonnée constituaient pour les uns un moyen de libération et d'autodétermination de l'homme, d'autres se contentaient de simplement participer aux activités. La question s'est alors posée quelle place il fallait attribuer à la politique et à la conception du monde. Elle traverse en tant que fil rouge l'histoire de la fédération (chapitres «Plus qu'une fédération – un mouvement» et «Berg frei»). La contrainte de s'organiser a resserré les rangs des Amis de la Nature et limité la croissance de ses adhérents. L'engagement en faveur d'un tourisme populaire a tenté d'y remédier (chapitre «La formule magique»). Sans succès. Les Amis de la Nature ne sont devenus une organisation en largeur que lorsqu'ils se sont libérés après 1950 de leur enracinement socialiste (chapitre «Participer»). Le débat sur la valeur des objectifs idéels et des prises de position politiques a été ravivé après 1980 dans la recherche d'un profil écologique et d'un rattachement progressiste par rapport à la politique sociale (chapitre «Sur la vague verte?»).

L'identité des Amis de la Nature ne se résume pas qu'à l'histoire de leur fédération. Ses membres ont toujours été et restent ceux qui marquent le mouvement de leur empreinte. C'est pourquoi nous avons inséré cinq portraits: ils présentent des membres entre 19 et 80 ans et donnent un aperçu sur l'expérience individuelle d'autrefois et d'aujourd'hui.

MEHR ALS EIN VEREIN – EINE BEWEGUNG!

Was hält die Naturfreunde zusammen? Wie wird man Naturfreund? Und wie wird man ein guter, ein wahrer Naturfreund? Werden auch Frauen Naturfreunde? Verpflichten sich Naturfreunde einer Idee, einer ethischen Haltung oder einer Partei? Oder sind Naturfreunde einfach ein Freundeskreis, eine grosse Familie, mit der man Wanderungen, Skitouren und naturkundliche Exkursionen unternimmt? Und dabei in einem ihrer zahlreichen Häuser günstig übernachtet? Eine Begegnung mit einem alten Naturfreund und mit einer Organisation, die sich ausgefeilte demokratische und hierarchische Strukturen schuf und dennoch Bewegung bleiben wollte.

«Ein Leben ohne die Naturfreunde hätte ich mir nicht vorstellen können.» Das sagt Ludwig Thomas, geboren 1914, auf einem Spaziergang durch die Churer Altstadt, seine Heimat, im Sommer 2004.[1] Thomas ist mit der Naturfreundebewegung aufgewachsen. Sein Vater, ein aus Sachsen stammender Buchbinder, war 1906 ein Mitbegründer der Ortsgruppe Chur. Thomas erinnert sich an die Ferien in der Heldhütte zwischen 1918 und 1922 und später im neu erbauten Naturfreundehaus auf Brambrüesch, wie wenn es gestern gewesen wäre. Die Einrichtung war einfach, Zimmer gab es keine, alle schliefen im Massenlager: «Die Familien lagen da nebeneinander. Das kann man sich heute nicht mehr vorstellen», sagt Ludwig Thomas, lacht und fügt hinzu: «Aber wir hatten es schön, wirklich schön.» Thomas lernte Schriftsetzer, wurde 1934 Mitglied der Gewerkschaft Typographia und später der Sozialdemokratischen Partei. Bei der Letzteren fühlte er sich aber nicht recht zu Hause: «Die hatten mir zu

...... «Ein Leben ohne die Naturfreunde hätte ich mir nicht vorstellen können.» ......
Ludwig Thomas, Chur, 2004

wenig Rasse. Ich bin dann in die Kommunistische Partei eingetreten, weil die vor allem gegen Krieg und Faschismus sehr aktiv waren. Das hat mir imponiert.» Als Sohn deutscher Sozialisten hatte das für ihn in den 1930er-Jahren eine besondere Bedeutung. «Mein Vater war Gewerkschafter. Und meine Mutter war eine feurige Sozialistin. Die konnte reden! Sie hat uns zu Hause Vorträge gehalten und wollte beim Mittagessen mit dem Vater immer gleich das Neuste aus der ‹Volkswacht› diskutieren.» Die Kommunistische Partei war für Thomas vor allem auch die Partei der Jugend, verbunden mit einer gesellschaftlichen Utopie: «Wir Jungen standen alle links zu jener Zeit. Man hatte einfach das Gefühl, dass die Alten zu wenig machten. Es ging ja nicht bloss um Krieg und Faschismus, sondern um bessere Verhältnisse. Wir hatten natürlich den Glauben, dass es eine bessere Welt geben könne.» Ludwig Thomas spricht von den russischen Filmen, die ihn damals tief beeindruckten, erinnert sich mit Wehmut an die revolutionären Lieder, die sie damals sangen, und fügt bei: «Wir sangen natürlich auch die Wanderlieder. Wenn wir von Brambrüesch wieder nach Chur laufen mussten und wenn wir dann über Malix liefen, waren wir manchmal eine ganze Bande, wir sangen auf der Strasse, es kam kaum ein Auto.» Solche Erleb-

Eine Naturfreundeversammlung im Jahr der Gründung des schweizerischen Landesverbands, 1925.
Une réunion des Amis de la Nature pendant l'année de la fondation de la fédération nationale suisse, 1925.

Die Churer Naturfreunde vor ihrem Haus auf Brambrüesch. Rechts vorne Ludwig Thomas mit seinem Vater Josef Thomas, Mitbegründer der Ortsgruppe Chur, Weihnachten 1924. Foto: Meinrad Scherrer.

Les Amis de la Nature de Coire devant leur maison à Brambrüesch. Au premier plan à droite Ludwig Thomas avec son père Josef Thomas, cofondateur du groupe local de Coire, Noël 1924. Photo: Meinrad Scherrer.

nisse stärkten das Gefühl, einem Freundeskreis anzugehören. Und die unverbrüchliche Freundschaft ist es auch, welche die Naturfreunde für Ludwig Thomas zu Begleitern durchs Leben werden liess. Dass diese Verbundenheit unabhängig von Alter oder parteipolitischer Zugehörigkeit spielte, erlebte er bereits als junger Mann: «Die Alten liessen uns junge Stürmi damals einfach machen. Wir hatten überhaupt immer eine wunderbare Gemeinschaft.»

Später, um 1950, als für Thomas die «Stürmizeit» längst vorbei war, fand er sein langjähriges Tätigkeitsfeld im Natur- und Heimatschutz. Das prägte auch seine Naturfreundearbeit als Präsident der Sektion Chur und später des Kantonalverbands Graubünden. 1958, angesichts des drohenden Baus des Stausees Livigno im Nationalpark, schrieb er den Naturfreundegenossen ins Stammbuch: «Wir sind verpflichtet, unserer Jugend noch etwas ursprüngliche Natur übrig zu lassen. Dieses letzte Stück ist der Nationalpark. Lasst nicht zu, dass er dem Angriff des Grosskapitals zum Opfer fällt. Wer von uns hat ihn nicht immer wie etwas Heiliges betreten. Wer von uns hat nicht jedesmal mit grosser Ehrfurcht ihn verlassen. [...] Lasst euch nicht betören, auch nicht von den sogenannten Arbeiterführern, die vor lauter Sesselpolitik für die herrliche Natur keine Zeit mehr haben. [...] Liebe Naturfreunde, wir sind nicht irgend ein Verein, sondern eine Bewegung, die grosse und herrliche Aufgaben zu erfüllen hat. Zeigen wir uns diesen würdig und streben wir weiter nach diesen idealen Zielen.»[2]

Die grossen Ideale

Ludwig Thomas lebt seine Ideale, die Ideale «seiner» Bewegung, auch heute noch, mit 90 Jahren. Sie sind weniger feste Ziele als bestimmte Werte. Und sie sind ein Überlebenskonzept, etwas, das man sich abverlangt, um nicht im Klagen zu enden – gerade weil die Weltlage heute katastrophal sei, wie Thomas sagt, und dabei an den Krieg im Irak denkt. Die Ablehnung des Kriegs, Friede, Gerechtigkeit, Demokratie, bessere Lebensbedingungen für wirtschaftlich Schwache – das waren gesellschaftliche Ziele, welche die Naturfreunde in der ersten Hälfte des 20. Jahrhunderts teilten. Das verband sie mit dem internationalen Sozialismus und mit der Arbeiterbewegung, als deren Teil sie sich von Anfang an ver-

...... «DAS WANDERN DURCH BERG UND TAL BRINGT NEUEN LEBENSMUT, MACHT FREI UND VERMAG ZU DENKENDEN MENSCHEN ZU ERZIEHEN. EIN RECHTER WANDERER WIRD IMMER INNERLICH EIN FREIER MENSCH WERDEN KÖNNEN.» ......

Tretet ein in unsere Reihen, Berg frei, 1930

standen hatten. Dieser Anfang fällt ins Jahr 1895 und in die Stadt Wien, damals noch Hauptstadt der Donaumonarchie, des kaiserlich-königlichen Österreich-Ungarn. Hier fanden sich ein Metallarbeiter (Alois Rohrauer), ein Lehrer (Georg Schmiedl), ein Schriftsetzer (Leopold Happisch) und ein Student (Karl Renner, der spätere österreichische Staatspräsident) als Freundeskreis, den die Weltanschauung zusammenhielt. Dazu zählte die Überzeugung, dass die soziale Besserstellung der Arbeiterschaft nur dann gelinge, wenn diese aufgeklärt, gebildet und physisch gestärkt werde. Den Weg dorthin sahen sie im Weg hinaus aus Wirtschaften, Alkohol- und Tabakkonsum – im Gang in die Natur. Im Frühjahr 1895 publizierte Schmiedl in der Wiener «Arbeiter-Zeitung» ein kleines Inserat: «Naturfreunde werden zur Gründung einer touristischen Gruppe eingeladen.» Das Echo war beachtlich: Am ersten Ausflug nahmen 85 Frauen und Männer teil. Daraus sollte der «Touristenverein ‹Die Naturfreunde›» (TVN) entstehen.[3]

...... «DRAUSSEN IN DER EWIGSCHÖNEN, HERRLICHEN NATUR, DA WEITET SICH DAS HERZ, GROSS UND SCHÖN ERSTEHT DER IDEALE SINN, DAS FÜHLEN FÜR DIE ANDERN, DIE NOCH NICHT DEN WEG ZU UNS GEFUNDEN HABEN. DORT SCHÖPFEN WIR DIE KRÄFTE NICHT NUR FÜR DEN KAMPF UMS BROT, SONDERN AUCH FÜR DIE BEWEGUNG. AUF UNSEREN WANDERUNGEN UNTER DEM STRAHLENDEN HIMMELSDOME ERGLÜHT IN UNS DER UNERSCHÜTTERLICHE GLAUBE AN UNSER ZIEL, DIE BEFREIUNG DER ARBEITERSCHAFT AUS DEM KAPITALISTISCHEN JOCH.» ......

H. Oldani, Nationalrat, Burgdorf, 1930

Die «Natur» war im damaligen Alltagsverständnis etwa gleichbedeutend mit der Welt ausserhalb der Städte, fern urbaner Zivilisation. Dort Erholung und Bildung zu suchen, war keine Erfindung der Arbeiterschaft oder der Sozialisten. Dass «das Land» gesund machen könne, war eine von Ärzten und Wissenschaftlern (wie Klimatologen oder Hygienikern) seit dem frühen 19. Jahrhundert vertretene Ansicht. Sie hatte unter anderem dazu geführt, dass sich in bürgerlichen Kreisen neue Gewohnheiten etablierten. Seit etwa 1870 war die jährliche Fahrt aufs Land nicht nur eine Gewohnheit reicher Privatiers. Auch Beamte, Direktoren oder Geschäftsleute fuhren jetzt zur Kur oder in die Sommerfrische. Im selben Zeitraum begann auch die bürgerliche Eroberung der Alpen. In den 1860er-Jahren entstanden in Österreich, Deutschland und in der Schweiz verschiedene Bergsteiger-, Wander- und Alpenvereine, so 1863 der Schweizer Alpen-Club.

Der Bau und die Pflege eines eigenen Hauses standen für viele Sektionen über Jahrzehnte im Mittelpunkt des Vereinslebens. Gemeinsam geleistete Fronarbeit oder der Hüttendienst schufen einen starken Zusammenhalt und Identität. Holztag auf Brambrüesch, 1975. Fotos: Fred Gebs.
La construction et l'entretien d'une propre maison ont constitué pour beaucoup de sections pendant des décennies la priorité dans leur vie associative. Le travail bénévole commun et le gardiennage des cabanes ont forgé la cohésion et l'identité. Journée du bois à Brambrüesch, 1975. Photos: Fred Gebs.

Der Weg hinaus in die freie Natur war allerdings gerade aufgrund der bürgerlich geprägten Entwicklung nicht wirklich frei. Hotels und Pensionen waren allein wegen des Preises für Arbeiter unerreichbar, aber auch beim Bergsteigen und beim einfachen Wandern stellten sich Probleme: Es mangelte an Ausrüstung, Kartenmaterial und Wegkenntnissen. In Österreich waren zudem viele alpine Wege der Allgemeinheit schlicht und einfach nicht zugänglich, da sie durch Jagdreviere von Baronen und Fürsten führten. Zutritt zur Natur und zum Tourismus jener Zeit zu verlangen, war daher eine revolutionäre Forderung. In der frühen Naturfreundebewegung bekam die Forderung nach dem freien Wegrecht eine besondere Bedeutung. Sie wurde zum Symbol des freien Zugangs zur Natur als Menschenrecht. Daraus entstand der Naturfreundegruss «Berg frei» – das internationale Erkennungszeichen. Es wird noch heute verwendet, im Gegensatz zu früher aber kaum mehr als Zuruf unterwegs, sondern lediglich im Briefverkehr und bei Ansprachen.

International vernetzt – lokal verankert

Vor dem Ersten Weltkrieg, als Ludwig Thomas geboren wurde, war es üblich, dass junge Handwerksgesellen und gelernte Arbeiter einen Teil ihres Berufslebens auf Wanderschaft verbrachten. Sie suchten sich Anstellungen über die Landesgrenzen hinaus, blieben einige Monate am einen Ort, am anderen vielleicht zwei, drei Jahre. Das war der traditionelle Weg, sich zu qualifizieren. Manche wurden dabei im Ausland sesshaft, so auch der Vater von Ludwig Thomas, Josef Thomas, der als Deutscher in Bern und Lausanne gearbeitet hatte, bevor er in Chur eine langjährige Anstellung fand.

Diese internationale Mobilität trug entscheidend bei zur Ausbreitung der Naturfreundebewegung über die Grenzen des alten Österreich-Ungarn. Zehn Jahre nach der Initialzündung in Wien wurden 1905 in München und in Zürich die ersten Ortsgruppen gegründet. Einer der aktivsten Gründer war Ferdinand Bednarz, ein aus Ungarn stammender Schriftsetzer, der 1903 nach Zürich gekommen war. Er hatte in der sozialdemokratischen Vereinsdruckerei in Wien Leopold Happisch kennen gelernt und war von der Naturfreunde-Idee derart begeistert, dass er den Übernamen eines «Apostels der Naturfreunde» bekam. Bednarz war es, der die Ortsgruppe Zürich anstiess und danach eine Art Gründungsfeldzug durch die grösseren industriell-städtischen Zentren der Schweiz antrat:

Der Metallarbeiter Alois Rohrauer, Mitbegründer des 1895 in Wien gegründeten «Touristenverein ‹Die Naturfreunde›».
L'ouvrier métallurgiste Alois Rohrauer, cofondateur de l'association touristique «Die Naturfreunde» créée en 1895 à Vienne.

Der Wahlspruch lautete: «Vereint durch Berg und Land». Der spätere österreichische Bundespräsident Karl Renner, damals Student, gab dieser Botschaft bildliche Gestalt: zwei ineinander verschlungene Hände vor einer Bergkette und Blumen. Daraus entstand das Vereinslogo. In grafischer Variation wird es bis heute von allen Länderorganisationen verwendet.
La devise choisie est: «Unis par la montagne et le paysage». Le futur président autrichien Karl Renner, alors étudiant, donne une forme à ce message: deux mains jointes devant une chaîne de montagnes et des fleurs. Il en est né le logo de la fédération utilisé jusqu'à nos jours par toutes les organisations nationales dans différentes variantes graphiques.

Protokoll der konstituierenden Versammlung

Am 2. Juli 1905 fand im Restaurant "Schlauch" Münstergasse 20 die Konstituierung des Touristenvereins "die Naturfreunde" Ortsgruppe Zürich statt. Genosse Bednarz eröffnete mit alpinem Gruss "Berg frei" die Versammlung und hiess die Anwesenden herzlich willkommen. Ins Tagesbüro wurde Genosse Korgula als Vorsitzender und Genosse Waithner als ...

Am 2. Juli 1905 entstand in Zürich die erste Ortsgruppe in der Schweiz. Das Protokoll vermerkt als Versammlungslokal das Restaurant Schlauch an der Münstergasse 20. Die Ortsgruppe Zürich war die erste Gründung ausserhalb Österreichs.

Le 2 juillet 1905 est fondé à Zurich le premier groupe local de Suisse. Le procès-verbal indique le restaurant «Schlauch» à la Münstergasse 20 comme lieu de réunion. Le groupe local de Zurich est la première organisation créée en dehors de l'Autriche.

Er war der Initiator der Ortsgruppen in Luzern und Bern (beide 1905), Biel, St. Gallen, Winterthur und Basel (alle 1906), Ragaz (1907), Schaffhausen und Arbon (1908) sowie Pfäffikon, Uster und Rorschach (zwischen 1909 und 1913). Die Idee pflanzte sich aber auch unabhängig von Bednarz fort. In Chur ergriff ein Coiffeurmeister (Heinrich Deininger) die Initiative. Auf einer Wanderung bei Chur hatte er einen Wiener Naturfreund getroffen und sich von diesem begeistern lassen. Überraschen mag die bereits 1905 gegründete Ortsgruppe Davos. Im Gegensatz zu allen anderen lag sie abseits der industrialisierten Schweiz und entstand vielleicht bereits im Gedanken an einen Stützpunkt in den Alpen.

Die internationale Verbundenheit und die lokale Verankerung sind bis heute Merkmale der Naturfreundebewegung geblieben. Dieses belebte und

...... «Der Touristen-Verein ‹Die Naturfreunde› ist die internationale Wanderorganisation des arbeitenden Volkes. Sie strebt eine sozialistische Kultur an. Es ist daher die Pflicht aller Glieder des Vereins, bei jeder sich darbietenden Gelegenheit die Tendenz des Vereins in unzweideutiger Weise zu betonen.» ......

Leipziger Entschliessung, Bestandteil der Statuten des internationalen Gesamtvereins, 1923

bereicherte den Verein, führte aber auch zu Spannungen und Streit. Für die Schweizer Naturfreunde war Internationalität zu Beginn sowohl entscheidender Impuls als auch Handicap: Die Gewerkschaftsbewegung und das sozialistische Gedankengut fassten in der Schweiz später Fuss als in Deutschland und Österreich. Es brauchte um 1905 immer noch Mut, sich als Arbeiter zu organisieren, ganz besonders in ländlichen und katholischen Industriegebieten. Das galt auch für ein Engagement bei den Naturfreunden, besonders wenn es darum ging, nicht nur einfaches Vereinsmitglied zu sein, sondern ein Amt zu übernehmen. Unter den Funktionären waren in den ersten Jahren nur wenige Schweizer. Bis zum Ersten Weltkrieg waren die Naturfreundegruppen stark durch deutsche und österrei-

Touristenverein „Die Naturfreunde" Wien, Ortsgruppe Bern.

Protokoll der konstituierenden Versammlung der Ortsgruppe Bern Donnerstag 9. Nov. 1905 im Restaur. „Mattenhof."

chische Handwerker geprägt, denen sie auch ein Stück weit Heimat waren. Das erschwerte die lokale Verankerung. Ähnlich trug die berufliche Mobilität zwar zur Ausbreitung der Bewegung bei, gefährdete aber gleichzeitig den Aufbau einer festen Gruppe vor Ort. Um dem entgegenzuwirken, beschlossen beispielsweise die Schaffhauser 1912, auch Frauen aufzunehmen. Selbstverständlich war das damals nicht. Zwar unterschieden sich sozialistische Vereine grundsätzlich von bürgerlichen gerade dadurch, dass sie Frauen Zutritt gewährten, aber dies war nicht immer und überall der Fall. Die Naturfreunde sprachen in den frühen Jahren besonders junge, ledige Männer an. Frauen an den Verein zu binden, bedeutete, vermehrt Verheiratete anzusprechen. Denn der Weg der Frauen zu den Naturfreunden führte, im Gegensatz zu den Männern, nicht über Beruf und Gewerkschaft, sondern über Familie und Verwandtschaft: Sie waren Schwestern, Ehefrauen, Töchter, Cousinen. Frauen kamen auch in späteren Jahrzehnten eher ausnahmsweise aufgrund ihrer Weltanschauung zu den Naturfreunden. In der klassischen weiblichen Rolle wurden sie jedoch zu unentbehrlichen Trägerinnen des Vereinslebens. Dagegen finden sich nur wenige Funktionärinnen, und dies eher in den Sektionen als im Landesverband. In der obersten Verbandsleitung nahmen bis heute insgesamt 12 Frauen Einsitz.

Die Internationalität der Naturfreunde war deutschsprachig dominiert, und sie blieb es in hohem Mass bis nach dem Zweiten Weltkrieg. In der Schweiz als mehrsprachigem Land verursachte dies schon früh Probleme: Zwar sprang der Funke bereits vor 1914 auf die Romandie über und in den 1930er-Jahren auf das Tessin, doch die Schwierigkeiten der Verständigung über sprachlich-kulturelle Grenzen hinweg sowie das enorme Ungleichgewicht zwischen der dominierenden Deutschschweiz und der minoritären West- und Südschweiz begleiten die Naturfreunde bis heute.

1934 wurde die Internationalität der Bewegung zur Verpflichtung. Nach der Zerschlagung der Organisationen in Deutschland 1933 (Machtübernahme der Nationalsozialisten) und in Österreich 1934 (Dollfussregime und Beginn des Austrofaschismus) wurde der Hauptsitz der Naturfreunde Internationale von Wien nach Zürich verlegt. Er blieb dort bis 1988.

Bis 1914 entstanden in fast allen grösseren Städten Naturfreundegruppen. Wie das Gründungsprotokoll der Ortsgruppe Bern vom 9. November 1905 zeigt, verstanden sie sich als Glieder des Wiener Gesamtvereins.
Jusqu'en 1914, des groupes d'Amis de la Nature seront fondés dans la plupart des villes d'une certaine importance. Comme le précise le procès-verbal du groupe local de Berne du 9 novembre 1905, ils se considéraient alors comme membres de la fédération viennoise.

Sich organisieren

Als Buchbinder war Ludwig Thomas' Vater ein fast schon prädestinierter Naturfreund. Die Häufung von Berufstätigen aus dem Druckereigewerbe bei den Naturfreunden ist, gerade in der frühen Zeit, auffallend. Zufällig ist sie jedoch kaum. Buchbinder, Schriftsetzer oder Drucker waren gut qualifizierte Facharbeiter. Facharbeiter verfügten über eine Ausbildung und oft auch über sehr spezifische technische Kenntnisse. Das unterschied sie von der Mehrzahl der ungelernten Fabrikarbeiter. Sie waren zudem besser entlöhnt, und als besser Gebildete setzten sie sich sehr früh für die Verbesserung ihrer Lage auf dem Arbeitsmarkt ein. Der 1858 gegründete Schweizerische Typographenbund (heute Comedia) ist die älteste Gewerkschaft der Schweiz.

...... «BEI DER AUFNAHME NEUER MITGLIEDER IST DARAUF ZU ACHTEN, DASS DEM KLASSENSTANDPUNKT DES VEREINS RECHNUNG GETRAGEN WIRD. WERDEN UNORGANISIERTE AUFGENOMMEN, SO IST DARAUF BEDACHT ZU NEHMEN, SIE BALDIGST DEN ORGANISATIONEN DER ARBEITERKLASSE EINZUFÜGEN.» ......

Leipziger Entschliessung, Bestandteil der Statuten des internationalen Gesamtvereins, 1923

Qualifizierte und gewerkschaftlich organisierte Facharbeiter wurden zur ersten Führungsschicht der Naturfreunde. Viele kamen auch von den Verkehrsbetrieben. Sie verfügten über die nötigen Voraussetzungen, um einen Arbeiterverein auf die Beine zu stellen: Zugang zu Büchern und Zeitungen, Erfahrung mit der praktischen Leitung eines Vereins, eine gewisse Weltläufigkeit und nicht zuletzt die Überzeugung, dass Fortschritte nicht im Alleingang, sondern nur durch Zusammenschluss erreichbar waren.

Aus dieser Überzeugung heraus schlug der Präsident der Ortsgruppe Zürich, der Deutsche Karl Borgula, bereits im Frühjahr 1906 vor, den Austausch unter den schweizerischen Ortsgruppen zu fördern und dafür einen Landesverband zu gründen. Das sollte bereits am geplanten Pfingsttreffen in Luzern stattfinden. Obwohl die übrigen Ortsgruppen von diesem Tempo etwas überrascht wurden, stimmten sie diesem Schritt zu. Anders die Naturfreunde-Zentrale in Wien: Sie fühlte sich überrumpelt und sah im schweizerischen Landesverband eine «weitere Schwächung des Hauptvereins».[4] Die Zürcher antworteten, dass sie mit dem Landesverband lediglich administrative Zwecke verfolgten und so die

Der ungarische Schriftsetzer Ferdinand Bednarz kam mit 38 Jahren 1903 als wandernder Handwerker nach Zürich und wurde ab 1905 zum Mitbegründer von über einem Dutzend Ortsgruppen. Im Alter erblindete und verarmte Bednarz. In den letzten Jahren vor seinem Tod 1948 unterstützten ihn die Schweizer Naturfreunde mit einer Geldsammlung. Unten rechts: Mitgliederkarte, unterzeichnet vom Obmann der Sektion Zürich, Karl Borgula.

Le typographe hongrois Ferdinand Bednarz est arrivé en 1903 à l'âge de 38 ans à Zurich comme artisan compagnon et cofonde à partir de 1905 plus qu'une dizaine de groupes locaux. Il deviendra aveugle et nécessiteux avec l'âge. Pendant les années précédant sa mort en 1948, la Fédération Suisse des Amis de la Nature le soutient par une collecte de dons. A droite en bas: carte de membre signée par le président de la section de Zurich, Karl Borgula.

Der Naturfreundegruss «Berg frei» wurde auch in der Romandie verwendet. Hier ziert er die Fassade des Hauses «Mont Soleil» der Ortsgruppe St-Imier, das 1931 eröffnet wurde. Foto: Jacques Thévoz.

Le salut des Amis de la Nature «Berg frei» est également utilisé dans les régions francophones. Ici, il décore la façade de la maison «Mont Soleil» du groupe local de St-Imier inaugurée en 1931. Photo: Jacques Thévoz.

Beziehungen mit Wien im Gegenteil intensivieren wollten. Der Landesverband tagte bis 1908, insgesamt drei Mal. Auf der Hauptversammlung von 1908, dem international beschickten Parlament der Bewegung, beantragte der Wiener Zentralausschuss, die Schweiz in einen Ost- und einen Westgau einzuteilen. Die Zürcher Ortsgruppe setzte sich zunächst noch für die Bildung eines einzigen Gaus ein. Als sich jedoch zeigte, dass die Berner Befürworter eines Landesverbands diesen gleichzeitig aus dem internationalen Verein lösen wollten, änderte die Ortsgruppe Zürich ihre Taktik: Sie kämpfte entschieden für die Umsetzung der internationalen Beschlüsse und setzte sich damit durch.[5] Das war ein Bekenntnis zum Sozialismus und zum Internationalismus, also zu den Idealen der Bewegung.

Herausforderung Politik

War ein Bekenntnis zum Sozialismus vor 1918 eine klare Sache, so wurde es nach der Spaltung der Linken in eine sozialdemokratische und eine kommunistische Richtung zu einer Zerreissprobe. Dieser entgingen auch die Naturfreunde nicht. Nicht jeder Ortsgruppe gelang es, parteipolitischen Streit fern zu halten, wie Ludwig Thomas dies in Chur erlebte. In der Schweiz fasste die Kommunistische Partei in den grösseren, industrialisierten Zentren am stärksten Fuss, vorab in Zürich, Basel und Genf. Das beeinflusste auch das politische Klima in den dortigen Naturfreundegruppen. In Basel spielten parteipolitische Feindseligkeiten so weit in die Bewegung hinein, dass der internationale Verein 1932 die Gründung einer zweiten, sozialdemokratisch geführten Gruppe verordnete, da sowohl die bestehende Ortsgruppe Basel wie auch jene im Vorort Pratteln von Kommunisten dominiert waren. Im Vergleich zu Deutschland, wo die Naturfreunde eine eigentliche Säuberung durchführten und durch Ausschluss der Kommunisten und Kommunistinnen die Bewegung förmlich amputierten, verliefen die Auseinandersetzungen in der Schweiz gemässigt.

...... «ZU FUNKTIONÄREN DÜRFEN UNORGANISIERTE NICHT GEWÄHLT WERDEN. ANGEHÖRIGEN VON BÜRGERLICHEN PARTEIEN IST DIE AUFNAHME ZU VERWEIGERN.» ......

Leipziger Entschliessung, Bestandteil der Statuten des internationalen Gesamtvereins, 1923

Nach der Zerschlagung der Naturfreundeorganisationen in Deutschland und Österreich übernahm Zürich die Leitung des internationalen Vereins. Nationalrat Ernst Moser wurde Präsident und Walter Escher Vizepräsident. 1934 gelang es ihnen, Akten von Wien nach Zürich zu schmuggeln: Sie vertrauten sie dem Lokomotivführer an, der von den Grenzbeamten nicht kontrolliert wurde. Oben links: Walter Escher am Kongress in Innsbruck 1935. Oben rechts: Landesobmann Albert Georgi (links) am 1.-Mai-Umzug 1936 in Zürich.

Après la répression des organisations des Amis de la Nature en Allemagne et en Autriche, le siège de la fédération internationale est transféré à Zurich. Le conseiller national Ernst Moser en devient le président et Walter Escher le vice-président. Ils parviennent en 1934 à transporter en contrebande de Vienne à Zurich des actions en les confiant au mécanicien de locomotive qui ne sera pas contrôlé par les douaniers. En haut à gauche: Walter Escher au congrès d'Innsbruck en 1935. En haut à droite: le président national Albert Georgi (à gauche) lors de la fête du 1er Mai 1936 à Zurich.

Einen politischen Ausgleich innerhalb der Linken zu finden, war eine der Herausforderungen, die sich dem 1925 gegründeten Landesverband stellten. Der Landesverband war die organisatorische Ablösung von Ost- und Westgau, zu der der internationale Verein 1924 den Weg frei machte. Das Wachstum der Bewegung und die höchst unterschiedliche Entwicklung in den einzelnen Ländern hatten dies unvermeidlich gemacht. Die Naturfreunde vollzogen damit auch die generelle Wende zu einer verstärkten Nationalisierung in Europa. Der nationale Zusammenschluss erforderte die Wahl eines Vororts. Die Wahl fiel auf Zürich. Das war nahe liegend, verfügten die Schweizer Naturfreunde doch dort über ihr wichtigstes Standbein: In der zur schweizerischen Metropole angewachsenen Industrie- und Handelsstadt und ihrer Agglomeration lebten 1925 rund 19 Prozent der Mitglieder, weitere 10 Prozent im Kanton. An diesen Zahlen hat sich bis heute wenig geändert: Bis 1980 waren rund 30 Prozent, im Jahr 2000 noch 25 Prozent aller Schweizer Naturfreunde im Kanton Zürich zu Hause. Die Zürcher Naturfreunde waren bekannt für eine progressive Position

...... «Zugegeben, dass durch die Loslösung vom Ausland unsere Bewegung vielleicht etwas mehr Sympathien unter der ‹schweizerischen› Bevölkerung erhalten würde. Um Sympathien oder Antipathien habe ich mich noch nie gestritten. Geradeaus geht unser Weg, den wir den Arbeitern als Touristen führen sollen, geradeaus zur internationalen Menschenbrüderschaft. National-vaterländisch sind die Herren im SAC.» ......

Walter Escher, Mitglied internationaler Zentralausschuss und Vorstand Ortsgruppe Zürich, 1921

innerhalb der Sozialdemokratie und für ihre Offenheit gegenüber Mitgliedern der Kommunistischen Partei. Ganz anders war die Situation in der Verwaltungsstadt Bern, wo eine rechts stehende Sozialdemokratie dominierte. Die beiden Städte standen stellvertretend für eine Spaltung des Verbands, die im Lauf der 1940er-Jahre immer manifester wurde. Die politische Scheidelinie entsprach einer siedlungsgeografischen: Politische Offenheit fand sich eher in städtischen Gebieten, eine klare Abgrenzung von kommunisti-

schen Naturfreunden dagegen in ländlichen Gegenden. Zwischen 1948 und 1950 erreichten die inneren Spannungen ihren Höhepunkt. 1951 beschloss der Verband, ab sofort keine Mitglieder der Kommunistischen Partei mehr als Funktionäre zuzulassen. 1953 verschärfte er seine Haltung, indem er in den Statuten festschrieb, er sei «Gegner jeder Diktatur».

Ideelle Ziele – materielle Interessen
Ludwig Thomas fand für sich nach 1950 im Natur- und Heimatschutz einen neuen Ort, wo er sich für eine sozial gerechte, lebenswerte und zukunftsfähige Welt einsetzen konnte. Thomas gesellte sich damit zu einer gesellschaftlichen Minderheit. Bei den Naturfreunden fand er ähnlich Gesinnte, später auch bei den Bündner Sozialdemokraten. In der Schweizer Naturfreundebewegung blieb der Naturschutz allerdings vorerst die Sache einer kleinen Gruppe. Denn es brauchte Mut und Weitsicht, sich in Zeiten des lang ersehnten wirtschaftlichen Aufschwungs kritisch über die negativen Folgen des Wachstums zu äussern. Zu den Pionieren zählten jene, die schon immer an Bildung und Kultur interessiert gewesen waren und sich nach 1950 verstärkt für die naturkundliche Bildungsarbeit einsetzten. Angesichts steigenden materiellen Wohlstands wurde die Liebe zur Natur der Angelpunkt moralischer Überlegenheit.

Bildung sowie Ehrfurcht vor der Natur zählten zu den zentralen Anliegen der Naturfreundebewegung. Ihre Rolle innerhalb der Arbeiterbewegung definierte sie entsprechend als Kulturorganisation und somit als dritte Säule neben Partei und Gewerkschaft, welche die Interessen der Arbeiterschaft in Politik und Wirtschaft vertraten. Diese weit mächtigeren Organisationen begegneten den Naturfreunden allerdings gerade in der Frühzeit mit Skepsis oder Ablehnung. Was konnte es dem Arbeiter nützen, wenn man sonntags wandern ging, anstatt für die Partei zu agitieren? Die Naturfreunde setzten diesem Unverständnis immer wieder entgegen, dass sie eine bewusste und kulturell gebildete Arbeiterschicht heranbildeten, den neuen, selbständig denkenden und freien Menschen. Diese Bildung war umfassend gedacht: Sie begann bei der Lektüre und endete bei Kleidung und Ernährung. Im Zentrum standen die körperliche Bewegung und die Naturbetrachtung, die sich mit

An Pfingsten 1945, wenige Wochen nach Kriegsende, feierten die Naturfreunde das 50-Jahr-Jubiläum des internationalen Vereins auf dem Rütli. Im Anschluss an die Feier ertönte an diesem symbolträchtigen Ort schweizerischer Nationalgefühle – wohl zum ersten Mal – die Internationale. Foto: Fritz Hodel.
A Pentecôte 1945, quelques semaines après la fin de la guerre, les Amis de la Nature célèbrent le 50ᵉ anniversaire de la fédération internationale sur le Grutli. En guise de conclusion des festivités en ce lieu chargé d'une lourde symbolique patriotique, en entend résonner – sans doute pour la première fois – les strophes de l'Internationale. Photo: Fritz Hodel.

Die Festrede anlässlich der 50-Jahr-Feier des internationalen Vereins hielt Ernst Nobs, der seit 1943 als erster Sozialdemokrat dem schweizerischen Bundesrat angehörte.

Premier social-démocrate à faire partie depuis 1943 au Conseil fédéral, Ernst Nobs tient le discours officiel du cinquantenaire de l'organisation internationale.

dem Wandern und bald auch mit einer Reihe sportlicher Aktivitäten verbanden. Allerdings sollten diese nie Selbstzweck, sondern immer nur Mittel zu einem höheren Zweck sein. Und sie sollten sich von bürgerlichen Modellen abgrenzen: Freizeit wurde nicht als Teilbereich des Lebens aufgefasst und Ferien nicht als Flucht aus dem Alltag. Beides war vielmehr der Entwurf eines künftigen, besseren Lebens in Freiheit. Das war die Botschaft der Idealisten in den frühen Jahren. Sie überlebte in gewandelter Form bis heute.

Ähnlich wie die internationale Orientierung ergab sich das Bewusstsein über die Ideale der Bewegung nicht von selbst. Für beide musste gerade in den eigenen Reihen gekämpft werden. Denn für viele Mitglieder erfüllte sich der Vereinszweck in den praktischen Aktivitäten voll und ganz. Die Möglichkeit, für wenig Geld an einer

...... «Wir, die wir den Namen ‹Naturfreunde› in unserem Vereinsschild tragen, müssen ganz genau wissen, was uns die Natur bietet, was wir der Natur schuldig sind. [...] Nicht nur wandern soll der Arbeiter, er soll auch sehen lernen, was die Natur in so reichem Masse um ihn ausbreitet. [...] Und wenn er die Zusammenhänge begriffen hat, wenn er das sinngemässe Wirken jedes noch so unscheinbaren Wesens in der Natur begriffen hat, wird ihm das Wandern erst recht zum Genuss werden.» ......

Aufruf, Berg frei, 1921

geführten Wanderung oder einer Skitour teilnehmen zu können, ganz zu schweigen von billigen Ferien, waren Werte für sich. Das war kein Phänomen, das erst in der Hochkonjunktur der 1960er-Jahre auftauchte – wenngleich es sich mit dem dann einsetzenden

starken Anwachsen der Mitglieder verstärkte. Doch bereits in den Anfängen kritisierten die Idealisten der Bewegung jene, die sich nur an Ausflügen beteiligten und kein weiteres Interesse am Verein zeigten. Solche materiellen Bedürfnisse bestanden aber, und die Naturfreunde hatten sich ja gerade deswegen das Ziel gesetzt, als Touristenverein jene aus den Städten zu lotsen, die es allein nicht vermochten. Ein Entkommen aus dem Spannungsfeld zwischen ideellen und materiellen Interessen gab und gibt es für die Naturfreunde nicht. Es gehört vielmehr zum Charakter und zur Qualität der Bewegung, dass sie sich diesen zwangsläufigen Widersprüchen immer wieder gestellt hat.

Am deutlichsten zeigt sich dies im Bau von Hütten und Häusern: Dieses Markenzeichen, das die Naturfreunde bis heute in breiten Kreisen bekannt macht, forderte von Verband, Sektionen und vielen Einzelnen einen hohen ideellen und materiellen Einsatz; in den rund 100 Naturfreundehäusern, die im Lauf der Jahrzehnte entstanden, stecken viel Fronarbeit und erhebliche finanzielle Mittel. Von Anfang an waren die Häuser gewissermassen die zur Materie gewordene – und daher fassbare – Idee. Als Behausung für Unbe-

Die Repräsentanten der Schweizer Naturfreunde um 1906 und 1927: Zwischen 1906 und 1908 existierte erstmals ein nationaler Zusammenschluss. Die eigentliche Gründung des Landesverbandes Schweiz erfolgte 1925. Als untergeordnete Organisationsstufe entstanden Bezirke. Deren Obmänner trafen sich erstmals im Oktober 1927 zu einer Konferenz in Zürich.

Les représentants des Amis de la Nature suisses en 1906 et 1927: une union nationale est une première fois conclue entre 1906 et 1908. Mais la véritable création de la fédération suisse n'intervient qu'en 1925. On constitue des districts comme niveau d'organisation subordonné. Leurs présidents se retrouvent pour la première fois en octobre 1927 lors d'une conférence à Zurich.

Die Häuser sind Symbole der ideellen Ziele und der materiellen Errungenschaften der Bewegung. Das Bild entstand beim Bau des Naturfreundehauses «Passwang» der Ortsgruppe Basel um 1921.

Les maisons symbolisent les objectifs idéels et les conquêtes matérielles du mouvement. La photo a été prise lors de la construction de la maison des Amis de la Nature «Passwang» appartenant au groupe local de Bâle, vers 1921.

hauste – was die Arbeiterinnen und Arbeiter waren – hatten sie einen materiellen und einen symbolischen Wert. Für manche Ortsgruppe wurde ihr Haus zur Heimat und dessen Pflege vielleicht sogar zum Vereinszweck. Gegen solche Auffassungen erhoben sich immer wieder, auch in der Gegenwart, mahnende Stimmen: Sie erinnerten daran, dass das Hüttenwerk dank den Mitteln des Gesamtverbands ermöglicht und immer auch für die Gemeinschaft errichtet worden sei. Diesem Einspruch gegen eine gewisse Privatisierung stand und steht stets die Frage gegenüber: Welche Gemeinschaft ist gemeint? Und für viele lokale Gruppen lautet die Antwort: die direkt gelebte Freundschaft, die überschaubaren Beziehungen, der Zusammenhalt vor Ort. Die Häuser sind die eigentliche Seele der Bewegung – materiell, konkret und lokal verankert.

...... «Wir müssen Gemeinschaft erleben. Erst wenn der Zahn des andern auch uns weh tut, wenn wir auch für den andern empfinden, haben wir Solidarität verwirklicht. Ich glaube – und ich schöpfe diesen Glauben aus eigenem Erlebnis –, dass die Naturfreunde solche Erkenntnis vermitteln.» ......

Willi Ritschard, Bundesrat und Naturfreund, Ansprache 75-Jahr-Jubiläum, 1980

Résumé en français

Plus qu'une fédération – un mouvement!

«Je n'aurais jamais réussi à imaginer une vie sans les Amis de la Nature», avoue Ludwig Thomas, né en 1914 et résidant à Coire. Dès son plus jeune âge, Thomas était familiarisé avec les Amis de la Nature. Son père, un relieur originaire de Saxe, était l'un des fondateurs de la section de Coire créée en 1906. Parmi les fondateurs se trouvaient de nombreux jeunes ouvriers et artisans qualifiés regroupés en syndicat. Ils tiendront à cœur tout comme les générations suivantes leur engagement politique pour les personnes défavorisées et les idéaux du mouvement des travailleurs qui en découlent: pour les Amis de la Nature, il s'agissait depuis toujours de solidarité, d'amitié, de proximité de la nature et de formation. «Nous ne sommes pas une fédération comme une autre, mais plutôt un mouvement», résumait en 1958 Ludwig Thomas en tant que président de la section de Coire en protestant au nom de la protection de l'environnement contre un projet de barrage dans le Parc national.

Fondée en 1895 à Vienne, l'organisation des Amis de la Nature s'est pour la première fois exportée hors des frontières autrichiennes lors de la création du premier groupe local à Zurich en 1905. Quelques semaines plus tard suivra Munich. Le premier pas vers une Internationale des Amis de la Nature est accompli. L'aspect international est d'abord limité à l'espace germanophone. Mais en Suisse, le mouvement s'enracine déjà avant 1914 en Suisse romande, suivie en 1930 par le Tessin. La fédération nationale suisse n'est fondée qu'en 1925 et s'installe d'abord à Zurich. 1933/34, lorsque les grandes organisations cousines d'Allemagne et d'Autriche sont victimes de la répression politique, le siège de l'Internationale des Amis de la Nature est déplacé à Zurich où il restera jusqu'en 1988. Le rattachement au mouvement ouvrier a toujours été essentiel dans sa politique. Il a en même temps provoqué des conflits. Mais les Amis de la Nature ne se sont jamais considérés comme une organisation politique. La division des travailleurs en un courant social-démocrate et un courant communiste a laissé des traces profondes. Tandis que Ludwig Thomas, qui s'est rallié aux communistes, n'a vécu cette division que comme une réorientation de la nouvelle génération tolérée par l'ancienne, elle suscite de vives tensions dans les villes principales, puis au sein même de la fédération nationale. Vers 1950/51, au début de la Guerre froide entre l'Est et l'Ouest, l'organisation se démarquera nettement de la politique communiste. Depuis cette date, les passions politiques se sont peu à peu estompées.

Ce qui restait, c'était toujours le respect de la nature. En faisaient également partie les efforts pour l'acquisition du savoir et les formations qui ont transformé les Amis de la Nature en organisation culturelle. Pour Ludwig Thomas comme pour beaucoup d'autres Amis de la Nature, les idéaux de la protection de la nature sont devenus de plus en plus prioritaires à partir des années 1950. La randonnée et le sport ne devaient plus être une finalité, mais partie d'une meilleure existence en liberté. Il y avait à part cela toujours la tâche sociale de donner accès à de larges couches de la population à de nouvelles activités de loisirs dont ils étaient jusqu'ici exclus pour des raisons matérielles. On a pris soin pendant des décennies de construire des cabanes et maisons. Celles-ci avaient aux yeux des sections une valeur aussi matérielle qu'idéelle. Les Amis de la Nature sont depuis restés ancrés dans ce champ de tension entre les différents intérêts matériels et idéels. Cela fait partie de leurs qualités d'avoir toujours su faire face à ces contradictions et d'avoir recherché un chemin praticable. Hormis les buts idéalistes, ce sont surtout l'amitié et les relations locales communautaires qui ont su garantir la longévité des Amis de la Nature.

...... FELIZITAS KELLER UND EVELINE LENHERR ......

Niederwil

Nach dem Bözberg beginnt der Nebel, hinter Winterthur die Dämmerung; Oberbüren erreichen wir bei Nacht und Nebel, und auf dem letzten Abschnitt in Niederwil ist der Fahrweg durch die Felder nur noch zu erraten. Als Nächstes aber sehen wir weisse Felsen, die in der Sonne leuchten, darunter hellgleissend und türkisfarben das Meer und darüber der wolkenlose Himmel der Provence. Die Fotos wurden von unseren beiden Gastgeberinnen Eveline Lenherr und Felizitas Keller in Südfrankreich, in den Calanques von Cassis, aufgenommen.

In den letzten Jahren sind sie im Sommer oder Herbst vier Mal mit den Naturfreunden dorthin gefahren, um in den Küstenfelsen zu klettern. Gereist ist ihre Gruppe jeweils mit einem Kleinbus, und übernachtet wurde in Zelten auf einem Campingplatz. «Wir haben selbst gekocht», erzählt Eveline Lenherr, während die Fotos herumgehen, «natürlich nur einfache Gerichte, Spaghetti, Ravioli. Manchmal musste man sich ein wenig überwinden, weil die Spaghetti versalzen waren oder das Fleisch wie Katzenfutter aussah. Wir zogen jeweils früh los, um in den Felsen zu sein, bevor die Hitze kam. Beim Klettern konnte man zur Sicherung mit dem Seil die fix verankerten Haken benutzen, manchmal ist man über einen schmalen Grat balanciert und auf beiden Seiten war in der Tiefe das Meer, da hatte ich schon etwas Angst. Manchmal musste man auch zwei, drei Stunden gehen, um zu den Kletterfelsen zu gelangen, und da konnte es vorkommen, dass jemand den Rucksack abwarf und sich weigerte, weiterzugehen. Es hat immer ein paar Kinder dabei, die nicht die einfachsten sind. Die Teilnehmer kommen bunt gemischt aus den unteren und oberen sozialen Schichten, es hat solche dabei, deren Familie es finanziell nicht nötig hätte, sie in ein Naturfreundecamp zu schicken. Andere hatten Mühe, das Geld für die Kletterwoche aufzubringen.» – «Wir selbst», fügt Felizitas Keller hinzu, «bekamen eine Reduktion, weil wir jeweils an der Ostschweizer Frühlings- und Freizeitmesse (OFFA) gearbeitet und dort an der Kletterwand der Naturfreunde die Kletterer mit dem Seil gesichert haben.»

Auf den Fotos sind Eveline Lenherr und Felizitas Keller als Seilschaft in den Felsen zu sehen, auf anderen ist die ganze Gruppe am Felsen verteilt oder im Gänsemarsch auf dem Weg zu einer überhängenden Fluh, von der sie sich abseilen werden. Weitere Aufnahmen zeigen die Calanques aus der Ferne, von einem Boot aus aufgenommen, oder eine selbst installierte Seilbahn, die von einem Felsen ins Tal hinunterführt – eine rasende Fahrt im mit dem Karabiner ans Seil gehakten «Klettergstältli». Wunderschön, schwärmt Felizitas Keller, sei auch gewesen, dass man nach dem Klettern ins Meer springen und sich abkühlen konnte. Manchmal sei es aber auch empfindlich kalt gewesen wegen des Mistrals, vor allem im Herbst, und man wünschte sich statt des Pullovers und der einfachen Windjacke etwas Wärmeres.

Die jungen Frauen sind beide im letzten Lehrjahr ihrer kaufmännischen Ausbildung. Eveline Lenherr macht

Felizitas Keller und Eveline Lenherr in der Wand.

die KV-Lehre auf der Gemeindeverwaltung Oberbüren, Felizitas Keller bei einer Firma für Bettwäsche und Einrichtungsstoffe in St. Gallen. Beide wünschten, ihre Arbeit wäre ein wenig «kreativer», und sagen, dass sie nicht ihr Leben lang in ihrem Beruf bleiben werden, die kaufmännische Ausbildung aber «nicht schlecht» sei als Grundausbildung. Sie sind seit dem Kindergarten Freundinnen und sind zusammen in die Primarschule gegangen. Bei den Naturfreunden sind sie eine Seilschaft geworden, und Felizitas Keller sagt: «Wir sind immer zusammen geklettert. Mit jemandem, den ich nicht kenne, hätte ich Mühe, ans Seil zu gehen. Wir kommen überall hinauf, auch wenn es manchmal nicht so athletisch aussieht.»

Schon früh sind sie in der Umgebung von Niederwil im Wald in den Felsen herumgekraxelt, weniger begeistern konnten sie sich für die familiären Wanderausflüge. Als sie im «St. Galler Tagblatt» auf eine Anzeige der Naturfreunde für ein Kletterlager stiessen, waren die Eltern einverstanden, sie anzumelden. Eveline Lenherr und Felizitas Keller waren damals 13 Jahre alt. Das erste Kletterlager fand in Poschiavo statt, die rund 15 Teilnehmenden waren im Alter zwischen 10 und 15, die Knaben deutlich in der Überzahl.

«Weil es sich auf jeden Fall lohnt», wie Eveline Lenherr sagt, wurden sie bald Mitglieder der Naturfreunde. Zuerst waren sie in der Sektion Gossau, danach wechselten sie zur Sektion Appenzell. Der Grund dafür war Ruedi Angehrn, den sie im Lager als Leiter kennen gelernt hatten. Er versteht es, Kinder und Jugendliche für das Klettern zu begeistern, und die von ihm geleitete Sektion Appenzell ist die Naturfreundesektion mit dem tiefsten Durchschnittsalter. «Gossau bietet nicht die gleich attraktiven Möglichkeiten wie Appenzell», sagt Felizitas Keller, «sie machen Skitouren, Jassabende oder Wanderungen, das ist nicht so unser Fall, wir ziehen dem das Klettern und Snowboarden vor. Auch unsere Kollegen und Kolleginnen denken, die Naturfreunde seien eine Art Seniorenverein, wegen des altmodischen Namens, andere denken, wir würden Blümchen anschauen oder seien irgendwie ‹öko›, dabei ist es gar nicht so.»

Für beide Familien war es wichtig, dass das Angebot der Naturfreunde preislich stimmte, und insbesondere, dass die Ausrüstung zur Verfügung gestellt wurde. «Ein Kletterseil kostet ja schon 200 Franken, und ohne zu wissen, ob uns das Klettern gefallen würde, hätten unsere Eltern sicher nicht so viel Geld im Voraus ausgegeben», sagt Eveline Lenherr. Auf das Lager im Oberengadin folgte ein zweites in St. Antönien und ein drittes im Gotthardgebiet, dazwischen gab es an den Wochenenden Kletterausflüge in der ganzen Schweiz und die schon erwähnten Kletterferien in Südfrankreich.

Neben dem Klettern nahmen Eveline Lenherr und Felizitas Keller auch an anderen Aktivitäten der Naturfreunde teil – Skilager, Snowboarden, Schneeschuhwandern, Canyoning, Biken. Sie hätten früher viele Wochenenden mit den Naturfreunden verbracht, sagt Felizitas Keller, inzwischen sei es ein wenig anders, wegen der Lehre, wegen der Freunde oder wegen neuer Interessen.

«Wir mussten uns auch entscheiden, ob wir jetzt, da wir 18 sind, den Leiterkurs machen. Der Kurs würde eine Woche dauern, und einmal im Monat sollte man dann auch etwas leiten, sonst bringt es einem selber und dem Verein wenig. Im Moment wäre das zu viel», sagt Eveline Lenherr, «zudem brauchen wir den Leiterkurs auch nicht, weil wir genug Wissen haben, um auch allein klettern zu gehen oder den anderen zu zeigen, wie es geht. In den letzten zwei Jahren sind die gleichaltrigen oder ein Jahr älteren Kollegen und Kolleginnen Leiter geworden, das ist manchmal ein wenig schwierig, weil sie nicht mehr können als wir und uns Anweisungen geben wollen. Kommt hinzu, dass manche Männer sowieso glauben, sie könnten alles besser als wir.» Felizitas Keller ist zudem bereits Leiterin beim Blauring und möchte sich im Moment nicht noch intensiver mit jüngeren Leuten abgeben. Wir unterbrechen das Gespräch, um Pizzaschnitten zu essen. Beim Kaffee schauen wir uns noch einmal die Fotos aus Südfrankreich an und einen weiteren Stoss Bilder und Fotoalben, die Eveline Lenherr geholt hat. Es sind meist Gruppenaufnahmen, auf fast allen sind die Leiter und ein Teil der Jugendlichen zu sehen. Die meisten Teilnehmer kämen aus St. Gallen und aus dem Appenzell, sagt Felizitas Keller, die Gruppe bestehe aus einem Kern von etwa 25 Leuten, die regelmässig dabei seien, und einigen weiteren, die ab und zu mitkämen oder neu dazustossen würden.

Der Bezug zu den Naturfreunden ergibt sich für Eveline Lenherr und Felizitas Keller fast ausschliesslich über ihre Sektion, die Klettergruppe und ihren Leiter. Die Organisation als solche, die Naturfreundehäuser oder die Geschichte des Vereins sind für sie weniger ein Thema. Hingegen wurden sie auch schon zu internationalen Tagungen der Jungnaturfreunde eingeladen.

Im Sommer 2004 nahmen die beiden an einem Lager der Naturfreunde in Ungarn teil. Eveline Lenherr erzählt: «Wir waren am Plattensee, 15 Kinder und Jugendliche aus Ungarn und 10 aus der Schweiz. Ruedi Angehrn hatte die ungarische Leiterin bei einem internationalen Naturfreundetreffen kennen gelernt. Es war ein polysportives Lager, nur während zweier Tage wurde geklettert; Felizitas und ich waren Leiterinnen. Das Wetter war schlecht, und wir bekamen einmal kleinere Differenzen, weil die Ungarn trotzdem ein zweitägiges Überlebenscamp machen wollten und wir Schweizer unter diesen Umständen dazu nicht bereit waren. Wir teilten uns in zwei Gruppen auf, und alle waren zufrieden.» Felizitas Keller ergänzt: «Die ungarische Leiterin war eine Erlebnispädagogin und wollte ein Lager mit möglichst wenig Zivilisation in der freien Natur machen. Mit den ungarischen Jugendlichen hätte man das machen können, sie leben viel ärmer und einfacher, aber die Schweizer sind anderes gewohnt und hatten sofort Einwände».

Eveline und Felizitas sind sehr froh darüber, dass sie damals per Zufall auf das Zeitungsinserat der Naturfreunde gestossen sind. Sie sind überzeigt, dass sie viel nützliches lernen konnten, und würden den Verein allen weiterempfehlen. «Jeder Anlass», sagen sie, «ist für uns ein besonderes Erlebnis, von dem wir noch Jahre später reden.»

«BERG FREI» – DIE PROLETARISCHE EROBERUNG DER FREIZEIT

Im frühen 20. Jahrhundert ist die Naturfreundebewegung jung und ihr Anspruch revolutionär: Nichts weniger als eine neue Welt soll entstehen. Die Eroberung der Berge, die Begegnung mit der Natur und die Befreiung von einem überkommenen Lebensstil sind die ersten Schritte dazu. Wie setzen die Naturfreunde das grosse Programm um? Was bedeutet ihnen Freizeit? Welchen Tourismus wollen sie fördern? Ein Streifzug durch die Jahre des alpinen Aufbruchs, der Pfingsttouren, der ersten Ferien und des Hüttenbaus.

«Mit uns zieht die neue Zeit!» Das war der Wahlspruch der frühen Naturfreundebewegung. Darin steckte ein umfassendes Programm: Die Naturfreunde verstanden sich als Botschafter, als Menschen, die nicht etwa «mit der Zeit» gingen, sondern diese eine neue Zeit leben, diese gewissermassen erfinden – und so erst entstehen lassen wollten. Es galt, die Gewohnheiten der Väter- und Müttergeneration abzustreifen, sich radikal loszusagen von deren Lebensformen und Denkweisen. Der Verzicht auf Alkohol und Tabak brachte dies besonders augenfällig zum Ausdruck: Bier, Schnaps und Stumpen waren der Inbegriff einer verfehlten Lebensweise, die den Körper schwächte, anstatt ihn zu stärken. Genau um den Körper ging es aber: Er sollte fähig werden zu anderen Empfindungen, sich aus dunklen, engen Kleidern herauszuschälen, sich frei bewegen, Licht und Sonne begegnen. Ähnliche lebensreformerische Überzeugungen teilten zu Beginn des 20. Jahrhunderts auch Söhne und Töchter aus dem Bürgertum. Auch sie wollten sich von überlieferten Lebensformen befreien. Die Vision, der sich die Naturfreunde verschrieben hatten, ging

...... «Unter den Teilnehmern waren einige, welche noch nicht einmal den Uetliberg bestiegen hatten, einige hatten überhaupt kein Proviant, und waren schlecht ausgerüstet. Der Führer Schmied hatte daher einen schwieriges Amt, und man kann somit von Glück sagen, dass nicht ein grösseres Unglück passiert ist.» ......

Leopold Happisch, Mitgründer internationaler Gesamtverein, 1930

allerdings noch weiter: Eine vollkommen neue Gesellschaft sollte entstehen, in der die Lebensbedingungen der Arbeiterschaft nicht nur verbessert wären, sondern in der es den Unterschied zwischen Arbeiterklasse und Bürgertum gar nicht mehr geben würde.

Die Natur kennen zu lernen, sie zu lieben und zu bewundern, mit Bergen und Pflanzen vertraut zu werden, Freundschaft und Solidarität zu leben, frei und selbstbewusst zu werden: Das waren Schritte auf dem langen Weg in eine bessere Zukunft, oder vielleicht schon ein Stück real gelebter neuer Zeit. Leopold Happisch, einer der geistigen Väter der Naturfreundebewegung, erinnerte die Schweizer Naturfreunde 1930 anlässlich ihres 25-Jahr-Jubiläums an die herausragende Bedeutung, welche die Naturzuwendung für die Arbeiterschaft hatte: «Der Anschauungsunterricht in der Natur ist revolutionär, er macht zum

Die Ortsgruppe Langendorf auf dem Mont Raimeux bei Moutier, Pfingsten 1921.
Le groupe de Langendorf sur le Mont Raimeux près de Moutier, Pentecôte 1921.

...... «Wenn wir schreiten Seit' an Seit'
und die alten Lieder singen
und die Wälder widerklingen,
fühlen wir, es muss gelingen:
Mit uns zieht die neue Zeit!» ......

Refrain im Lied «Die neue Zeit», 1915

denkenden Rebellen, er führt mit zwingender Notwendigkeit zum Sozialismus.»[6]

Ein solches Programm vermag der Begriff «Freizeit», wie wir ihn heute verwenden, nicht zu fassen. Gemessen an diesen Idealen ging es bei der Eroberung der Freizeit um weit mehr als um das Brechen von Privilegien vermögender Schichten. Arbeiterinnen und Arbeiter, die Wanderungen unternahmen, Alpinistinnen und Alpinisten wurden und einen Sinn für Naturschönheiten ausbildeten, galten als Generation von morgen. Was die Naturfreundebewegung belebte, waren aber nicht nur Ideale der Organisation, sondern auch die Wünsche, Hoffnungen, Vorlieben und Bedürfnisse ihrer real existierenden Mitglieder. Und diese sorgten dafür, dass die Bewegung in den ersten Jahrzehnten grösser und vielfältiger wurde. Wie setzten sie die grossen Ziele um? Fühlten sich die – meist jungen – Männer und Frauen damals als die Generation von morgen? Wie erlebten sie ihre Ausflüge? Was bedeuteten ihnen die Naturfreunde als Organisation? Und welche Rolle spielte der 1925 gegründete Landesverband?

Erste Touren ins Hochgebirge

Wandern und Bergtouren gehörten von Anfang an zum Programm. Die Ortsgruppe Zürich beschloss gleich in der Gründungsversammlung, als erste Unternehmung den Urirotstock zu besteigen. Kurz darauf fanden Touren in den Zürcher Hausbergen statt – über die Albiskette, die Lägern und auf den Pfannenstiel. Man wagte aber auch die Besteigung des als sehr anspruchsvoll geltenden Hausstocks. Ein Mitglied des Vorstands führte jeweils die Gruppen von fünf bis zehn, bisweilen aber auch über 30 Teilnehmern. Neben Vereinsmitgliedern beteiligten sich gelegentlich auch Gäste an den Touren, darunter auch einige Frauen. Für viele war es die erste Begegnung mit den Bergen überhaupt. Sie hatten oft kein gutes Schuhwerk, wenig geeignete Kleidung und erschienen bisweilen ohne Proviant. Bald schafften die Ortsgruppen alpine Ausrüstungsgegenstände wie Schneeschuhe, Eispickel, Seile oder Sturmlaternen an, die gegen geringe Gebühren ausgeliehen werden konnten. Auch Karten und Literatur wurden angeschafft oder geschenkweise überlassen. Die Touren standen im Mittelpunkt der Monatsversammlungen. Hier berichteten die

Mandolinenspiel und Gesang gehörten zu den Markenzeichen. Die Lieder handelten von Natureindrücken, von Freundschaft und Solidarität und vom Aufbruch in eine bessere Zukunft. Gesungen wurde auf Wanderungen und bei Zusammenkünften – zum Beispiel bei den Sonnwendfeiern, welche die Schaffhauser Ortsgruppe in den Zwischenkriegsjahren bei ihrer Buchberghütte (im Bildhintergrund) mit grossem Erfolg betrieb.

Les chants accompagnés de mandoline ont toujours fait partie des caractéristiques des Amis. Il y est question d'impressions de la nature, d'amitié, de solidarité et d'une meilleure entame de l'avenir. On chante pendant les randonnées et lors de réunions – par exemple pendant les festivités du solstice que le groupe local de Schaffhouse organisait avec succès pendant l'entre-deux-guerres près de sa cabane de Buchberg (à l'arrière-plan).

Die ersten Bergsteiger blieben meist als Männer unter sich. Frauen beteiligten sich aber regelmässig als Gäste an Bergtouren. Die Unfallgefahr war für die oft wenig geübten Arbeiter-Alpinisten gross. Es kam immer wieder zu Todesfällen. Die Ortsgruppen legten bereits in den ersten Jahren Unfallfonds an. 1920 gründeten sie eine gemeinsame Unfallkasse – noch bevor dies dem Gesamtverein gelang. Links: Berner Naturfreunde am Jungfraugipfel, vor 1914. Rechts: Eine Viererseilschaft mit Dame auf dem Gornergletscher, vor 1914.

Les premiers alpinistes étaient presque exclusivement des hommes. Mais les femmes participaient régulièrement à des excursions en montagne. Le danger d'accident était toutefois élevé pour ces ouvriers alpinistes peu expérimentés. On dénombrera en effet de nombreuses victimes. Dès les premières années, les groupes locaux lancent un fonds d'accident. En 1920, ils créent une caisse d'accident commune, bien avant que la fédération internationale n'y parvienne. A gauche: des Amis de la Nature bernois au sommet de la Jungfrau, avant 1914. A droite: une cordée de quatre incluant une dame sur le «Gornergletscher», avant 1914.

Führer über den Verlauf der Unternehmungen (leider schrieben die Protokollführer nur wenig dazu auf). Aus den Eintragungen geht jedoch deutlich hervor, dass vor allem das knappe Zeitbudget, das Arbeitern zur Verfügung stand, die Bergfahrten prägte. Vor 1914 waren Wochenarbeitszeiten bis zu 60 Stunden üblich. Der Samstag war ein normaler Arbeitstag, nur wenige konnten bereits am frühen Nachmittag Feierabend machen. Es galt daher, jede Minute auszunutzen. So starteten die Zürcher zur Tour auf den Glärnisch an einem Samstag abends um halb acht mit der Bahn von Zürich nach Netstal, marschierten die ganze Nacht dem Klöntalersee entlang und erreichten ihr Ziel, eine Klubhütte, erst bei Tagesanbruch. Dort gab es eine Stärkung, dann ging die Tour trotz regnerischem Wetter weiter. Von den elf Teilnehmern erreichten schliesslich drei den Gipfel. «Die Aussicht über dem Berner Oberland war unbeschreiblich grossartig», notierte der Berichterstatter, aber unmittelbar danach heisst es: «Von einem Genusse konnte bei dieser Tour keine Rede sein, da die Teilnehmer 20 Stunden ununterbrochen auf den Füssen waren, und im Laufen geschlafen haben.»[7]

...... «Genosse Scheunpflug sagt, bei einer Hochtour mögen sich immer gute Fussgänger beteiligen, damit die anderen Teilnehmer bei der kurzen Spanne Zeit, die oft in Frage kommt, nicht an der Ausführung ihrer Tour gehindert beziehungsweise geschädigt werden. Genosse Klausen [...] betont, dass nicht so gerannt werden soll, damit niemand zurückbleibt.» ......

Ortsgruppe Zürich, Protokoll, 27. 7. 1906

Wenn Touren dieser Art auch nicht der Normalfall waren, kennzeichneten wenig Schlaf, dafür aber Begeisterung und Leistungswille sowie ein gewisses Durchstehvermögen viele Unternehmungen. Früh aufzustehen, den Morgen nicht zu verschlafen und die Zeit zu nutzen, waren Tugenden, durch die sich Naturfreunde auszuzeichnen hatten.

Doch nicht jeder Naturfreund war ein Gipfelstürmer. Das Beispiel der Ortsgruppe Zürich zeigt, dass viele jeweils nur bis zu einer Alphütte mitkamen, in der übernachtet wurde, und dort dann ein paar freie Stunden genossen, während die anderen den Gipfel erklommen. Der gesellige Aspekt dürfte nach dem Ersten Weltkrieg noch wichtiger geworden sein. Da viele Mitglieder vor allem am praktischen Angebot interessiert waren und weniger am

No. 1   I. Jahrgang   1. August 1920

BERG FREI

Mitteilungsblatt der Gauleitungen Ost- und Westschweiz, des Zentraldepots, sowie sämtlicher schweizerischer Ortsgruppen des Touristenvereins Die Naturfreunde.

Erscheint monatlich je am 1. jedes Monats. Redaktionsschluss je am 20. jedes Monats. | Einsendungen und Inserate sind zu richten an die Redaktion: E. Spreng, Gurteng. 4, Bern | Abonnementspreis: Für Mitglieder gratis. Nichtmitglieder Fr. 3, Ausland Fr. 5 p. Jahr

Berg frei!

Zwei schöne, inhaltsreiche Worte! Rund 70,000 Mitglieder zählt heute der Touristenverein «Die Naturfreunde» und alle grüssen mit dem fröhlichen «Berg frei!» Weit über die deutschen Lande hinaus, selbst in der neuen Welt hat unser Verein heute Boden gefasst, und überall ertönt der Gruss der Naturfreunde: Berg frei! So war es für uns naheliegend, diese Worte als Titel an den Kopf unseres neuen Vereinsorgans zu setzen. Und dem sinnvollen Titel entsprechend wollen wir auch den Inhalt dieses Blattes gestalten. Der Förderung der Touristik im allge-

machungen veröffentlichen, so dass jedes Mitglied vernehmen kann, was in seinem Gaue, in seiner Ortsgruppe vorgeht. Die neugegründete Unfallkasse, das Zentraldepot usw. verdienen ebenfalls in vollem Masse, an dieser Stelle gewürdigt zu werden. Damit bietet sich uns überreichlich Stoff, alle Mitglieder belehrend und anspornend zu unterhalten und zu eifrigen Mitgliedern unseres Vereins zu erziehen.

Um aber die keineswegs kleine Aufgabe vollkommen erfüllen zu können, sind wir auf die Mitarbeit besonders der Ortsgruppenleitungen angewiesen. Erstens haben uns alle Ortsgruppen bis am 20. jeden Monats ihre Bekanntmachungen, Tourenprogramme

---

Vereinsleben und an den Zielen der Bewegung, beschlossen die Zürcher, die Touren nicht mehr am Bahnhof auszuschreiben, um die Mitglieder zum Versammlungsbesuch zu zwingen.[8] Hier sollten sie auf Touren vorbereitet werden, indem sie etwa die Vorträge über Alpinismus besuchten, sei es über Wetter und Klima, das Begehen von Gletschern, Lawinengefahren oder Kartenlesen. Diese Bildungstätigkeit der Ortsgruppen, oft unter Beizug einer Fachperson, setzte sich später im Aufbau eines Kurswesens fort.

Das Beharren auf dem Versammlungsbesuch dürfte ebenfalls der bewussten Selektion gedient haben: Es ging darum, die Mitglieder auf ihre Gesinnung hin zu prüfen und zu vermeiden, dass der Verein in bürgerliches Fahrwasser geriet. Zwar nannten die Zentralstatuten des Hauptvereins keine politischen Zielsetzungen, wohl auch aus Vorsicht gegenüber den Behörden. Jedoch war 1908 eine Resolution angenommen worden, welche die Verbundenheit mit der Sozialdemokratie betonte.[9] Die Gesinnungsfrage übersetzte sich bald in die Frage, ob ein Mitglied gewerkschaftlich organisiert sein müsse. Das führte bereits um 1910 zu Auseinandersetzungen. Besonders heftig wurde diese Frage dann in den 1920er-Jahren diskutiert. Das Forum dafür war nun die seit 1920 erscheinende Verbandszeitschrift «Berg frei».[10] 1923 bekannte sich der Hauptverein auch in seinen Satzungen zur Arbeiterbewegung, betonte aber den überparteilichen Charakter: Als «Wanderorganisation des arbeitenden Volkes» strebe der Verein eine sozialistische Kultur an, und es sei die Pflicht der Mitglieder, «bei jeder sich bietenden Gelegenheit die Tendenz des Vereins zu betonen».[11]

In der Schweiz argumentierten die Gegner der Organisationspflicht, dass die Bewegung wachsen und daher auch solche Leute an sich binden solle, die sich über ihre Klassenlage noch nicht bewusst seien. Sie wiesen ausserdem darauf hin, dass es in ländlichen Gegenden fast unmöglich sei, unter diesen Bedingungen Gruppen zu gründen. Dort riskierten viele Arbeiter durch den Beitritt zu einer Gewerkschaft ihren Erwerb. Der in Bern lebende

> ...... «Es wurde beschlossen, dass in Zukunft nur noch organisierte Leute ohne weiteres im Verein aufgenommen werden sollten, unorganisierte dagegen müssen zuerst der Versammlung vorgeschlagen werden.» ......
>
> Ortsgruppe Zürich, Protokoll, 22. 3. 1910

1920 erschien die erste Nummer der Verbandszeitschrift «Berg frei». Das war ein wichtiger Schritt für die überregionale Verständigung und die erneute Förderung der Bewegung nach dem Ersten Weltkrieg.

En 1920 paraît le premier numéro du bulletin de la fédération «Berg frei». C'est un pas important vers une entente interrégionale et un nouvel élan du mouvement après la Première Guerre mondiale.

Ab 1914 sorgte die von Naturfreunden gegründete Genossenschaft «Zentraldepot» dafür, dass die Mitglieder Sport- und Freizeitartikel zu günstigen Preisen beziehen konnten. Die später als «Sporthaus» bezeichnete Einrichtung hatte ihr Hauptgeschäft in Zürich. Nach dem Ersten Weltkrieg entstanden Filialen in St. Gallen und Bern. Günstigen Tourenproviant gab es in den Konsumvereinen, einem wichtigen Standbein der sozialistischen Arbeiterbewegung. Oben: Hauptgeschäft an der Bäckerstrasse in Zürich, um 1930. Unten: Inserat in «Berg frei», 1921.

A partir de 1914, la coopérative «Zentraldepot» fondée par les Amis de la Nature fait de sorte que les membres puissent profiter d'articles de sport et de loisirs avantageux. Le magasin principal de cette institution appelée ultérieurement «Maison du Sport» se trouve à Zurich. Après la Première Guerre mondiale, des succursales sont créées à St-Gall et à Berne. Un approvisionnement à bas prix pour des excursions est assuré par des coopératives constituant un pilier essentiel du mouvement ouvrier socialiste. En haut: magasin principal à la Bäckerstrasse à Zurich, vers 1930. En bas: annonce dans «Berg frei», 1921.

Redaktor des «Berg frei», der Deutsche Albert Gorter, forderte deshalb, dass der Verein diese speziellen Verhältnisse akzeptierte, da die Naturfreunde in der Schweiz nur auf diese Weise eine Massenorganisation werden konnten.¹² Die Befürworter eines strikten Organisationszwangs pochten dagegen auf die weltanschauliche Geschlossenheit der Bewegung, warnten vor einer bürgerlichen Unterwanderung und hielten es höchstens bei Jugendlichen für möglich, diese gesinnungsmässig zu beeinflussen.

...... «DER ORGANISATIONSZWANG IST EIN DRINGENDES ERFORDERNIS, SOLL UNSERE NATURFREUNDEBEWEGUNG IN DER SCHWEIZ NICHT IN DAS FAHRWASSER EINES BÜRGERLICHEN VEREINS GERATEN.» ......

R. W., Basel, Berg frei, 1930

«Anders» wandern

Die Frage der Organisationspflicht geriet immer dann zum Diskussionspunkt, wenn es um die Ausdehnung der Bewegung ging. Das war um 1920 der Fall. Nachdem viele Ortsgruppen während der Kriegsjahre wenig aktiv waren und sich das Bewusstsein, einer internationalen Arbeiterkulturbewegung anzugehören, offenbar während der Kriegsjahre in den Ortsgruppen verflüchtigt hatte, konzentrierte sich der Verein nach Kriegsende auf die Aufbauarbeit. Die Zeitschrift «Berg frei» leistete hier gute Dienste. In fast jeder Ausgabe erschienen Artikel, die Herkunft und Charakter der Bewegung vorstellten oder konkrete Mahnungen enthielten – etwa die Aufforderung, an den Vereinsversammlungen Tourenberichte zu verlesen, wie dies früher üblich gewesen sei. Andere Artikel riefen in Erinnerung, dass die Naturfreunde nicht nur wandern, sondern dass sie in der Natur als sehende und verstehende Menschen unterwegs sein sollten. Die naturkundliche Bildung scheint bei dieser Bildungsoffensive im Vordergrund gestanden zu haben, während die Beschäftigung mit den Lebensbedingungen in den durchwanderten Gegenden – der seit den Anfängen als «soziales Wandern» bekannte Anspruch – weniger betont wurde.

...... «Der Alkohol ist der grösste Feind jedes geistigen und kulturellen Fortschritts. Er zerstört die Gesundheit der Menschen, er raubt ihnen Glück und Freuden, er richtet seine Verheerungen bei jedem Alter und Geschlecht und zu jeder Zeit an. Die Naturfreunde als eine Kulturorganisation des arbeitenden Volkes haben daher den Kampf gegen den Alkohol mit aller Entschiedenheit zu führen.» ......

Protokoll der Hauptversammlung, internationaler Gesamtverein in Leipzig, 1923

Nach 1920 wuchs die Naturfreundebewegung stark, wenn auch weniger rasant als in Deutschland. Einer der Gründe dürfte die Einführung des Achtstundentags 1920 gewesen sein. Um 1930 zählte die Bewegung knapp viermal so viele Mitglieder wie vor 1914. Das veränderte auch ihr Gesicht: Sie war nicht mehr von jungen ledigen Männern dominiert wie zu Beginn, sondern präsentierte sich als Verein, bei dem Familienväter mitmachten,

Die Aarauer Naturfreunde beim «Abkochen» auf Trübsee, Titlistour, August 1937.
Les Amis de la Nature d'Aarau en plein exercice près du Trübsee, excursion du Titlis, août 1937.

Zürcher Strassenbahner beim Rasten, 1926.
Traminots zurichois pendant une pause, 1926.

Das Fotografieren zählte von Anfang an zu den Leidenschaften. 1921 entstand eine Lichtbilderzentrale, die den Ortsgruppen Dias für Vorträge anbot. Die Ortsgruppen legten auch eigene Bildersammlungen an. Beispiel eines Glas-Stereo-Dias, 1920er-Jahre.
La photographie sera dès le début du mouvement une vraie passion. Une centrale de diapositives est créée en 1921 mettant des diapos à disposition de groupes locaux pour des conférences. Les groupes constituent par ailleurs leurs propres banques d'images. Exemple d'une diapo stéréoscopique, années 1920.

die zu Ausflügen öfters auch Frau und Kinder mitbrachten. Frauen wurden jetzt auch häufiger selbst Mitglied. Wie viele dies waren, lässt sich mangels Zahlen nicht sagen. Die zahlreichen Fotos jener Jahre spiegeln aber diese Veränderungen deutlich. Sie zeigen Gruppen von jüngeren Männern und Frauen, öfters auch mit einigen Kindern. Die Stimmung scheint kameradschaftlich, manchmal familiär. Die Kleidung ist einfach, Rucksäcke und Kochgeschirr sind häufig präsent, ausserdem Mandolinen und Gitarren. Ausflüge, Touren oder Vereinszusammenkünfte sind fotografisch gut dokumentiert, weil sich unter den Naturfreunden von Anfang an viele Fotoliebhaber fanden und die so genannte Fotoarbeit als eigene Sparte gepflegt wurde.

Der Anspruch, als Naturfreunde «anders» zu wandern, beschäftigte die Mitglieder bei ihren Unternehmungen ganz direkt. Das zeigen etwa die Tourenberichte der Ortsgruppe Aarau, die einen exemplarischen Einblick in die touristische Tätigkeit der Zwischenkriegszeit geben. Immer wieder gab die Frage des Alkoholkonsums zu reden. Der geforderte Verzicht hatte sich keineswegs durchgesetzt, war aber als Merkmal des «anders Seins» sehr präsent. Doch was hiess Verzicht? Im Sommer 1919, bei einer Tour auf die Hohe Winde, bemerkte ein Teilnehmer, er müsse «seinen Tee noch mit Cognac veredeln». Das löste eine Diskussion darüber aus, ob Alkohol auf Touren erlaubt sei. Drei der sechs Kollegen waren für «gänzliche Enthaltsamkeit», die anderen drei befürworteten «mässigen Genuss von Alkohol nach der Höchstleistung». Die Frage begleitete die sechs den ganzen Tag, und als sie nach der Tour einkehrten, um einen Jass zu klopfen, bestellte nur die Hälfte ein kühles Bier: «Die andere hält sich ihrem

...... «LASST DOCH DEN ALTEN DAS VOLKS-GIFT ALKOHOL UND AUCH DIE ZIGARETTEN, STUMPEN UND WIE ALLE DIESE KULTURNUGGI HEISSEN. FREUEN WIR UNS DER JUGEND, DIE DIE SÜNDEN DER ALTEN NICHT IM BLUTE HABEN WOLLEN, UM EIN GESUNDES VOLK VON ARBEITERN ZU BEKOMMEN.» ......

Leserbrief, Berg frei, 1930

Vorsatz getreu an Sirup oder Limonade, ob ihnen das Zeug ebenso gut geschmeckt hat wie uns das Bier, das weiss ich nicht.»[13] Bekannte sich dieser Berichterstatter als mässiger Trinker, zeigten sich andere als Abstinenzler: «Die Naturfreunde verpönen ernst den

Alkohol, hier muss aber konstatiert werden, dass eine Teilnehmerin eine Flasche Gebranntes bei sich hatte, in einer Beziehung ist sie zu entschuldigen, indem sie als Strohwitwe wahrscheinlich ihre lange Zeit töten wollte und zugleich ihre Nerven stärken für die Heimkehr ihres Mannes.» Der launige Tonfall ist typisch für viele Berichte. Ebenso wird das Alkoholproblem öfters als Schwäche einzelner Mitglieder geschildert. Hingegen wird der gemeinsame Besuch einer Wirtschaft vor dem abendlichen Abschied nie als Verstoss gegen die Regel beschrieben. Oft wird auch unbekümmert über den Genuss von Alkohol berichtet, etwa auf dem Pfingstausflug von 1921, als die Aarauer von Solothurner Naturfreunden mit einem Fässchen Wein bewirtet wurden.[14]

Pfingsten und später auch Ostern hatten im Naturfreundeleben eine besondere Bedeutung. Es waren Gelegenheiten für grosse Unternehmungen und oft auch für ein Zusammentreffen mit anderen Ortsgruppen. Solche Unternehmungen liessen direkt erleben, was es bedeutete, einer grossen und internationalen Bewegung anzugehören. An Pfingsten 1922 reisten die Aarauer in den Schwarzwald und nahmen dort unter anderem an der Einweihung des «Küferhäusle» teil, eines ehemaligen Bauernhauses, das die Ortsgruppe St. Georgen zum Ferienheim umgebaut hatte. Diese Reise wurde zu einem bewegenden Erlebnis, zumindest für den Schreibenden. Neben dem Wald, den er sich «so schön, so einzigartig» nicht vorgestellt hatte, war vor allem die Begegnung mit deutschen Naturfreunden wichtig. Was ihm besonders auffiel, war die grosse Liebe zur Musik – dagegen seien

In den 1930er-Jahren fanden die «Wasserwanderer» zahlreiche Anhänger. 1938 gründeten sie auf nationaler Verbandsebene eine Paddlergruppe.

Dans les années 1930, les «randonneurs aquatiques» réunisssent beaucoup d'adhérents. Ils fondent en 1938 au niveau national une section de canoétistes.

Ab 1933 wurde die Schweiz Zufluchtsort deutscher Emigranten. Als Sozialisten und Kommunisten fanden sie die Unterstützung von Naturfreunden. So auch das Schriftsteller-Ehepaar Lisa Tetzner und Kurt Kläber. Beide hatten in der Schweiz zunächst Schreib- und Arbeitsverbot. Die in Zürich produzierte internationale Vereinszeitschrift «Naturfreund» veröffentlichte bereits 1937 von Kurt Kläber eine Reportage über eine gemeinsame Jugoslawienreise. Diese Erlebnisse waren der Stoff, aus dem Kläber im Tessiner Exil den berühmten Jugendroman «Die rote Zora» schrieb und 1941 unter dem Pseudonym Kurt Held veröffentlichte.

A partir de 1933, la Suisse devient une terre d'asile pour les émigrés allemands. En tant que socialistes ou communistes, ils trouvent le soutien des Amis de la Nature. Parmi eux se trouve le couple d'écrivains Lisa Tetzner et Kurt Kläber. Tous deux sont d'abord interdits d'écriture et de travail. Dès 1937, la revue de la fédération «Naturfreund» publie un reportage de Kurt Kläber sur un voyage en commun en Yougoslavie. Ce qu'il a vécu l'inspirera pour son œuvre la plus connue, «Zora la rousse», publiée en 1941 sous le pseudonyme de Kurt Held.

die Schweizer eher «trocken» – und die Begeisterung für Politik. Über die Rede des Abgeordneten Rückert zur Hauseinweihung schrieb er: «Wohl noch nie habe ich eine so formvollendete, gedankenreiche Rede gehört. [...]. Seine ganze Rede ist eine Aufmunterung an uns, für unsere Sache, als die Sache der gesamten internationalen Arbeiterschaft zu kämpfen und zu werben.» Er kommentierte weiter: «Unsere deutschen Brüder fassen die Sache vom idealeren Standpunkt auf, als wir Schweizer.»[15]

Die Schwarzwaldreise führte den Aarauern aber auch vor Augen, um wieviel ärmer die deutschen Freunde lebten – Deutschland befand sich damals auf dem Höhepunkt der Inflation. Konkret bekamen die Schweizer dies beim Essen zu spüren und waren froh um ihre gut gefüllten Rucksäcke.

Essen war bei Ausflügen immer ein wichtiger Aspekt, ein Moment, in dem man sich als Gemeinschaft erlebte. Fast immer wurde mittags auf dem mitgebrachten Spirituskocher «abgekocht». In den Topf kamen dabei öfters auch Naturalien, die man unterwegs gesammelt hatte, wie Pilze, Äpfel oder Zwetschgen. Die anschliessende Rast, das so genannte «Lagerleben», war dann der Moment für Spässe, kleine Ringkämpfe, Gespräche oder auch für ein Nickerchen. Solche unmittelbaren Erlebnisse dürften das Gefühl der Gruppenzugehörigkeit mindestens so sehr geprägt haben wie das Bewusstsein über die Ziele der Bewegung.

...... «Die jungen Töchter in unseren Reihen haben ja der Arbeit, der Freude und Anregung so viel. Was sie bindet, ist schon Fortschritt, was sie denken, reden, tun, ist schon Zukunft, was sie vollbringen, ist Kulturarbeit für das werdende Geschlecht. Sie sind unbeschwert von all den vielen drückenden Rückständigkeiten, die auf uns noch lasten oder von uns schon bezwungen sind. [...] Als Pflicht ist es zu erachten, dass auch die Naturfreundin im grossen Getriebe der Organisation mit Hand anlegt.» ......

Frida Spindler, Berg frei, 1932

Jugendtreffen auf der Hasenmatt im Solothurner Jura, 1941. Foto: Fritz Hodel.
Réunion de jeunes Amis sur la Hasenmatt dans le Jura soleurois, 1941. Photo: Fritz Hodel.

Hoffnungsträger für die junge Generation

Das Gefühl, zu einer Gruppe zu gehören, war auch für die junge Bernerin Hanni Jutzi entscheidend. Die Naturfreunde wurden für sie aber weit mehr als ein fröhlicher Wanderzirkel. Sie fand hier einen Weg heraus aus der Enge der Welt, die sie bisher zu Hause und in der Lehre als Damenschneiderin erfahren hatte. Schon als sie eine Kundin erstmals von den Naturfreunden sprechen hörte, weckte dies die Erwartung, dort Empfindungen leben zu können, die sie bislang erst einmal – nämlich beim Anblick eines Alpenglühens auf der Schulreise – kennen gelernt hatte. 20-jährig, wurde sie im Januar 1929 Mitglied der Ortsgruppe Bern. Dort war gerade eine Jugendgruppe im Entstehen. Hanni Jutzi schloss sich ihr an. Schon im Herbst 1929 nahm sie als Delegierte am ersten schweizerischen Jugendtreffen auf dem Albis teil. Organisatoren waren die Altstetter Naturfreunde, Leiter der Veranstaltung war Henry (genannt Harri) Bresch, damals auch Mitglied der Landesleitung. Für Hanni Jutzi tat sich das Tor zu einer anderen, mitunter irritierenden Welt auf: «Dieses Treffen war für mich Neuland. Die Menschen waren anders als wir. Schon die Kleidung dieser Jugendlichen, besonders von Harrys Gruppe, war viel leichter. Sie gaben sich offener und hemmungsloser als wir. Unsere Burschen trugen noch alle lange, dunkle Hosen und Hemden mit langen Ärmeln. Auch wir Mädchen waren meist dunkel gekleidet.»[16] Hanni Jutzi war vor allem von Harry Bresch tief beeindruckt, dem «grossen Natur- und Menschenfreund», in dem sie eine Vaterfigur fand, einen «Freund und Erzieher».[17] Das wirft auch ein Licht auf die Bedeutung der Jugendarbeit, die der Landesverband unter der Leitung von Bresch – der im Verband über Jahrzehnte Bildungsarbeit leistete – in den 1930er-Jahren zu fördern begann.

...... «ICH HATTE NUR WENIG KLEIDER, ABER DOCH EINE WINDJACKE, EINEN ROCK UND EINE BLUSE, JE EIN BLAUES UND EIN GRÜNES MIT GELB BESTICKTES WANDERKLEID, BUNT, WIE HARRY MIR DAMALS GESAGT HATTE, DAZU NOCH EINE SCHWARZE TURNHOSE. SONNTAGSKLEIDER HATTE ICH KEINE.» ......

Hanni Jutzi, über ihre Jugendjahre um 1930, 1987

In Jutzis Erinnerungen überstrahlen kameradschaftliche Erlebnisse, fast ausnahmslos mit jungen Männern, die Härten und Erniedrigungen, die sie bei der Arbeit und in der Familie erlebte. Als sie erstmals bezahlte Ferien erhielt und ihr zu Hause eher unfreundlich bedeutet wurde, sie solle «abfahren», wusste sie, wohin sie gehen konnte: «Ich gehörte ja zu den Naturfreunden, und wir hatten eine Hütte im Kiental, die Gorneren.» Sie traf «liebe Leute», war immer in kurzen Turnhosen unterwegs und kam braun gebrannt und mit verkratzten Beinen nach Hause. «Aus mir strahlte etwas Beglückendes, Dankbarkeit und Zufriedenheit», schreibt sie in ihrer Erinnerung. Die kalte Dusche kam sofort: «Daheim schimpfte meine Mutter mit mir und sagte: ‹Was werden die Leute von dir denken, dass du es wagst, so auf die Strasse zu gehen.›»[18]

Hanni Jutzi ging ihren Weg unbeirrt weiter. Wenig später liess sie sich die langen Zöpfe schneiden, trat der sozialistischen Jugend bei und der Textilarbeitergewerkschaft, später dem SMUV. Eine wichtige Erfahrung war für sie auch die Internationalität der Naturfreundebewegung. Dies erlebte sie erstmals direkt an der Jahreswende 1930/31, als die Berner zusammen mit holländischen Naturfreunden Silvester feierten, wiederum in der Gornerenhütte. Menschen kennen zu lernen, die eine andere Sprache sprachen, aber das Gleiche dachten, beeindruckte sie tief. Sie begegnete hier auch erstmals einem dunkelhäutigen Mann, der, so liess sie sich erklären, aus den holländischen Kolonien stamme. Schliesslich dürfte sie hier auch zum ersten Mal die Internationale gehört haben, welche die Holländer «als Höhepunkt» des gesangreichen Abends anstimmten.

Die Erinnerungen von Hanni Jutzi, die sie in hohem Alter wohl entlang ihrer Tagebuchaufzeichnungen niederschrieb, zeigen einen persönlichen Aufbruch, der geprägt war von grossen, vom Internationalismus geprägten Zukunftserwartungen. Die Zuversicht, damit den «richtigen» Weg zu gehen, prägte vor allem die Jungnaturfreunde.

Zürich wird Sitz der internationalen Naturfreunde

Wenig später war dieser Internationalismus gefährdet: Nach der Machtübernahme der Nationalsozialisten in Deutschland 1933 und des faschistischen Dollfussregimes in Österreich 1934 wurden die dortigen Naturfreundeorganisationen verboten, ihr Vermögen konfisziert und die Häuser beschlagnahmt. Der Hauptsitz des internationalen Vereins wurde nach Zürich verlegt, wo er bis 1988 blieb. Die Schweizer Naturfreunde übernahmen damit

1928 hielt der internationale Verein seine Hauptversammlung erstmals in der Schweiz ab. Die Ortsgruppe Zürich vollbrachte dabei eine organisatorische Glanzleistung: Die mehrtägige Veranstaltung führte rund 4000 Personen nach Zürich. Sie endete mit einer Schifffahrt nach Rapperswil, wo eine Weihestunde stattfand.

En 1928, la fédération internationale organise pour la première fois sa réunion principale en Suisse. Le groupe local de Zurich réussit la prouesse au niveau de l'organisation de coordonner l'arrivée de 4000 participants à Zurich. La manifestation est ponctuée par un voyage en bateau à Rapperswil où est organisé une cérémonie.

eine grosse Verantwortung und eine Verpflichtung. Besonders während des Zweiten Weltkriegs führten diese zu grossen finanziellen Belastungen und liessen einen Teil des Verbands zweifeln, ob der internationale Verein nicht besser liquidiert würde. Mittlerweile existierte die Bewegung, abgesehen von einigen Gruppen in den USA, nur noch in der Schweiz. Die anfallenden Kosten lasteten ganz auf den Schweizer Mitgliedern. Verursacht wurden sie hauptsächlich durch die internationale Zeitschrift «Der Naturfreund», die bis Kriegsbeginn sechs Mal, dann vier Mal pro Jahr erschien und deren Bezug für die Schweizer Mitglieder obligatorisch war. Der Streit um den Wert der Zeitschrift wie des internationalen Vereins wurde zu einer Auseinandersetzung zwischen den Verfechtern ideeller Werte und jenen materieller Erfordernisse. Einer der wichtigsten Verteidiger der Ideale war Albert Georgi, selbst Redaktor des «Naturfreund» und seit 1934 Landesobmann. Georgi, von Beruf Maschinensetzer, stammte ursprünglich aus Sachsen und lebte seit 1918 in der Schweiz. Mit der internationalen Bewegung war er freundschaftlich und moralisch verbunden, eine Aufgabe der übernommenen Verpflichtungen war für ihn undenkbar. An der Landesdelegiertenversammlung 1942 vermochte er schliesslich die Mehrheit zu überzeugen. Die Weiterführung der Zeitschrift erforderte allerdings erhebliche Opfer, zumal der Verband zu Beginn des Zweiten Weltkriegs Mitglieder verlor und viele im Aktivdienst waren und daher reduzierte Beiträge zahlten.

Gleichzeitig hatte der Verband andere dringende Aufgaben zu bewältigen. Dazu zählten die Ausbildung von Leitern und (ersten) Leiterinnen im Ski- und Bergsport sowie die

...... «WIR ALLE WISSEN, DASS DIE NATURFREUNDEBEWEGUNG IN DEUTSCHLAND UND ÖSTERREICH DER UNSEREN BEWEGUNG EINEN GROSSEN SCHRITT VORAUS IST. NICHT NUR AN DER ZAHL, NEIN, VOR ALLEM AUCH AN DEM GROSSEN INNEREN WERT IST SIE UNS ÜBERLEGEN. DORT IST SIE WIRKLICH KULTURBEWEGUNG, VORWÄRTSBRINGENDE, ERZIEHENDE BEWEGUNG DER ARBEITER. WARUM? SIE ANERKENNEN DIE JUGEND.» ......

W. B., Schlieren, Berg frei, 1928

Nach dem Ersten Weltkrieg wurden die Hütten immer beliebter für Sommerferien und als Ausgangspunkte für Skitouren. Gäste vor der Gornerenhütte im Kiental, 1920er-Jahre.
Après la Première Guerre mondiale, les cabanes deviennent une destination de plus en plus prisée pour les vacances d'été et comme camps de base pour des excursions à skis. Des hôtes devant la cabane de Gorneren dans le Kiental, années 1920.

Pflege und der Ausbau eines Netzes von touristischen Stützpunkten, so genannten Landeshäusern. Beides war in den 1930er-Jahren begonnen worden. Sowohl mit dem Kurswesen als auch mit dem Bau eigener Ferienhäuser reagierte der 1925 gebildete Landesverband auf die veränderten Bedürfnisse der Mitglieder und Ortsgruppen. Dabei verschlang der Bau von Häusern weit mehr Energien und Gelder. Seit dem Ende des Ersten Weltkriegs stand er geradezu im Mittelpunkt der «Eroberung der Freizeit» und der damit verbundenen Rolle als Touristenverein der Arbeiterinnen und Arbeiter.

Einzug der Feriengäste

Im Sommer 1920 stritten sich im «Berg frei» zwei Einsender über die Frage, ob die Schweizer Naturfreunde eine hochalpine Hütte bauen sollten oder nicht. Dass es dabei um eine grundsätzliche Frage ging, machte der Leserbriefschreiber S. – Gegner eines Hüttenbaus im Hochgebirge – gleich eingangs klar: «Die Touristenvereine der Naturfreunde müssen wohl in richtiger Verfolgung ihres eigentlichen Vereinszweckes mehr die allgemeine Touristik, das heisst [...] Wanderungen in Feld und Wald und in voralpinen Gebieten hegen und pflegen.»[19] S. argumentierte mit den Bedürfnissen der grossen Mehrheit: «Es darf ohne die geringste Überhebung gesagt werden, dass an die 90 Prozent unserer Mitglieder [...] keine eigentlichen Hochtouren ausführen können, sondern vielmehr sich an den mannigfachen Naturschönheiten auf dem allernächsten Feld- und Waldweg und vorwiegend auf voralpinen Touren mit demselben Gefühl der Befriedigung erfrischen.» Genau diese Mehrheit von «Naturfreunden des weiblichen und männlichen Geschlechts, ohne Unterschied des Alters, also auch Kinder und ältere Leute» gelte es für «unsere edle Sache zu gewinnen». Daraus folgte für ihn, dass mit «sorgfältig» und «bequem» eingerichteten Hütten in mittleren Höhenlagen für sommerliche Ausflüge wie für Ski- und Schlittensport der «idealen Sache der Naturfreunde selbstverständlich besser gedient» sei als mit einer hochalpinen Hütte, von der nur wenige profitieren könnten. Ganz anders sah dies der Einsender B. Auch für ihn ging es um die Ideale der Bewegung, und gerade diese sah er gefährdet durch den Bau von Hütten, die immer häufiger in beliebten Ausflugsgebieten platziert und obendrein als Ferienheime eingerichtet würden. Die Ortsgruppen

Skikurse machten die Naturfreunde attraktiv. Besonders aktiv war die Ortsgruppe Winterthur. Allein im Winter 1929/30 organisierte sie vier Kurse mit 120 Teilnehmern, einen Trockenkurs mit 130 Teilnehmern sowie 9 Skitouren. Der Mitgliederzuwachs war gross: Von 1929 auf 1930 stieg die Zahl von 276 auf 332 Personen. Von diesen waren rund die Hälfte aktive Skifahrer. Teilnehmer an einem Skikurs der Ortsgruppe Winterthur, 1929/30.

Les cours de ski rendent les Amis de la Nature attractifs. Le groupe de Winterthour sera l'un des plus remuants. Rien que pendant l'hiver 1929/30, il organise quatre cours avec 120 participants, un cours au sec avec 130 participants ainsi que 9 excursions à ski. Le nombre de membres est en nette croissance, passant de 276 à 332 entre 1929 et 1930. La moitié à peu près est composée de skieurs actifs. Participants d'un cours de ski du groupe local de Winterthour, 1929/30.

hätten dabei, so seine Überzeugung, allein die Rendite im Kopf. Natürlich bringe ihnen dies auch viele neue Mitglieder. Aber gerade diesen unterstellte der Einsender B. eine wenig ehrenhafte Gesinnung: «Gewöhnlich sind es solche, die sich [...] die geschaffene Situation zunutze machen, dem wahren Naturfreund, der des Sonntags hinaus in die Berge zieht und im Vorbeigehen die Hütte besucht, den Platz streitig machen [...]. Vom Benützen des Kochherds ist gar nicht zu reden, ebensowenig vom Schlafen.» Für den Einsender B. stand folglich fest, dass die Mittel des Baufonds nicht dazu dienen dürften, «um unsere Mitglieder zu Hüttenschleichern und -wanzen zu erziehen. Oder», fragte B. rhetorisch, «soll das unser Ideal sein?» Er ahnte jedoch, dass sein Idealismus – die hochalpine Hütte stand dafür als Symbol – eine Sache von Wenigen war und gerade «durch die Schaffung von verbilligten Feriengelegenheiten für unsere Mitglieder [...] immer mehr schwindet und die Leute ganz zu Materialisten erzogen werden». Unterschiedlicher hätten die Deutungen der rasanten Veränderungen im Vereinsleben nicht sein können. In der Tat war kurze Zeit nach dem Ersten Weltkrieg eine Hüttenbaueuphorie ausgebrochen. 1921 standen landesweit bereits 20 Unterkünfte in Betrieb. Zahlreiche weitere waren in Planung. Das kostete Geld, das manche Ortsgruppe nicht be-

...... «Können uns die renovierten Sauställe, welche wir so oft als Hütte ansprechen, befriedigen?» ......

Hugo Waldmeyer, Mitglied Landesleitung, 1924

1931 realisierten Zürcher Naturfreunde zusammen mit der Präsens Film den Skifilm «Empor zur Sonne». Walter Escher betonte bei der Premiere: «Einfache Arbeiter sind es, die als Darsteller auftreten, Arbeiter und Arbeiterinnen, die ohne Pose von ihren Idealen zeugen wollen.» 1935/36 folgte mit «Berg frei» ein zweiter Film über die Bewegung. Filmankündigung in der «Naturfreunde-Illustrierten», Winter 1931/32.
En 1931, les Amis de la Nature zurichois réalisent conjointement avec Präsens Film le moyen métrage «Empor zur Sonne». Walter Escher s'exprimera lors de la première: «De simples ouvriers en sont les acteurs principaux: travailleuses et travailleurs témoignant ainsi de leurs idéaux sans poser.» En 1935/36 suit un autre film sur le mouvement, «Berg frei». Annonce du film dans la revue des Amis de la Nature, hiver 1931/32.

Von der einfachen Alphütte zum veritablen Haus: Die Ortsgruppe Zürich verabschiedete sich von ihrer ersten Miethütte auf Talalp und erbaute 1919 das «Fronalphaus» ob Mollis. Dieses verfügte über eine Küche, einen Speise- und einen Aufenthaltsraum, fünf Schlafräume und ein grosses Heulager.
De la modeste cabane à la maison confortable: le groupe local de Zurich prend congé de sa première cabane gérée en location sur la Talalp et construit en 1919 la maison «Fronalp» au-dessus de Mollis. Celle-ci dispose d'une cuisine, d'un séjour, d'une salle à manger, de cinq dortoirs et d'une grande remise de foin.

Offene oder mit Segeltuch gedeckte Strohlager blieben auch nach 1920 in vielen Häusern die Regel. Schlafraum in der Gornerenhütte, um 1912.
Les camps de paille ouverts ou abrités de toile restent la règle dans de nombreuses maisons après 1920. Dortoir dans la cabane de Gorneren, vers 1912.

sass. Hingegen verfügte der Ostgau über einen Baufonds. Dessen bescheidene Mittel hatte die Gauversammlung 1918 für den Bau einer hochalpinen Hütte reserviert. Zwei Jahre später hielt der Vorstand des Ostgaus diesen Entscheid für überholt. Um ihn abzuändern, war eine Urabstimmung notwendig, in deren Vorfeld heftig diskutiert wurde.
Dass die Frage um die Verwendung des Baufonds in grundsätzliche Fragen mündete, war kaum zufällig. Die Jahre nach dem Ersten Weltkrieg waren eine Zeit des grundlegenden politischen und gesellschaftlichen Umbruchs. Das veränderte auch die Bedeutung, die Freizeit und Ferien zukam. Und das stellte die Naturfreunde nicht nur materiell vor neue Herausforderungen, sondern auch in ihrem Selbstverständnis als Arbeitertouristenverein: Sie standen vor der Frage, ob sie der touristischen Breitenentwicklung folgen und ihren Mitgliedern die Teilhabe daran erleichtern sollten oder ob sie gerade im Gegenteil darauf hinzielen sollten, dem allgemeinen Strom zu widerstehen und einen kleineren, dafür umso bewussteren Mitgliederkreis zu bilden. Das Resultat der Urabstimmung zeigte, dass der Gauvorstand den Stimmungsumschwung richtig erfasst hatte: Die Basis entschied sich für die Förderung des Hüttenbaus der Ortsgruppen.[20]
Der bedeutendste Hintergrund der Hüttenbaueuphorie dürfte neben der Einführung des Achtstundentags die Gewährung von Ferien für Arbeiter gewesen sein. Waren Ferien vor 1914 ein Privileg der Angestellten gewesen und Arbeitern nur als äusserst seltene Belohnung für treue Dienste zugekommen, erhielt ab 1920 ein namhafter Teil der Arbeiterinnen und Arbeiter einen arbeitsvertraglich festgelegten Anspruch auf Ferien. Zwar beschränkten sich diese für die meisten auf wenige Tage oder höchstens eine Woche pro Jahr. In Sachen verkürzte Arbeitszeit besonders privilegiert war das Verkehrspersonal. Für dieses brachte das 1920 in der Volksabstimmung angenommene Arbeitszeitgesetz einen Mindestferienanspruch von sieben Arbeitstagen, der sich mit zunehmenden Dienstjahren und Lebensalter auf 28 Arbeitstage – also fast fünf Kalenderwochen – erhöhte. Sehr gute Ferienverhältnisse hatten auch die Arbeiter in den städtischen Gas-, Wasser- oder Elektrizitätswerken und jene in der grafischen Industrie.

Das grosse Häuserbauen

Schutzhütten zu bauen, zählte von Beginn weg zu den Aufgaben, die sich die Naturfreunde gestellt hatten. Daraus entstand ein Häuserwerk, das zu den Grundpfeilern der Bewegung überhaupt zählt. In der Schweiz realisierten als Erste die Ortsgruppen des Ostgaus, mit finanzieller Unterstützung des Hauptvereins, 1912 eine Hütte auf dem Säntis. Bald darauf setzten sich auch grössere Ortsgruppen dieses Ziel. Die Zürcher versuchten bereits 1916 ein Haus auf Talalp, wo sie eine Hütte in Miete hatten, zu erbauen, konnten aber kein Land kaufen. 1919 gelang es ihnen dann, auf der Glarner Fronalp oberhalb von Mollis eine Hütte zu bauen. Zur Realisierung des stattlichen Hauses trugen zahlreiche Spenden und Fronarbeit bei, es wurde aber auch ein Baumeister beigezogen.[21]

...... «ZIEHT HINAUF IN JENE GEBIRGSGEGENDEN, WO EINER AUF DEN ANDEREN ANGEWIESEN IST. DAS BINDET UND KETTET, STÄRKT GEIST UND GEMÜT VIEL MEHR ALS IRGENDEIN MASSENLAGERBETRIEB AUF EINEM HÜGEL.» ......

J. W. G., Luzern, Berg frei, 1923

Die Zürcher waren nicht die einzigen Besitzer eines eigenen Heims. Um 1920 verfügten insgesamt sieben Ortsgruppen über eine Hütte, weitere 13 hatten eine gemietet. Diese lagen in nicht allzu grosser Entfernung des Wohnorts und – soweit möglich – in einer voralpinen Gegend. Im Hochgebirge lagen nur gerade drei Miethütten: eine am Gurnigel und zwei oberhalb von Davos, auf der Clavadeller Alp und auf der Schürlialp. Diese boten sich nicht nur Alpinisten, sondern vor allem auch den Wintersportlern an. Aber auch die meisten anderen Hütten priesen das vor ihrer Tür liegende Gebiet als ideales Skigelände oder dienten sogar ausschliesslich als Skihütten. Meist handelte es sich um saisonal gemietete Alphütten, in denen den Sommer über Sennen wohnten.

Ob sich eine Unterkunft als Tourenstützpunkt oder als Ferienaufenthalt eignete, hing nicht allein vom Standort, sondern auch von der Grösse und der Ausstattung ab. Genügten für die einfache Unterkunftshütte ein bis zwei Schlafräume und eine Küche, war es für die Benützung als Ferienort von Vorteil, wenn auch ein Aufenthaltsraum, mehrere Schlafräume, ein Hüttenwartzimmer und sanitäre Einrichtungen im Haus vorhanden waren. Gemessen daran zählt das Fronalphaus ob Mollis zu den ersten eigentlichen Ferienheimen. Nicht zufällig nennt es sich denn auch «Haus» und nicht «Hütte», wie es damals für die Naturfreunde-Unterkünfte üblich war. Auf der Fronalp konnten 150 Personen nächtigen. Drei Räume waren für Feriengäste reserviert und einer für «Touristen», das heisst für

---

1940 konnte die Tessiner Ortsgruppe Lugano-Ceresio nach fünfjähriger Bauzeit das Haus «La Ginestra» eröffnen. Hier fanden auch italienische Flüchtlinge Unterschlupf. Einweihungsfeier, 1. August 1940.

Après cinq ans de travaux, le groupe local tessinois Lugano-Ceresio inaugure sa maison «La Ginestra». Des réfugiés italiens y trouveront refuge. Fête d'inauguration, 1er août 1940.

Am Säntis baute der Ostgau 1912 die erste Schutzhütte. 1925 ging sie in den Besitz des Landesverbands über und wurde beliebt als Wintersporthütte. Das Säntishaus nach der baulichen Erweiterung von 1931.

Le premier abri sur le Säntis est construit en 1912 par l'Ostgau. Il passe en 1925 en possession de la fédération nationale et devient très populaire comme cabane de ski. La maison du Säntis après son agrandissement de 1931.

Der Bau eines Ferienheims bei Celerina scheiterte am Widerstand der Bündner Hotellerie. Gebaut werden konnte nur eine kleine Unterkunft. 1978 brannte das Haus nieder und wurde von der Sektion Oberengadin 1979 neu aufgebaut. Das Innere des Landeshauses «Cristolais», um 1935.
La construction d'un centre de vacances près de Celerina se heurte à l'opposition de l'hôtellerie grisonne. On ne peut construire qu'un modeste refuge. La maison sera la proie des flammes en 1978, avant d'être reconstruite par la section de Haute-Engadine en 1979. Intérieur de la maison «Cristolais», vers 1935.

Mit dem Landeshaus «Reutsperre» ob Meiringen schuf der Verband 1935 einen Ferienort und Tourenstützpunkt am Eingang des Rosenlauitals. Das Haus ist heute im Besitz der Sektion Horw.
La maison nationale «Reutsperre» au-dessus de Meiringen est conçue par la fédération comme un lieu de vacances et comme base d'excursions à l'entrée de la vallée de Rosenlaui. La maison appartient aujourd'hui à la section de Horw.

Kurzaufenthalter. Zudem gab es ein Heulager. Tagsüber konnte man sich im Aufenthaltsraum und im Speiseraum aufhalten, und das Haus verfügte über zwei Toiletten mit Wasserspülung sowie über ein Badezimmer. Diesbezüglich erreichte es den Standard einer einfachen Pension. Ähnliches gilt für die Gornerenhütte (etwa 110 Plätze), die Flühlihütte (120 Plätze) und das Passwanghaus (200 Plätze). Die durchschnittliche Hütte verfügte dagegen über ein Massenlager mit Stroheinlagen, entweder unter dem Dach oder verteilt in verschiedenen Räumen, gelegentlich waren auch ein paar Matratzen vorhanden. Auf die Trennung der Geschlechter wurde auch in bescheidenen Behausungen geachtet oder eine solche zumindest ermöglicht. Fast alle Hütten hatten einen Raum mit einer – meist kleinen – Anzahl von Schlafplätzen für Frauen reserviert.

Es scheint, dass sich im Lauf der 1920er-Jahre fast jede Hütte zum bescheidenen Ferienheim wandelte oder sich zumindest als solches anbot. Darauf lassen die zahlreichen Inserate im «Berg frei» schliessen, aber auch eine immer lauter werdende Kritik am gebotenen Standard. In der Begeisterung für die Sache wollten offenbar viele Ortsgruppen die eigene Hütte möglichst rasch realisieren. Die Zahl der Hütten schnellte bis 1931 auf 20 hoch; hinzu kamen rund 35 Mietobjekte. Das rief Mahner auf den Plan. Einer der Ersten war der Zürcher Hugo Waldmeyer. Bereits 1924 wetterte er gegen die «alleingängerische Bauerei» und forderte ein planmässiges Vorgehen, um Schöneres und Besseres zu schaffen – wie dies dem Sinn und Geist des Sozialismus entspreche, der nach verbesserten Lebensverhältnissen strebte.[22] Als Beispiel dafür, was Standard werden sollte, nannte er das eben fertig gestellte und vielfach als «Villa» kritisierte Stooshaus, der zweite Grossbau der Zürcher. Waldmeyer parierte die bereits laut gewordenen Vorwürfe: «Wir sind der Auffassung, dass nur das Allerbeste für den Proletarier gut genug ist.»

Die 1925 eingesetzte Landesleitung, das dirigierende Organ des Landesverbands, setzte sich gegen das verzettelte Bauen ein. Otto Mötteli, verantwortlich für das Hüttenwesen, begann einen zähen Kampf mit baulustigen Ortsgruppen. Mehrfach verbot die Landesleitung einer Ortsgruppe entweder den Bau oder die Miete eines Hauses, da es eine Konkurrenz für ein schon bestehendes Naturfreundehaus dargestellt hätte. Doch die zahlreichen Mahnungen, dass der Sinn einer Ortsgruppe sich nicht im Betrieb eines Hauses erschöpfe, bewirkten wenig. Es scheint vielmehr, dass die Ortsgruppen genau das anstrebten, was der Chef des Ressorts Hüttenwesen als unnötig beurteilte: nämlich Hütten zu bauen, die all jenen Bedürfnissen entgegenkamen, die Mötteli als «Nebenströmungen» der Naturfreundebewegung bezeichnete, wie zum Beispiel die «Wintersportbewegung»,

die «Wochenendbewegung» oder der «Wassersport».[23] 1936 stellte Mötteli resigniert fest, dass der Landesverband in seinem Kampf unterlegen sei. Seit 1921 war die Zahl der Hütten in eigenem Besitz von 7 auf 41 gestiegen.

Skisport über alles

Neben dem Wochenende, das in der Zwischenkriegszeit allmählich Verbreitung fand, revolutionierte vor allem das Skifahren die Freizeitgewohnheiten. Die Naturfreunde leisteten hier Pionierarbeit, indem sie den relativ kostenintensiven Sport Arbeiterinnen und Arbeitern zugänglich machten. Ein grosser Teil der Miethütten diente ausschliesslich diesem Zweck. Die grösseren Ortsgruppen führten Skitouren durch und begannen Ende der 1920er-Jahre, Skikurse anzubieten sowie «Trockenkurse». Einen Hinweis darauf, wie diese durchgeführt wurden, gibt eine spätere Schilderung von Albert Georgi: «Unsere Freunde übten in Zürich abends in der Zürcher Reithalle im Sägemehl das Gehen im Schnee, das Biegen und Drehen und Schwingen, so gut es möglich war, um dann am Sonntag im Schnee weiter zu üben.»[24] Anlass zu dieser Erinnerung war der Abschied von Walter Liebherr, einem der ersten «Ski-Instruktoren» des Landesverbands. Liebherr, der gleichzeitig Landeskassier war, hatte beim Interverband für Skilauf – in den 1930er-Jahren eine Instanz – den Brevetkurs absolviert.

...... «BEGEHEN WIR NICHT DEN FEHLER, DEN SKILAUF ZUM WETTLAUF ZU STEMPELN, DAS IST JA GEGEN UNSERE GANZE ANSCHAUUNG, ODER WOLLEN WIR ETWA DIE NATUR GANZ VERGESSEN?» ......

A. Spieler, Berg frei, 1929

1929 begann der Landesverband, Skileiter und -instruktoren auszubilden. Das war zugleich der Anfang des Kurswesens. Die Skiausbildung blieb in den 1930er-Jahren dessen wichtigstes Standbein. Das entsprach auch der Nachfrage. 1933 standen 15 brevetierte Leiter und 30 Hilfsleiter zur Verfügung. Die Einführung der neuen «Einheitstechnik» im Skifahren ab 1932 wurde zu deren grossen Aufgabe und zur Grundlage für den guten Ruf, den sich die Naturfreunde bei anderen Sportvereinen erwarben. Die Skikurse erwiesen sich auch bald als grosse Attraktion bei der Mitgliederwerbung.

Die Wettkämpfe, die den Skisport allgemein prägten, stellten die Naturfreunde allerdings vor eine Grundsatzfrage: Sollte auch hier die Devise gelten, dass jede Rekordsucht eine bürgerliche Verfehlung sei? Oder sollte man der Freude der jungen Generation am Wettkampf nicht besser entgegenkommen, um sie nicht an bürgerliche Vereine zu verlieren? Letztere Haltung siegte. 1934 revidierte die Schweizer Landesleitung die als mangelhaft empfundene «Wiener Laufordnung» und schuf eine einheitliche Skiwettkampfordnung.[25] 1940 wurden die Naturfreunde in den Interverband für Skilauf aufgenommen. Ab 1939 stand das Kurswesen unter der Leitung von Friedel Niederer, der ersten Frau in der Landesleitung und der ersten und bis heute einzigen, der dieses Ressort anvertraut worden ist. Die wenigen Frauen, die überhaupt in die Landesleitung gewählt wurden, übernahmen meist das Protokoll.

Der Landeshäuser-Plan

Die grosse Zurückhaltung der Landesleitung gegenüber der ungebremsten Bautätigkeit richtete sich nicht generell gegen eine touristische Entwicklung «in die Breite». Jedoch hatte sie den Anspruch, diese stärker zu lenken. Sie konnte sich dazu auch durch einen Beschluss der Hauptversammlung von 1928 in Zürich legitimiert fühlen. Diese hatte alle Ortsgrup-

Mit dem Kauf des Hauses «Lüeg ins Land» auf der Riederalp 1940 verschaffte sich der Landesverband den ersten Stützpunkt im Wallis.
L'achat en 1940 de la maison «Lueg ins Land» sur la Riederalp permet à la fédération nationale de s'implanter au Valais.

pen verpflichtet, das Eigentumsrecht ihrer Häuser dem Gesamtverein zu übertragen. Dieser Beschluss war weniger aus wirtschaftlichen als aus politischen Überlegungen erfolgt und zielte darauf, einsetzenden Differenzen durch direkten Einfluss auf die Ortsgruppen vorzubeugen.[26] Die Tendenz zu einer grösseren Zentralisierung kam aber zugleich der Absicht entgegen, die touristische Entwicklung des Vereins und die Verwendung der vorhandenen Mittel nicht bloss lokalen Vorlieben zu überlassen.

Um 1931 entwickelte die Landesleitung den Plan, ein Netz von Landeshäusern zu erstellen, um touristisch attraktive Gegenden kostengünstig zu erschliessen. Die Landesdelegiertenversammlungen von 1932 und 1934 gaben dazu ihre Zustimmung. Erstes Ziel war ein Stützpunkt im Engadin, einer touristisch exklusiven Gegend. 1934 gelang der Kauf einer Alp oberhalb von Celerina, Cristolais, deren Lage als ausserordentlich schön galt. Doch die Pläne, hier ein stattliches Touren- und Ferienhaus zu bauen, scheiterten am Widerstand der Engadiner Hoteliers. Diese erwirkten beim Kanton ein Bauverbot, welches in zweiter Instanz vom Bund geschützt wurde. Zur Begründung verwiesen sie auf das so genannte Hotelbauverbot. Dieses hatte der Bund bei Einsatz der Wirtschaftskrise 1932 verfügt, um die bestehenden Überkapazitäten nicht zu vergrössern.[27] Dass der geplante, vergleichsweise bescheidene Bau ohne ständige Bewirtung die Hotels und Pensionen in Celerina hätte schädigen können, erschien den Naturfreunden zu Recht lachhaft. Klar war ihnen dagegen, dass es den Bündner Hoteliers, unterstützt vom lokalen SAC, darum ging, die Arbeitertouristen aus politischen und Prestigegründen aus der Gegend fern zu halten. Auf dem Grundstück konnte schliesslich nur eine bescheidene Unterkunft mit einem einzigen Raum gebaut werden. Sie sollte über Jahrzehnte zu einer beliebten Unterkunft werden und wurde nach 1945 mehrfach baulich verbessert.

...... «FÜR DEN DIE GESELLIGKEIT UND DEN BETRIEB LIEBENDEN GENOSSEN HAT DAS SÄNTISHAUS AN REIZ NICHTS VERLOREN. ABER DEM RUHEBEDÜRFTIGEN, DAS IDYLLISCH-ABGELEGENE VORZIEHENDEN NATURFREUND IST EINE LIEBGEWORDENE STÄTTE VERLEIDET WORDEN.» ......

Otto Mötteli, Häuserchef, 1934

Das zweite Landeshaus-Projekt war dagegen erfolgreich. 1935 erwarb der Landesverband eine Sennhütte oberhalb von Meiringen im Rosenlauital, die Reutsperre, und baute sie aus. Er erschloss damit seinen Mitgliedern ein viel begangenes Wander- und Tourengebiet im Berner Oberland. Die Reutsperre war jedoch ausdrücklich auch als Ferienheim gedacht.

Um der Nachfrage gerecht zu werden, wurden schon nach wenigen Jahren 50 weitere Schlafplätze eingerichtet.

Der dritte Stützpunkt war das 1912 als Schutzhütte erbaute Säntishaus, das 1931 zum veritablen Ferienhaus mit 120 Schlafplätzen erweitert wurde. Das entsprach der Nachfrage: Die Wintersaison hatte je länger, je mehr Gäste gebracht, doch Aufenthaltsräume fehlten, Küche und Toiletten genügten nicht mehr. Wenig später, 1934, wurde der Säntis mit einer Schwebebahn erschlossen. Jetzt erlebte der Verband erstmals den Druck der kommerziellen Konkurrenz hautnah. Das Land rings um die Hütte wurde aufgekauft, die Landpreise stiegen, und die Gemeindeverwaltung Krummenau verlangte aufgrund des daraus entstehenden Wertzuwachses plötzlich höhere Steuerabgaben. Der Verband sah sich gezwungen, das eben verbesserte Haus noch komfortabler einzurichten. 1934 erhielt das Haus elektrisches Licht, und die Ortsgruppe St. Gallen, welche die Hütte verwaltete, erstellte in Fronarbeit eine neue Inneneinrichtung.

...... «Die Unterstellung einer Naturfreundehütte unter das Hotelbauverbot ist ja heller Wahnsinn.» ......

Berg frei, 1935

Die Verwandlung des Säntishauses von der abgelegenen Hütte zum Haus mit grossem Gästebetrieb illustriert die touristische Entwicklung der 1930er-Jahre. Es verdeutlicht, dass die Bautätigkeit der Ortsgruppen und des Landesverbands nicht nur eine vereinsinterne Frage der Mittelverwendung war, sondern zunehmend im Zusammenhang von touristischem Angebot und Nachfrage stand.

In Arbeiterkreisen waren die Bedürfnisse nach sportlicher Betätigung, touristischen Unternehmungen sowie Reisen und Ferien gross. Der Erfolg einiger Naturfreundehäuser zeigte, dass sie das anboten, was von vielen gewünscht wurde. Dazu zählten vor allem die grossen und für den Wintersport gut gelegenen Häuser. Andere blieben dagegen wenig besucht. So beunruhigte den Landesverband aus finanzieller Sicht die «Ruhe», die im vierten Landeshaus, dem ursprünglich vom Westgau erworbenen Flühlihaus im Entlebuch, vorherrschte. Diese Unterkunft war 1921 im Gegensatz zum Säntishaus lediglich um ein Familienzimmer erweitert worden. Offenbar war auch längst nicht jede als Ferienheim vorgesehene Hütte einer Ortsgruppe – trotz niedrigen Preisen – attraktiv genug. Die äusserst knappen Betriebskalkulationen wurden in der Krise der 1930er-Jahre zur Gefahr: Etliche Ortsgruppen hatten ihre Rechnung auf die Annahme gestützt, dass vor allem auch Nichtmitglieder ihre Hütten für Ferienaufenthalte benützen würden. Jetzt mussten sie jedoch feststellen, dass diese andere Orte bevorzugten. Ein paar schneearme Winter

Kurz vor Kriegsende erweiterte sich das Netz der Landeshäuser um «Grimentz» im französischsprachigen Teil des Wallis.
Peu avant la fin de la guerre, le réseau des maisons nationales sera complété par «Grimetz» dans le Valais francophone.

und verregnete Sommer taten ein Übriges. Auf den Liegenschaften lasteten zudem hohe Schulden und entsprechende Zinsen. Die Einnahmen deckten lediglich die unmittelbaren Betriebskosten. Reserven für Renovationen oder auch für schlechte Jahre – ein Muss in der Beherbergungsbranche – fehlten.

In gewisser Weise erlebten die Naturfreunde bei ihren ersten Gehversuchen im untersten Preissegment des touristischen Markts etwas Ähnliches wie die Hotellerie, die nach wie vor grösstenteils auf ein sehr vermögendes Publikum ausgerichtet war: Beide kämpften mit hohen Schulden und einem Angebot, das nur teilweise den Bedürfnissen entsprach. Blieben Hotels und Pensionen für die grosse Mehrheit unerschwinglich, scheinen die Naturfreunde nur mit ihren am besten ausgebauten Häusern marktfähig geworden zu sein. Diese Erfahrung bestärkte die Verbandsspitze darin, das Netzwerk gut ausgestatteter Landeshäuser weiter voranzutreiben. Sie liess sich davon auch während der Kriegsjahre nicht abhalten: 1940 realisierte sie mit dem Kauf des Hauses «Lueg ins Land» auf der Riederalp den ersten Stützpunkt im Wallis, dem 1944 der Bau des Ferienheims «Grimentz» folgte, das gleichzeitig das erste Landeshaus in der Romandie war.

Doch ein Netzwerk von Landeshäusern war damals nicht die einzige Vision der zukünftigen touristischen Bedeutung der Naturfreunde. Zwischen 1920 und 1940 hatten sich die Auffassungen, welchen Tourismus die Naturfreunde fördern sollten, zwar deutlich zugunsten einer Entwicklung «in die Breite» verschoben. Doch gemessen an der Zahl der Arbeiterschaft und ihren wachsenden Ferienbedürfnissen waren die Naturfreunde und ihre Häuser eine kleine Organisation – und keinesfalls «die» Reise- und Ferienorganisation der Arbeiterinnen und Arbeiter. Das war es aber gerade, wozu einige junge Genossen die Naturfreunde in den 1940er-Jahren machen wollten.

Résumé en français

«Berg frei» – La conquête prolétaire des loisirs

Le mouvement des Amis de la Nature a démarré sous le signe d'idéaux haut placés: il a cherché sa voie dans une nouvelle façon plus saine de vivre, dans une vie libérée et consciente pour les générations de demain. Le bistro, l'alcool et le tabac n'étaient pas à l'ordre du jour. Il s'agissait d'aller bien au-delà de ce que le terme moderne de «loisirs» signifie. Mis à part les idéaux, il y avait aussi les gens bien reels qui se joignaient au mouvement des Amis de la Nature avec toute la diversité de souhaits et de besoins imaginables. Ballotté entre les objectifs de l'avenir et les réalités du présent, le mouvement en croissance permanente a cherché sa voie. Les randonnées et les excursions en montagne ont dès le début fait partie du programme. Lors de la période pionnière avant la Première Guerre mondiale, le travail était encore obligatoire le samedi. Le temps était donc extrêmement rare, ce qui n'empêchait pas les Amis de la Nature de partir parfois pour des excursions extrêmement pénibles. Au début, on dénombrait surtout beaucoup de jeunes hommes et occasionnellement de jeunes femmes. Ils connaissaient mal les montagnes et manquaient de vêtements appropriés. Mais l'énergie et l'enthousiasme étaient d'autant plus forts.

Les Amis de la Nature se sont sentis comme partie intégrante du mouvement ouvrier international. Que signifiait cela concrètement? Était-ce nécessaire d'attendre de la part des membres qu'ils soient affiliés à un syndicat ou au parti socialiste? Le dilemme n'a cessé de réapparaître et révèle le rapport ambivalent des Amis de la Nature avec la politique. Ceux qui s'exprimaient en faveur d'une obligation de s'organiser considéraient les Amis de la Nature comme une organisation plutôt petite aux membres hautement conscients. Ceux qui étaient plus souples espéraient davantage un développement en largeur. Des débats virulents ont éclaté à ce propos après la Première Guerre mondiale, dans les années 1920. Les esprits critiques ont mis en garde contre le fait qu'une obligation de s'organiser rendait inutilement difficile l'adhésion au mouvement des Amis de la Nature, surtout dans les régions rurales de Suisse. Cette attitude n'a pas su s'imposer ce qui n'a pas empêché le mouvement de toujours compter parmi ces rangs des membres libres non organisés. L'esprit de solidarité se concrétise tôt par la création en 1920 de la caisse d'accident alimentée par les cotisations de ses membres.

Vers 1930, les Amis de la Nature comptaient presque quatre fois plus de membres qu'avant 1914. Le visage du mouvement s'en est trouvé modifié. Aux côtés de jeunes hommes célibataires, on a de plus en plus vu arriver de jeunes pères de famille souvent accompagnés de leurs épouses et de leurs enfants. Les femmes se sont également jointes toutes seules. Les Amis de la Nature offraient à leurs membres une libération personnelle de leurs conditions confinées et opprimantes. Bien des choses avaient changé politiquement et socialement après la guerre. L'introduction de la journée de huit heures et du samedi après-midi libre en 1919/20 a dynamisé les besoins de loisirs. En plus, un nombre croissant de travailleurs obtenaient alors pour la première fois quelques jours de congé payés chaque année. Des centres de vacances avantageux étaient demandés et de nombreux groupes locaux ont alors tenté d'y remédier en construisant ou en louant une cabane. Le peu de moyens à disposition en faisait toujours un risque au point de vue financier et de l'organisation. La fédération nationale fondée en 1925 a tenté d'orienter l'évolution et a parfois freiné l'enthousiasme constructeur, mais sans beaucoup de succès. L'initiative était reléguée aux groupes locaux: en 1920, ils étaient 7 à posséder une cabane et 13 à en louer une; en 1936, il y avait déjà 41 propriétaires. Certaines maisons offraient de la place jusqu'à plus de 100 personnes. Elles offraient le confort d'une pension simple et étaient fortement fréquentées. Il y avait aussi des hébergements plus modestes avec dortoirs pour randonneurs et skieurs. Dans les années 1930 s'y sont ajoutées les maisons appartenant à la fédération nationale, en 1940 l'une en Valais («Lueg ins Land») et en 1944 la première en Suisse romande («Grimentz»). Dans la région exclusive de l'Engadine, une maison de vacances attractive a cependant été refusée aux Amis de la Nature pour des raisons politiques: les hôteliers ont en effet réussi à s'opposer au projet Cristolais au-dessus de Celerina. Les cabanes étaient surtout construites dans les Préalpes, plus près des centres urbains. Malgré une croissance respectable, les Amis de la Nature sont restés une petite organisation par rapport aux besoins grandissants de la majorité de la population peu aisée et à la largeur de l'organisation des syndicats. En pleine guerre, à partir de 1941, de toutes nouvelles idées ont mûri pour imaginer comment les Amis de la Nature allaient à l'avenir devenir la grande organisation de voyages et de vacances des travailleurs.

A partir de 1933/34, les Amis de la Nature helvétiques s'étaient vus octroyer une grande responsabilité internationale. Les organisations cousines d'Autriche et d'Allemagne, où elles avaient connu la plus grande propagation, ont été victimes de persécutions et de répressions politiques. En 1934, le siège de l'Internationale des Amis de la Nature a été transféré à Zurich où était aussi désormais publiée la revue internationale. C'était une charge lourde à porter pendant la guerre, aussi sur le plan financier. Beaucoup ne croyaient plus à l'avenir du mouvement international, d'autres sont restés optimistes. Ils allaient avoir raison.

...... MARGRIT KOHLER ......

Meiringen

Margrit Kohler führt seit 1997 das Naturfreundehaus «Reutsperre» in der Rosenlaui über Meiringen (BE). Es befindet sich auf rund 1200 Metern über Meer, abgelegen am Waldrand, bietet 80 Gästen Platz und gehört der Naturfreundesektion Horw. «Unser Haus steht enorm schön», schwärmt Margrit Kohler, «wenn ich am Morgen das Fenster öffne, sehe ich das Wetterhorn, auf der anderen Talseite ist der Hasliberg, ich habe einen Wildbach vor dem Haus und bin mitten in einem Wanderparadies. Natürlich denke ich manchmal, Margrit, du hast genug gerackert dein Leben lang. Aber wenn ich konkret ans Aufhören denke, gibt es mir einen Stich ins Herz.» Das war nicht immer so. «Vergiss es, da hinauf bringt man mich nie, alles, nur das nicht», hatte sie ausgerufen, als sie das erste Mal angefragt wurde, die Leitung des Hauses zu übernehmen.

Aber der Reihe nach: Im Alter von 55 Jahren erfüllte sich Margrit Kohler einen Jugendtraum und wurde Wirtin. Nach dem Wirtekurs führte sie drei Jahre lang die Baustellenkantine auf dem Jungfraujoch, kehrte für zwei Jahre zu ihrer früheren Tätigkeit als Chefsekretärin zurück, kündigte, weil es ihr nicht mehr gefiel, und sah sich nach etwas Neuem um.

Margrit Kohler erzählt: «Zu dieser Zeit wurde für die «Reutsperre» dringend eine neue Leitung gesucht. Der Hauspräsident, den ich gut kannte, bekniete mich vier Monate lang, er liess einfach nicht locker, und eines Tages – es war kurz vor Saisonbeginn im Mai – hatte ich es so satt, dass ich sagte: ‹Gut, ich mach's, aber am 31. Oktober bringe ich dir den Schlüssel, und die Sache ist vorbei und erledigt.› Das war vor sieben Jahren.»

Als sie das Haus übernahm, lag die Zahl der Übernachtungen bei 2500 im Jahr, inzwischen sind es gegen 4000. Die Gäste kommen von überall her und sind in jedem Alter, vom Säugling bis zum Greis von 90 Jahren. Im Haus hat auch schon ein Motorrad-Club aus Deutschland übernachtet, und bei den Abschlusslagern von Jugendlichen, die in der Schweiz ein Austauschjahr machen, waren solche aus Indien, Uruguay oder Texas dabei. Jugendlager und Kurswochen von Freizeit- und anderen Vereinen sind wichtig, aber nicht unproblematisch. «Einmal», erzählt Margrit Kohler, «war eine Guggenmusik aus dem Fricktal zum Üben hierher gekommen. An einem Abend rief eine Frau an und wollte für sich und ihre Freundin reservieren. Als ich ihr sagte, dass eine Guggenmusik im Haus sei, kritisierte sie, das gehöre sich nicht in einem Naturfreundehaus, früher hätte es so etwas nicht gegeben, und sie frage sich, wohin das noch führen werde. Ich sagte ihr, dass wir auf die Lager und Gruppen angewiesen seien und wir das Haus ohne diese Belegungen gar nicht weiterführen könnten.»

Margrit Kohler hat die «Reutsperre» ins schweizerische Verzeichnis für Ferienlagerhäuser aufnehmen lassen, und es ist auch auf der Homepage des Tourismusbüros von Meiringen zu finden. Sie ist überzeugt, dass dies mehr gebracht hat als vieles, was in den letzten Jahren im Bereich der Werbung versucht wurde.

Das Wetterhorn, aufgenommen von der Reutsperre. Foto: Markus Liechti.

Öffnung ist für Margrit Kohler das Schlüsselwort, wenn sie über die Zukunft der Naturfreunde und der Naturfreundehäuser spricht. Dass dies nicht einfach ist, weiss sie auch. Aber im Fall der «Reutsperre» war es bis vor einigen Jahren sogar so, dass nicht einmal die Mitglieder der Meiringer Naturfreundesektion das Haus benutzten. Die Sektionen Horw und Meiringen waren völlig verkracht. Sie haben sich inzwischen wieder versöhnt und führen im Februar jeweils in der «Reutsperre» gemeinsam ein Skirennen durch. «Aber das war nicht das eigentliche Problem», sagt Margrit Kohler, «das eigentliche Problem war, dass die Leute in Meiringen, aber auch die Feriengäste und Ausflügler, dachten, die «Reutsperre» sei das Haus eines privaten Clubs. Sie hatten das Gefühl, dort verkehre eine geschlossene Gesellschaft und sie seien nicht erwünscht. Mir selbst wäre es früher beim Wandern nie in den Sinn gekommen, in der «Reutsperre» einen Kaffee zu trinken. Heute kommen die Leute aus der Gegend vorbei, wir haben auf der «Reutsperre» Vereins- und Betriebsessen und sogar Hochzeiten. Das ist enorm wichtig, weil das Haus auf diese Weise weiterempfohlen wird.»

Margrit Kohler kommt nicht aus der Naturfreundebewegung. Sie bezeichnet sich selbst als «Naturmenschen», aber die Organisation der Naturfreunde war ihr früher kein Begriff. «So geht es vielen», sagt sie, «sie kennen die Naturfreunde nicht oder denken, das seien seltsame Leute mit engstirnigen grünen Ansichten. Umgekehrt ist es verständlich, dass die Naturfreunde Angst haben, eine Öffnung führe dazu, dass es für sie nicht immer Platz hat oder dass die Naturfreundehäuser zu rein kommerziell geführten Hotels werden.»

Die Öffnung für ein breiteres Publikum und die Beibehaltung der typisch familiären Ambiance sind für Margrit Kohler keine unvereinbaren Ziele. Bei Preisen für die Übernachtung, die für Mitglieder und Nichtmitglieder unter denen eines Campingplatzes liegen, und bei Preisen für Halbpension unter 50 Franken steht die «Reutsperre» weiterhin in der Tradition der Naturfreundebewegung. Ein beträchtlicher Teil der Gäste wählt den Ort indessen nicht wegen der niedrigen Preise, sondern wegen der besonderen, abgelegenen und schönen Lage des Hauses. «Um das zu verstehen», sagt Margrit Kohler, «genügt ein Blick auf den Parkplatz. Ich habe unter meinen Gästen zum Beispiel viele Ärzte, ich habe sogar einen mehrfachen Millionär, heute ist es die Idylle, die gesucht wird.»

Die extrem niedrigen Preise in der «Reutsperre» sind darauf zurückzuführen, dass das Haus bis vor einigen Jahren noch keine Elektrizität hatte. Diese wurde von den 20 Lehrlingen eines Zürcher Elektrounternehmens, die in der Reutsperre einmal in einem Lehrlingslager gewesen waren, als Abschlussarbeit installiert. Da damals schon ein Umbau geplant war – Duschen und Eingang sollten aus dem Keller ins Erdgeschoss verlegt werden –, wurde die Anhebung der Preise hinausgeschoben. «Die Preise müssen nicht weiss der Teufel wie hoch sein», sagt Margrit Kohler, «aber es sollte so sein, dass die Person, die das Haus führt, einigermassen davon leben kann. Ich glaube nicht, dass jemand auf dem Rücken der Herbergsleute Ferien machen möchte.»

Das Haus zu führen, ist Knochenarbeit. Es gibt Tage, an denen Margrit Kohler rund um die Uhr während 20 Stunden auf den Beinen ist. Am Morgen ist sie als Erste auf, die Bergsteiger wollen zu Berg; am Samstag ist vielleicht noch ein kleines Fest, und sie ist die Letzte, die ins Bett kommt. Ihre Devise lautet: Es muss nicht Luxus sein, aber sauber. Die Gäste machen die Betten selbst und sind aufgefordert, die Zimmer sauber zu hinterlassen. «Nur, sauber ist ein relativer Begriff», sagt Margrit Kohler, «und ich putze jedes Zimmer auch noch selbst. Mein Schwiegersohn sagt immer, er sei froh, nicht bei mir putzen zu müssen, aber so schlimm ist es nicht. Ich habe einfach meinen Standard, und Sauberkeit wird von den Gästen sehr geschätzt. Ich bekomme sehr, sehr viele Komplimente, besonders deswegen.»

Hilfe bei der Arbeit erhält sie oft von einem ihrer elf Enkelkinder. Besonders die drei Buben streiten sich darum, auf der «Reutsperre» aushelfen zu dürfen. Inzwischen hat sich ein Turnus eingespielt, Sandro kommt im Sommer, Benni im Herbst und Reto in der Zwischensaison. Der 12-jährige Sandro ersetze eine erwachsene Person, sagt Margrit Kohler, er habe alles voll im Griff, und wenn er da sei, könne sie ruhig einkaufen gehen oder nach Hause fahren, um die Bettwäsche zu waschen.

In der «Reutsperre» wird im Gegensatz zu den meisten Naturfreundehäusern Halbpension angeboten. Viele Gäste seien ganz erstaunt und sehr erfreut darüber, sagt Margrit Kohler. Zu ihren Aufgaben gehört demzufolge auch, das Frühstück zuzubereiten und abends für die Halbpensionäre zu kochen, manchmal auch für Lager und Gruppen, was eine gewisse Koordination bei der Küchenbenutzung erfordert. Das sei nicht immer einfach, sagt Margrit Kohler, sie habe manchmal das Gefühl, die Leute würden zusehends verlernen, direkt miteinander zu sprechen. Sie würden via SMS und Internet kommunizieren, in den Büros seien sie mit den PCs verknüpft und würden vor allem per Mail verkehren. Sie sagt: «Ich kann mir vorstellen, dass die direkte Kommunikation in 10, 15 Jahren ein echtes Problem sein wird. Hier im Haus sage ich immer, alles ist nur eine Frage von Toleranz und klaren Absprachen. Es braucht klare Absprachen, wenn Gäste selbst kochen; es braucht Absprachen, wenn gleichzeitig mehrere Lager im Haus sind. Kürzlich hatte ich drei Lager im Haus. Alle 80 Betten waren belegt, und ich musste sogar mein eigenes Zimmer zur Verfügung stellen. Da war mir selbst ein wenig mulmig, aber ich habe mich hingestellt und verkündet, dass es nur klare Absprachen brauche, und tatsächlich hat es auch geklappt, und es wurde eine der schönsten Lagerwochen. Die Jüngsten haben jeden Abend eine Mini-Playback-Show veranstaltet, die Mittleren haben Theater gespielt, und die Studenten, die am Anfang ein wenig von oben herab gelächelt und zugesehen haben, waren nach zwei Tagen voll dabei. Wenn ich merke, dass die Gäste aus irgendeinem Grund ‹fremdeln›, organisiere ich einen Grillabend an unserem langen Tisch und lache heimlich auf den Stockzähnen, wenn ich sehe, wie es steif zu- und hergeht und sich die Leute abtastend hinsetzen. Ich weiss, dass wir nach einer Weile das schönste Fest haben werden.»

Die idyllische Lage der «Reutsperre» ist das eine, die spezielle Ambiance das andere, und sicher ist, dass Letzteres nicht zu trennen ist von der Persönlichkeit Margrit Kohlers. Blenden wir noch einmal zurück. Margrit Kohler wuchs im Oberhaslital auf als Älteste von drei Geschwistern. Ihre Mutter stammte aus der Gegend, ihr Vater kam aus Zürich und war Vorarbeiter beim Kraftwerkbau in der Grimsel.

«Ich war eine sehr auf den Vater ausgerichtete Tochter», erzählt sie, «und wenn er manchmal 14 Tage am Stück auf Schicht war, hatte ich solche Sehnsucht nach ihm, dass ich nicht mehr essen und schlafen konnte. Dann durfte ich eine Woche mitgehen auf die Baustelle, ich war dort ganz auf mich gestellt, aber es hat mich nicht gestört. Ich bin ins Baubüro gegangen und habe meine Zeit mit den Angestellten verbracht. Meine Mutter erzählt immer, ich hätte als Kind oft Stunden damit verbracht, Zahltagtäschchen vorzubereiten. Ich hätte Knöpfe abgezählt und sie in die Couverts gefüllt, die ich im Baubüro erhalten hatte.»

Nach der Schule ging Margrit Kohler für eineinhalb Jahre nach Yverdon, um Französisch zu lernen. Nach der Büro- und Buchhaltungslehre folgten 32 Jahre im Beruf – aber nicht nur. Sie erzählt: «Wir hatten eine Bauunternehmung, und ich habe neben den vier Kindern und dem Haushalt das Büro gemacht und in all den Jahren 20 Haushaltslehrtöchter ausgebildet. Chefsekretärin – 27 Jahre im Bauunternehmen und danach 5 Jahre in Interlaken in der Elektrobranche – war ein Beruf, der mich sehr fasziniert hat. Aber nur, solange ich die Buchhaltung von Hand machen konnte. Als der PC gekommen ist, habe ich schnell den Verleider bekommen. Wenn ich noch lange mit dieser Kiste arbeite, werde ich noch blöd, dachte ich. Auch Briefe habe ich gerne geschrieben und ihnen eine persönliche Note gegeben. Als immer häufiger nur noch Vorlagen verwendet wurden, war mir klar: Das ist nicht mein Leben.»

Bevor Margrit Kohler sich ihren Jugendtraum erfüllte und Wirtin wurde, geschah eine andere einschneidende Veränderung in ihrem Leben: Im Alter von 40 Jahren wurde sie noch Bergsteigerin. Ihre Mutter war in der Jugend an Kinderlähmung erkrankt, und ihren Vater hatte es nicht in die Bergeinsamkeit und auf die Gipfel gezogen, sondern in die unheimliche Tiefe im Innern der Berge. Bei ihr seien es die Kinder gewesen, die sie zum Bergsteigen gebracht hätten, sagt Margrit Kohler. Von klein auf seien sie von den Bergen «angefressen» gewesen, und in den letzten Schuljahren hätten sie dann Sonntag für Sonntag in den Engelhörnern mit Klettern verbracht. Sie sei zu Hause gesessen und fast gestorben vor Angst. Eines Tages habe ihr Sohn gesagt: «Du machst dir eine komplett falsche Vorstellung, jetzt kommst du einfach einmal mit.»

Wie es weiterging, schildert Margrit Kohler am besten selbst: ‹Margrit, ich seile dich jetzt an und gehe voraus, und du kommst hinterher – und zwar schön, leicht und elegant.› Ich habe diese Worte meines Berg-

Naturfreundehaus Reutsperre.

führers nie vergessen: ‹schön, leicht und elegant›. Wir waren um sechs Uhr früh aufgebrochen, um auf den Rosenlauistock zu klettern. Um neun Uhr waren wir schon auf dem Gipfel. Wir dachten, wenn die anderen Bergsteiger kommen und uns absteigen sehen, glauben sie, es sei etwas nicht in Ordnung, also haben wir noch zwei weitere Gipfel erklommen. An diesem Tag hat es mich gepackt und nie mehr losgelassen. Zum 50. Geburtstag haben mir die Kinder eine Oberlandtraversierung mit einem Bergführer geschenkt. Ich glaube, ich war nie in meinem Leben nach den Ferien so erfüllt wie nach dieser Woche. Auf einem Gipfel zu stehen und die ganze Welt unter sich zu haben, ist unbeschreiblich schön.»

Nach der Wirteprüfung sei ihr Traum ein «Bergbeizli» gewesen, eines, das um 18 Uhr schliesst, sagt Margrit Kohler und seufzt. Sie sieht dabei nicht so aus, als würde sie es sehr bereuen, dass es nicht so gekommen ist. «Manchmal im Herbst», sagt sie nach einer Weile, «bedaure ich, dass ich nicht in die Berge gehen konnte; andererseits habe ich in meinem Leben so viel an Wanderungen, Kletterpartien und Skihochtouren erlebt – ich war auf dem Finsteraarhorn, auf der Jungfrau, auf dem Mönch, auf dem Piz Palü, dem Traum jedes Alpinisten. Wenn ich daran denke, ist alles wieder in Ordnung. Bergsteigen, Skifahren, Jodeln, dies war für mich immer der Ausgleich zur Arbeit im Büro, und ich habe sie frei von Verpflichtungen und spontan aus dem Herzen heraus gemacht.»

Es ist Abend geworden. Bevor wir uns verabschieden, zeigt uns Margrit Kohler noch das Wetterhorn, von der «Reutsperre» aus aufgenommen vom Bergfotografen Markus Liechti, sowie eine geschnitzte Sankt Barbara, Schutzheilige der Bergleute und Mineure, die ihr die Arbeiter auf dem Jungfraujoch zum Abschied geschenkt haben.

ZAUBERFORMEL VOLKSTOURISMUS

TOURISMUS ZÄHLT ZUM KERNGESCHÄFT DER NATURFREUNDE. DOCH WAS IST TOURISMUS, UND WAS VERSTEHEN DIE NATURFREUNDE DARUNTER? DAS WIRD ERSTMALS ZUR GROSSEN FRAGE, ALS IN DEN 1930ER-JAHREN DER RUF NACH «FERIEN FÜR ALLE» DURCH EUROPA SCHALLT. AUCH IN DER SCHWEIZ HOFFEN TAUSENDE VON ARBEITERINNEN UND ARBEITERN AUF ERSCHWINGLICHE FERIENFAHRTEN. DAS SCHLAGWORT «VOLKSTOURISMUS» MACHT DIE RUNDE. UND PLÖTZLICH SCHEINEN DIE ALTEN NATURFREUNDE-IDEALE, DIE DEN ARBEITER IN DIE NATUR LOCKEN WOLLTEN, AUF DASS ER ZUM KULTURMENSCHEN WERDE, ÜBERHOLT.

Hunderte von Teilnehmern, exklusive Wintersportgebiete, verbilligte Anfahrt im Extrazug, Massenunterkünfte in leer stehenden Hotels und Eigenregie in der Küche waren die Markenzeichen der Osterskilager während des Zweiten Weltkriegs. Teilnehmer am Osterlager im Jungfraugebiet, 1942.
Des centaines de participants, de magnifiques domaines skiables, un accès à tarif réduit en train spécial, l'hébergement collectif dans des hôtels inoccupés et une cuisine en libre-service sont les principales caractéristiques des camps de Pâques pendant la Seconde Guerre mondiale. Participants à un camp de Pâques dans la région de la Jungfrau, 1942.

Im September 1941 erschien im «Berg frei» ein Artikel mit dem Titel «Volkstourismus für alle?»[28] Autor war der junge Zürcher Theo Pinkus, ein reger politischer Aktivist, später auch bekannt als Buchhändler und Antiquar. Er breitete hier erstmals Ideen zur zukünftigen Rolle der Naturfreunde als Reiseorganisation der Arbeiterschaft aus. Die Vorstellungen waren noch vage, doch kreisten sie um einen Kerngedanken, der leitend werden sollte: Es galt, auf das gewaltig anschwellende Bedürfnis der Arbeiter- und Angestelltenschichten nach Ferien und Reisen zu reagieren und als Touristenverein der Arbeiterbewegung eigenständige Lösungen zu bieten – anstatt zu warten, bis der kapitalistische Markt oder bürgerliche Organisationen diese Nachfrage befriedigten. Das bedeutete aber auch, das bisherige Tätigkeitsfeld als Wander- und Freizeitverein wesentlich zu erweitern und – was schwerer wog – ein neues Selbstverständnis zu entwickeln: Gemäss der überlieferten Auffassung war die touristische Betätigung nicht Selbstzweck, sondern diente der Heranbildung von politisch und kulturell bewussten Menschen. Das Engagement für den Volkstourismus verlangte dagegen eine ganz andere Haltung: Es ging darum, möglichst viele Leute über ein Reiseangebot zu erreichen. Jene, die sich von den Idealen der Naturfreundebewegung angesprochen fühlten, würden dem Verein später beitreten, hoffte man. Die Auseinandersetzungen rund um den Volkstourismus bieten einen spannenden Einblick in eine Phase der Weichenstellungen bei den Naturfreunden wie auch in die Geschichte der Ferien.

Ferien für alle

Das Konzept Volkstourismus, wie es auf nationaler Verbandsebene ab 1943 in die Tat umgesetzt wurde, hat eine Vorgeschichte. Sie beginnt um 1930, als Mathis Margadant, ein Mitglied der Zürcher Ortsgruppe, damit begann, jedes Jahr über Ostern ein Skilager zu organisieren. Anfänglich nahmen vor allem junge Burschen und Mädchen teil, die auf diese Weise erstmals in die winterlichen Berge kamen. Die Lager waren sehr kostengünstig und wurden von Jahr zu Jahr beliebter, auch bei Erwachsenen. 1934 nahmen bereits 130 Personen an einem Lager im bündnerischen Tschiertschen teil. Für derart grosse Gruppen reichten die Kapazitäten der Naturfreundehäuser nicht mehr aus. Margadant hielt daher Ausschau nach leer stehenden Pensionen, deren Besitzer sich bereit erklärten, ein Massenquartier einzurichten. Das war auch für krisengeschüttelte Betriebe ein ungewöhnli-

Die Initianten des Volkstourismus bei den Naturfreunden: Theo Pinkus (stehend, mit nacktem Oberkörper) und Mathis Margadant (sitzend, mit Zigarre) auf einer Bergwanderung, um 1941.
Les initiateurs du tourisme populaire au sein des Amis de la Nature: Theo Pinkus (debout, torse nu) et Mathis Margadant (assis, avec un cigare) lors d'une randonnée en montagne, vers 1941.

ches Geschäft, doch es gelang. Die Reise wurde durch Kollektivbillette verbilligt. 1936 organisierte man bei den SBB den ersten Extrazug. Die Lager waren aber nicht nur günstig, sie hatten auch eine politische Note. So wurden öfters deutsche Emigranten kostenlos dazu eingeladen.

Pinkus lernte Margadant 1934 kennen und wurde bald zum Mitarbeiter in der so genannten Lagerleitung. Zu diesem Team gehörte auch der Häuserverantwortliche der Zürcher Ortsgruppe. Die Lagerleitung wurde zu einer Untergruppe der Zürcher und verschaffte sich durch ihre erfolgreiche Tätigkeit Achtung. Das war nicht unbedingt selbstverständlich, und zwar in erster Linie aus politischen Gründen.

...... «Arbeiter, Angestellte und Intellektuelle, jung und alt, gute und schlechte Fahrer, alle leben hier in einem grossen Kollektiv zusammen.» ......
Über die Skilager der Ortsgruppe Zürich, Naturfreunde-Illustrierte, Winter 1937

Mathis Margadant und Theo Pinkus standen beide politisch den Kommunisten nahe, galten aber als zu wenig linientreu und wurden aus der Partei ausgeschlossen.[29] Was dagegen ihre Herkunft, Bildung und Tätigkeit betraf, hätten sie unterschiedlicher nicht sein können: Margadant, ein Bündner von kräftiger Gestalt, war als Sohn eines Briefträgers bescheiden aufgewachsen. Später arbeitete er als Gärtner. Seine Welt waren die Berge. Er galt als äusserst talentierter Hochtourist, führte unzählige Touren aus und schien über unerschöpfliche Energie zu verfügen. Pinkus hingegen, klein und hager, war der Intellektuelle. Er stammte aus einer jüdischen Zürcher Familie und war 1933 aus dem von den Nazis übernommenen Berlin zurückgekehrt. Die beiden Freunde traten in der Schweizer Naturfreundebewegung der 1940er-Jahre als Verfechter des «Volkstourismus» auf. Darunter verstanden sie die Organisation von kostengünstigen Reisen und Ferien für ein möglichst breites Publikum auf nichtkommerzieller Basis.

Die Idee eines Volkstourismus, der Arbeiterinnen und Arbeitern bislang verschlossene touristische Welten eröffnen wollte, war nicht ihre Erfindung. Pinkus und Margadant reagierten vielmehr auf eine vielfältige Strömung in verschiedenen europäischen Ländern. Sie verfolgten jedoch einen auf eigenen Erfahrungen aufbauenden und den Strukturen der Naturfreunde angepassten Weg. Nach ihrer Vision sollten die Naturfreunde zur zentralen Reiseorganisation der Arbeiterbewegung werden.

Ein Blick auf Europa und die Schweiz

Tourismus und Politik waren zu jener Zeit eine brisante Verbindung eingegangen. Spätestens seitdem im nationalsozialistischen Deutschland die Förderung des Arbeitertourismus zum staatspolitischen Programm erhoben und 1933 die Reiseorganisation «Kraft durch Freude» geschaffen worden war, traten die Dimensionen der politischen Vereinnahmung von Ferien- und Reisewünschen deutlich hervor. Im faschistischen Italien war bereits seit den 1920er-Jahren eine Freizeitorganisation aufgebaut worden, welche die zerschlagenen sozialistischen und gewerkschaftlichen Zirkel ablöste. Die Ferien- und Freizeitpolitik dieser Länder, die auf wirkungsvolle Propaganda, spektakuläre Seereisen für Arbeiter und auf grosse Organisation setzte, vermochte in ganz Europa zu faszinieren, auch in der Schweiz. Demokratische Staaten und Institutionen wie die Gewerkschaften waren herausgefordert.

1936 erreichten die öffentlichen Bekenntnisse und Inszenierungen des Postulats «Ferien für alle» einen Höhepunkt: In Frankreich verordnete die neue «Volksfront»-Regierung Ferien für die ganze Bevölkerung. Die Bilder von Pariserinnen und Parisern, die in langen Kolonnen aus der Stadt fuhren, gingen durch die Presse. Zur selben Zeit verabschiedete die Internationale Arbeitsorganisation (ILO) – ein Zusammenschluss staatlicher, gewerkschaftlicher und unternehmerischer Vertreter – eine Konvention, welche Ferien für alle Arbeitnehmenden forderte.

Eine Verquickung von Ferien und politischer Propaganda schien sich auch in der Schweiz anzubahnen. In einer Hauruck-Aktion startete Migros-Gründer Gottlieb Duttweiler 1935 die Reiseorganisation Hotelplan. Seine Idee zielte darauf, der weitgehend leer stehenden Hotellerie neue Gäste zuzuführen, nämlich all jene Arbeiter und Angestellte, die sich nach Ferien sehnten, dazu aber kein Geld hatten. Es gelang Duttweiler, gegen den Widerstand des Schweizerischen Hotelierverein mit einzelnen Hotel- und Pensionsbesitzern

Der «tourisme populaire» der französischen Volksfrontregierung galt Pinkus und Margadant als Vorbild. Das Konzept entsprach der seit Mitte der 1930er-Jahre neuen kommunistischen Strategie, parteiübergreifende, progressive Bündnisse zu bilden. Osterlager in Champéry 1944 mit rund 1000 Teilnehmern, Mathis Margadant (stehend in der Mitte), Theo und Amalie Pinkus (sitzend). Le tourisme populaire prôné par le Front populaire français sert de modèle pour Pinkus et Margadant. Le concept correspond à la nouvelle stratégie communiste engagée à partir du milieu des années 1930 pour tenter de former des unions progressistes allant au-delà des partis. Camp de Pâques en 1944 à Champéry qui réunit un millier de participants, Mathis Margadant (debout au centre), Theo et Amalie Pinkus (assis).

vergünstigte Arrangements zu vereinbaren. Dass der Hotelplan eine weit über seine wirtschaftliche Bedeutung hinausgehende Beachtung fand, ja geradezu hysterische Reaktionen auslöste, erklärt sich aus der politisch wie wirtschaftlich angespannten Situation. Duttweilers Aktion galt als Versuch, aus der Propagierung billiger Ferien politisches Kapital zu schlagen. In der Tat erreichte er mit seinem enormen persönlichen Einsatz grosse Popularität. Im Herbst 1935 gründete er eine eigene Partei (Landesring der Unabhängigen) und kandidierte erfolgreich für den Nationalrat.

Das war für die etablierten Kräfte ein Alarmzeichen. Der einflussreiche Präsident des Fremdenverkehrsverbands fürchtete eine «Verpolitisierung des sich im Innern mit Macht entwickelnden Reiseverkehrs».[30] Ähnlich dachten auch führende Gewerkschafter, zumal sie mittlerweile selbst zu Unternehmern im Fremdenverkehr geworden waren. Der Schweizerische Eisenbahnerverband (SEV) beispielsweise führte drei Hotels, und der Schweizerische Metall- und Uhrenarbeiterverband (SMUV) hatte soeben ein neues Ferienheim erstellt. All dies führte in den Jahren 1936 und 1937 den Fremdenverkehrsverband und den Schweizerischen Gewerkschaftsbund (SGB) an einen Tisch. Es galt, den immer mächtiger werdenden Ferienwunsch breiter Kreise von Lohnabhängigen in politisch wie wirtschaftlich erwünschter Form aufzufangen. Das Ziel der Gewerkschaften war, ihre Basis nicht an politische Gegner zu verlieren. Die Fremden-

...... «Vor den Toren unserer Hotels warten Hunderttausende, nein: Millionen reisehungriger, sehnsüchtiger Menschen mit kleinem Portemonnaie darauf, dass wir ihnen die Tore des Ferienparadieses erschliessen.» ......

Gottlieb Duttweiler, Gründer der Ferienorganisation Hotelplan, 1935

Migros-Gründer Gottlieb Duttweiler wollte mit billigen Pauschalreisen und Vergnügungsprogrammen neue Gäste in die leer stehenden Hotels bringen. Werbeplakat für den Hotelplan, 1935.
Gottlieb Duttweiler, fondateur de la Migros, veut attirer une nouvelle clientèle de vacanciers dans les hôtels inoccupés avec des voyages forfaitaires avantageux et des programmes de divertissement. Affiche publicitaire pour Hotelplan, 1935.

Der Bündner Mathis Margadant war als versierter Hochtourist und «proletarische Autorität» (so die Formulierung von Pinkus) unentbehrlicher sportlicher Leiter der grossen Skilager. Osterlager in Zermatt, 1941.

Grison d'origine, Mathis Margadant est aussi bien un touriste alpin expérimenté qu'une «autorité prolétaire» (selon la formule de Theo Pinkus) sachant parfaitement gérer les camps de Pâques en tant que directeur sportif. Camp de Pâques à Zermatt, 1941.

verkehrswirtschaft aber wollte die grosse Zahl der Gäste mit kleinem Portemonnaie so in die touristische Konsumwelt einbinden, dass sie dem Gewerbe nicht schaden und das Image eines qualitativ hoch stehenden Tourismus nicht untergruben.

Das Resultat war die Gründung der Schweizer Reisekasse (Reka) 1939. Träger waren der Schweizerische Gewerkschaftsbund und der Fremdenverkehrsverband, der umworbene Arbeitgeberverband hielt sich auf Distanz. Etwas später kamen die Konsumgenossenschaften hinzu. Die Reisekasse basierte auf dem Reisesparen und auf Verbilligungen, welche die beteiligten Trägerorganisationen und die Reisekasse selbst gewährten.

Und die Naturfreunde? Bei der Gründung der Reisekasse waren sie nicht mit von der Partie. Dazu hätte es einer Einladung bedurft, und diese war von Seiten der etablierten obersten Gewerkschaftsführung nicht erfolgt. Das offenbart die politischen wie sozialen Distanzen innerhalb der Arbeiterbewegung, und es illustriert auch den offiziösen Charakter der Reisekasse. Diese wollte sich zu jener Zeit als nationale, staatsnahe Organisation etablieren. In der Praxis blieb die Reisekasse in den 1940er-Jahren ein bescheidenes Unternehmen. Die Reisemarken wurden meist nur für die Bezahlung von Transportkosten verwendet. Die von der Reka vermittelten Hotels waren für die Mehrzahl der auf Vergünstigungen angewiesenen Feriengäste zu teuer. Daran änderte sich auch nicht viel, als die Reka 1942 eine Kooperation mit den Naturfreunden als touristischen Anbietern – nicht als Trägerorganisation – einging. Das bescherte ihr einige Übernachtungsmöglichkeiten, welche weniger als die Hälfte der billigsten Hotels kosteten. Allerdings liessen sich die Hütten auch in keiner Hinsicht mit einem Hotel vergleichen, was der Grund war, weshalb der ansonsten scharf über die Reka wachende Hotelierverein nichts gegen die Aufnahme der Naturfreundehäuser ins Reka-Verzeichnis einzuwenden hatte. Der Landesverband seinerseits bezeichnete die Kooperation mit der Reka hoffnungsfroh als neue Ära im Tourismus. Das war bei weitem zu hoch gegriffen, immerhin aber profitierten einige Häuser von einer erhöhten Gästezahl.

Ihre Stellung als bedeutende sozialtouristische Organisation erreichte die Reka erst sehr viel später. Heute zählt sie in der Schweiz zu den grossen und finanzstarken Anbietern familienfreundlicher Ferienwohnungen. In den 1940er-Jahren war hingegen noch völlig offen, welche Formen das Reisen und Ferienmachen annehmen und wer dieses Geschäft kontrollieren und beeinflussen würde. Überaus deutlich war nur, dass sich im Tourismus eine Revolution anbahnte. Aus der Perspektive der damaligen Arbeiterbewegung und der Naturfreunde formuliert: Das Problem des Arbeitertourismus war noch ungelöst. Das lud geradewegs dazu ein, hier an vorderster Front mitzureden.

Die Eroberung von Zermatt

Für die Zürcher Lagerleitung zählten bei der Gestaltung der zukünftigen touristischen Entwicklung Taten mehr als Worte. 1941 schrieb sie die Erfolgsgeschichte ihrer Anlässe fort mit einem Osterskilager in Zermatt, das zur Legende werden sollte. Das Bestechende daran war zunächst der Zielort selbst: Die touristische Hochburg Zermatt galt als ein für Arbeiterinnen und Arbeiter unerreichbares Ziel. Allein die Kosten der Bahnfahrt überstieg deren Möglichkeiten, ganz zu schweigen von den Preisen für eine Übernachtung oder eine Fahrt mit der Gornergratbahn. Dass es der Zürcher Lagerleitung nun gelungen war –, und zwar gegen den Widerstand der führenden Zermatter Hotelierfamilie Seiler – den Zermatterhof zu einem Matratzenlager- und Selbstkocharrangement zu bewegen, galt als Sensation. Die Rolle des Türöffners hatte der Direktor des gemeindeeigenen Hotels gespielt. Einfacher verliefen die Verhandlungen mit den Transportunternehmungen. Wie in früheren Jahren verbilligte sich die Reise durch ein Kollektivbillett. Die SBB setzten Extrazüge ein, und die Zermatter Bahnen boten an, gleich noch ein Werbeplakat zu finanzieren. Die ungewöhnlichen Vereinbarungen waren auf dem Hintergrund besonderer Umstände zu-

An Ostern 1941 hielten über 400 Naturfreunde Einzug in Zermatt. Erstmals war es gelungen, an einem exklusiven Ort einen Hotelier für die Einrichtung von Massenunterkünften zu gewinnen.

Plus de 400 Amis de la Nature se réunissent à Pâques 1941 à Zermatt. Il a été possible pour la première fois de trouver un hôtelier d'une station huppée prêt à aménager des lieux d'hébergement collectif.

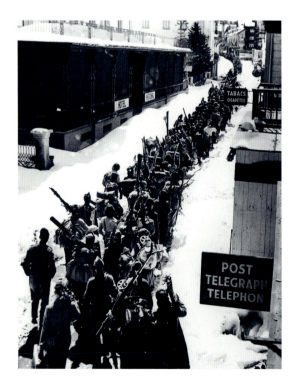

Die Fahrt mit der Gornergratbahn war im Spezialarrangement inbegriffen.

Le parcours sur la ligne du Gornergrat est inclu dans l'arrangement spécial.

stande gekommen: In den ersten Kriegsjahren erlitt der schweizerische Fremdenverkehr aufgrund des Ausfalls der ausländischen Gäste eine starke Krise.

Dem Slogan «Mit de Zürcher uf Zermatt» folgten rund 460 ski- und schneebegeisterte Frauen und Männer. Das Ski- und Wintersportparadies der Elite erlebte eine Invasion von Arbeitertouristen. Wie in früheren Lagern fehlte die politische Note nicht: Der bekannte Walliser Gewerkschafter und Nationalrat Karl Dellberg hielt eine begeisternde Rede. Theo Pinkus sah im Einmarsch der Arbeitertouristen, die als langer Menschenstrom durch den kleinen Bergort zogen, Jahrzehnte später eine «Demonstration des Proletariats».[31]

Einer der 460 Teilnehmer war der spätere Redaktor des «Naturfreund», Kurt Mersiovsky. Er war damals, so berichtet er, ein junger, begeisterter Skifahrer gewesen. «Man konnte mit der Gornergratbahn schaurig günstig mit dem Abzeichen der Naturfreunde hinauffahren. Es ging aber nicht bis zum Gornergrat, sondern nur bis in den Roten Boden, aber das reichte, dann auf der andern Seite runter und mit den Fellen aufs Breithorn. Und dann sind wir hinab nach Zermatt, und Margadant ist am gleichen Tag mit 200 oder 300 [...] auf den Theodulpass hinauf. Die waren dann schon beim Hinunterfahren, wir haben den Rastplatz von den 200 gesehen. Das sah grauenhaft aus. Da hatte jeder sein Lunchpaket. Also das sah aus wie im Krieg, wie ein Trümmerfeld, der Schnee vertrampelt, aber diese Spuren waren ja in 14 Tagen wieder weg.»[32] In Mersiovskys Bericht mischt sich in die Begeisterung ein unübersehbar kritischer Ton angesichts der Massenskitour. Noch deutlicher wird er in der rückblickenden Bilanz: «Die grossen Lager wie in Zermatt waren für die Naturfreunde immer umstritten. Sie konnten nie ein Vorbild sein. Die kleine Gruppe war für die Naturfreunde-Ideologie viel wichtiger.»[33]

...... «Die grossen Lager wie in Zermatt waren für die Naturfreunde immer umstritten. Sie konnten nie ein Vorbild sein. Die kleine Gruppe war für die Naturfreunde-Ideologie viel wichtiger.» ......

Kurt Mersiovsky, früher Redaktor Naturfreund und Mitglied Geschäftsleitung, 1991

In den gegensätzlichen Deutungen von Pinkus und Mersiovsky scheint ein Konflikt auf, der bereits in den 1940er-Jahren präsent war: Die touristische Breitenentwicklung scheint in scharfem Gegensatz zu dem sich auf kulturelle Werte berufenden Selbstverständnis der Naturfreundebewegung gestanden zu haben. Das erinnert an den Streit von 1920 um den Bau einer «hochalpinen Hütte» (siehe «Berg frei»). Neu war nun, dass die Modelle der touristischen Breitenentwicklung politisch besetzt waren und insbesondere Veranstaltungen mit Grossgruppen – der anschaulich erlebbaren Masse – generell unter dem Verdacht politischer Propaganda standen.

Im Kreuzfeuer der Kritik

Margadant und Pinkus nutzten den Erfolg des Osterlagers in Zermatt, um den Volkstourismus auf nationaler Verbandsebene zu fördern. Was ihnen vorschwebte, war ein entsprechendes Ressort in der Landesleitung. Sie überzeugten die Ortsgruppe Zürich, welche ihrerseits an der Landesdelegiertenversammlung von 1942 den Antrag auf Schaffung eines Ressorts Volkstourismus stellte. Dieses sollte nicht nur Lager organisieren, sondern sich auch um andere Reiseformen kümmern und den Ortsgruppen dazu verhelfen, selbst zu Reiseorganisatoren zu werden. Die Idee mobilisierte sowohl entschiedene Befürworter wie strikte Gegner.

Im Mai 1942 stimmte die Landesdelegiertenversammlung der Schaffung eines Ressorts Volkstourismus zu. Sie widersetzte sich damit dem Willen der Landesleitung, welche den Antrag lediglich zur Prüfung hatte entgegennehmen wollen und sich mit der praktischen Umsetzung reichlich Zeit liess. Das Ressort entstand erst nach langen Verzögerungen Ende 1943. In der Person von Willi Engeli fand sich ein Leiter, der nicht der umstrittenen Zürcher Lagerleitung angehörte und daher der Landesleitung genehm war. Die politische Gesinnung spielte dagegen keine Rolle. Engeli war wie die Mehrzahl der Volkstourismus-Aktivisten Kommunist.

Die Krise der schweizerischen Luxushotellerie war für die Verfechter des Volkstourismus ein zentrales Argument gegen den Elitetourismus. Volkstourismus-Propaganda in der «Naturfreunde-Illustrierten», 1943.
La crise dans l'hôtellerie de luxe helvétique sera un argument de taille des défendeurs d'un tourisme populaire contre le tourisme élitaire. Propagande en faveur du tourisme populaire dans la revue des Amis de la Nature, 1943.

Engeli stand vor einer schwierigen Herausforderung. Mit der Einrichtung eines Ressorts waren die Auseinandersetzungen um den Volkstourismus keineswegs beendet, vielmehr begannen sie erst richtig. Im Winter 1944 heizte der Redaktor von «Berg frei», Albert Gorter, die Stimmung mit einem polemisch gehaltenen Beitrag an: Unter dem Titel «Volkstourismus und Hüttenwesen» verurteilte er vor allem die Ideen der Zürcher Lagerleitung, die ihre Arbeit unterdessen als Beginn einer neuen Epoche des Reisens in der «Naturfreunde-Illustrierten» angepriesen hatte. Dabei glaubte er die Mehrheit der Mitgliedschaft hinter sich zu wissen: «Ein ‹Volkstourismus› wie ihn die Zürcher Lagerleitung so nach und nach propagiert, dürfte von der übergrossen Mehrheit unserer Mitglieder strikte abgelehnt werden [...]. Wenn diese Genossen wünschen, dass man sie in ihren Vorschlägen ernst nimmt, dann müssen dieselben zugeben, dass ein solches Vorhaben einen gewaltigen Organisationsapparat bedingt und zudem viel, sehr viel Geld, das offenbar unsere Landeskasse liefern sollte. Ein derartiges Unternehmen würde vollständig aus dem Rahmen unserer Bestrebungen fallen, denn es kann doch sicher nicht Zweck und Ziel unserer Organisation sein, Massenreisen zu organisieren für die Allgemeinheit,

...... «WIR NATURFREUNDE LEHNEN DEN ‹VOLKSTOURISMUS› GEWISSER NEUER GEBILDE AUCH INHALTLICH AB: DAS MIT DEN VIELEN MÖGLICHKEITEN ENTSTEHENDE HASTEN VON EINER SENSATION IN DIE ANDERE – SCHNELL MIT DER BAHN DA HINAUF, HINUNTER, DANN ANDERSWOHIN, KAUM ZEIT ZUM ESSEN! [...] WIR WOLLEN ZEIT FINDEN FÜR EIN BLÜMELEIN, FÜR EIN TIERCHEN, EINEN KRISTALL, EINE FELSFORMATION.» ......

Karl Polster, Berg frei, 1943

also auch für Personen, welche mit unserem Verein und der Arbeiterschaft nicht die mindesten Beziehungen haben und an den Reisen nur aus rein egoistischen Gründen teilnehmen.»[34]

Der Schlagabtausch provozierte die Lagerleitungen und weitere Anhänger des Volkstourismus zur Präzisierung ihrer Ideen. Zwei Merkmale fallen dabei auf: Einmal sahen sie in ihrem Tun ein Engagement für die gesellschaftliche Ordnung der Nachkriegszeit, «in der die Arbeiter und Bauern das entscheidende Wort sprechen werden».[35] Das war ein unverhohlen politischer Anspruch. Zweitens vertraten die Volkstouristen entschieden die Ansicht, dass es dem Arbeiter und der Arbeiterin als Touristen in den Ferien wohl sein dürfe und dass sie einen gewissen Anspruch auf Komfort haben sollten: «Wenn man sich pflegen, sich erholen will, möchte man sich nachts ausziehen, am Morgen mindestens hie und da in die Wanne legen und dann an den gedeckten Tisch setzen.»[36] Willi Engeli, der damit deutlich machen wollte, warum die meisten Naturfreundehütten für Ferienzwecke nicht genügten, wusste um die gegnerischen Meinungen und sprach sie gleich selbst an: «‹Spiesser›, werden einige sagen, und dabei vergessen, dass sie sich in den Ferien von ihrer Frau bedienen lassen.» Ähnlich dachte die Lagerleitung Basel. Sie sah nichts Anrüchiges darin, dass sie für Arbeiterinnen und Arbeiter ein Hotel mietete: «Der Arbeiter, und gerade er in erster Linie, hat ein Recht auf Bequemlichkeit.»[37] Manche Arbeiterfrau, so die Argumentation, werde es als angenehm empfinden, wenn sie einmal eine Woche nicht am Herd stehen müsse.

Trotz ersten Ansätzen, die volkstouristischen Aktionen zu koordinieren und bei den Ortsgruppen dafür Werbung zu machen, gelang es Willi Engeli nicht, dem Ressort die nötigen Konturen und genügenden Rückhalt zu verschaffen. Als er in den Vorstand der Orts-

... oder Volk

gruppe Zürich gewählt wurde, erklärte er seinen Rücktritt auf Juli 1945. Neben einer latenten Ablehnung und Missverständnissen dürfte vor allem die fehlende Kooperation mit dem Sporthaus der Naturfreunde hemmend gewirkt haben. Tatsächlich hatte das Sporthaus schon seit vielen Jahren in eigener Regie Reisen angeboten, welche aber auf rein kommerzieller Basis funktionierten. Die hier bestehenden Konflikte wurden erst durch eine vermittelnde Konferenz im Sommer 1945 ausgeräumt. Hier fiel auch der Vorschlag, Theo Pinkus als neuen Ressortinhaber zu wählen. Anders als zwei Jahre zuvor stiess seine Kandidatur jetzt auf deutliches Einverständnis.

Fast zur selben Zeit fand auch ein Wechsel im Kurswesen statt. Die Ortsgruppe Zürich wählte Mathis Margadant zum Nachfolger, der auch von den sozialdemokratischen Mitgliedern aufgrund seiner fachlichen Qualitäten unterstützt wurde. Damit sassen auf einen Schlag zwei zentrale Verfechter des Volkstourismus in der Landesleitung. Allerdings provozierte die Wahl von Margadant in der Zürcher Ortsgruppe nachträglich grossen Protest: Gegen seine Wahl opponierten ausgerechnet einige Mitglieder der 1944 neu gegründeten Kommunistischen Partei, jetzt Partei der Arbeit (PdA) genannt. Margadant, der nach seiner eigenen Aussage der PdA beigetreten, von dieser aber umgehend wieder ausgeschlossen worden war, galt als politisch unberechenbar.

.... «WIR HABEN IMMER WIEDER BETONT, DASS ALL DIE SCHÖNHEITEN DER NATURFREUNDETÄTIGKEIT DES INDIVIDUELLEN WANDERNS, DES HÜTTENLEBENS, IN KEINER WEISE ZURÜCKTRETEN SOLLEN, IM GEGENTEIL, WIR WOLLEN SIE MIT DEM VOLKSTOURISMUS TAUSENDEN NEU ERSCHLIESSEN.» ......

Lagerleitung Zürich, Berg frei, 1943

Solche Auseinandersetzungen zeigen, wie stark parteipolitische Bindungen damals in die Naturfreundearbeit hineinspielten. Sie sind aber auch ein Hinweis darauf, dass das Ziel, sich im touristischen Geschäft neu zu positionieren, tatsächlich die Bereitschaft zur Zusammenarbeit gefördert hatte. Wie ungewöhnlich das war, bringt Theo Pinkus in seinen Erinnerungen deutlich zum Ausdruck: «Da sassen wir also mit diesen rechts stehenden Sozialdemokraten in der Landesleitung, das war schon merkwürdig. Aber wir haben ja etwas geleistet, und das hat Georgi erkannt und gewürdigt.»[38]

Die Volkstourismus-Vordenker wünschten sich die Naturfreunde als revolutionäre Kraft im Fremdenverkehr und als zukünftige Reiseorganisation der Arbeiterschaft. Propaganda in der «Naturfreunde-Illustrierten», 1943.
Les précurseurs du tourisme populaire considéraient les Amis de la Nature comme une force révolutionnaire du secteur touristique et comme la future organisation de voyage des travailleurs. Propagande dans la revue des Amis de la Nature, 1943.

...tourismus?

Die neue Kooperationsbereitschaft war kein isoliertes Ereignis. Sie fand statt vor dem Hintergrund einer breiten gesellschaftlichen Diskussion über den Tourismus und den Reisegast der Zukunft. Zu jenem Zeitpunkt, als der Volkstourismus bei den Naturfreunden breitere Akzeptanz fand, schien sich im schweizerischen Fremdenverkehr eine neue, bislang nicht gekannte Verständigung über soziale und parteipolitische Grenzen hinweg anzubahnen. Während des Kriegs begann die Werbeorganisation des schweizerischen Fremdenverkehrs, die Schweizerische Verkehrszentrale (heute: Schweiz Tourismus), erstmals aktiv um Schweizerinnen und Schweizer als Gäste zu werben. Die Abkehr vom ausländischen Luxustouristen als idealem Kunden war ein bedeutender Schritt hin zu einer gesellschaftlichen Öffnung im schweizerischen Fremdenverkehr.

Gegen Ende des Zweiten Weltkriegs wurden Weichen (nicht nur) für die touristische Entwicklung gestellt. Noch war nichts entschieden, vieles schien möglich, sogar die totale Umkrempelung einer Branche. Das war die Stimmung, in der das Projekt Volkstourismus bei den Naturfreunden eine Chance bekam.

Die kurze Hochblüte des Volkstourismus
Theo Pinkus übernahm das Ressort Volkstourismus im August 1945. Neu stand ihm eine Kommission zur Seite, in der neben Mathis Margadant auch zwei Männer sassen, die im Verband integrativ wirkten: Walter Escher als Präsident der Genossenschaft Sporthaus und Hans Welti, der damalige Verantwortliche für das Häuserwesen (und spätere Zentralsekretär). Auch ein Vertreter der Lagerleitung Basel war Mitglied der Kommission. Pinkus entfaltete rasch eine grosse Aktivität. Bereits an der zweiten Sitzung der Landesleitung, der er jetzt angehörte, informierte er über die Pläne einer Winterführere mit allen touristischen Angeboten der Naturfreunde-Lagerleitungen und -Tourengruppen sowie über ein Treffen mit den Verantwortlichen der Reisekasse. Zudem kündigte er das Erscheinen der ersten Nummer eines Bulletins an, das fortan über die Aktivitäten des Ressorts berichten sollte.[39] Entscheidend war aber, dass die Ideen nun vermehrt praktisch umgesetzt wurden und zahlreiche Anhängerinnen und Anhänger fanden, sei es als Teilnehmende oder auch als Reiseleiterinnen und -leiter. Letztere zählten zum «Kader des Volkstourismus», das es nun zu bilden galt. Bereits 1946 führten die Ressorts Volkstourismus und Kurswe-

sen gemeinsam eine Ausbildung für Touren- und Reiseleiter durch. Der Kurs war mit 70 Vertretern und Vertreterinnen aus den Ortsgruppen gut besucht. Zur Behandlung kamen unter anderem, wie man eine Kollektivreise oder die Verpflegung für grosse Gruppen organisierte, aber auch, wie man auf die «Gesinnung» der Naturfreunde hinweisen und wie der «leicht faschistische Einschlag», welchen die Skilehrer und Tourenleiter während ihrer Ausbildung im Militär erhalten hatten, wieder ausgemerzt werden konnte.[40] 1948 gab es bereits 89 Lagerleitungen und Tourenausschüsse, welche im Sinn des Volkstourismus arbeiteten, und das hiess: Reise- und Ferienangebote zu organisieren, die öffentlich – und nicht nur im Kreis der Mitglieder – angeboten wurden. Der öffentliche Auftritt war der entscheidende Punkt, in dem sich der Volkstourismus von der herkömmlichen touristischen Tätigkeit der Naturfreunde unterschied.

...... «WARUM GERADE ZERMATT? WEIL ES EINER DER SCHÖNSTEN FLECKEN DIESER ERDE IST UND WEIL DANK GORNERGRATBAHN HEUTE AUCH NICHTSPORTLER UND ALTE LEUTE MÜHELOS AUF EINER HÖHE VON ÜBER 3000 METER DIE SONNE UND DEN BLICK AUF DAS PHANTASTISCHE PANORAMA GENIESSEN KÖNNEN. ES WÄRE FALSCHE BESCHEIDENHEIT ZU SAGEN, ALS ARBEITER HABEN WIR AN SOLCHEN ORTEN NICHTS VERLOREN. IM GEGENTEIL, WIR SIND STOLZ DARAUF, DASS WIR HUNDERTEN VON ARBEITERN UND ANGESTELLTEN ZUM ERSTENMAL DIESE ORTE ERSCHLIESSEN.» ......

Eva Stock, Lagerleitung Zürich, 1946

Von 1945 bis 1950 gehörten Theo Pinkus als Ressortleiter Volkstourismus und Mathis Margadant als Ressortleiter Kurswesen der Landesleitung an. Landesdelegiertenversammlung in Olten, 1946.
De 1945 à 1950, Theo Pinkus dirige le secteur du tourisme populaire et Mathis Margadant celui des cours au sein de la direction nationale. Assemblée des délégués à Olten, 1946.

Das Volkstourismus-Engagement fand sich jedoch längst nicht im ganzen Verband. Besonders aktiv waren die Mitglieder in den Städten und in den Agglomerationen von Zürich, Basel und Bern (Bezirke 3, 4, 7 und 8). Durchgeführt wurden neben den weiterhin beliebten Osterlagern vermehrt Familienlager im Sommer und im Winter sowie Lager für Mutter und Kind. Diese fanden sowohl in Naturfreundehäusern statt als auch immer häufiger in Hotels, die zu einem unkonventionellen Vermietungsangebot bereit waren. Die Lager zeichneten sich generell

VOLKSTOURISMUS BULLETIN
TOURISME POPULAIRE · TURISMO POPOLARE
TOURISTENVEREIN „DIE NATURFREUNDE"
LANDESLEITUNG: RESSORT VOLKSTOURISMUS

ZUSCHRIFTEN AN TH. PINKUS ZÜRICH 2 BESENRAINSTR. 26 TEL. 452219

No 3   Januar 1946

Zum neuen Jahr.

Mit diesem 3. Bulletin beginnen wir das Friedensjahr 1946.

Das «Volkstourismus-Bulletin» diente dem Informationsaustausch unter den Reiseleiterinnen und -leitern, die nach 1945 zahlreicher wurden.

Le «Bulletin du tourisme populaire» favorise l'échange d'informations parmi les moniteurs de voyage de plus en plus nombreux à partir de 1945.

dadurch aus, dass die normalerweise für die Bedienung anfallenden Kosten – Verpflegung, Betten, Reinigung – bedeutend gesenkt wurden, ohne dass die Feriengäste diese Arbeiten vollständig selbst übernehmen mussten. Gleichzeitig boten sie eine Kinderbetreuung an.

Schon kurz nach Kriegsende führten die Reisen auch ins Ausland. Diese Unternehmungen sollten nicht nur dem Bedürfnis nach Überschreitung der lange geschlossenen Grenzen entgegenkommen, sondern auch der erneuten Verständigung innerhalb der internationalen Naturfreundebewegung dienen. Die ersten Ausland- und Austauschreisen sahen sehr unterschiedlich aus: 1946 organisierte die Sektion der Zürcher Strassenbahner eine Betriebs-Austauschreise nach Paris. Gastgeber waren einige Metro-Arbeiter. Der Besuch führte zur Gründung einer Naturfreundesektion Metro, welche im Jahr darauf bei den Zürchern zu Gast war. 1948 trafen sich die Oerlikoner Metallarbeiter mit den Arbeitern der Renault-Werke. Diese Austauschreise war durch die Sektion Oerlikon angeregt worden, welche damit eine weitere Volkstourismusidee umsetzte: nämlich als Reiseorganisatorin für Betriebsbelegschaften oder für Gewerkschaften aufzutreten.

Ausland-Austauschreisen wurden auch losgelöst von einem bestimmten Betrieb durchgeführt. Unter anderem organisierte das Ressort Volkstourismus in Zusammenarbeit mit den Fachgruppen der Paddler und Zeltler ab 1947 mehrere Lager an den Küsten von Frankreich. An diesen Reisen nahmen etwa 60 Schweizer Naturfreunde teil, welche anschliessend ebenso viele französische Genossen in der Schweiz beherbergten. Um die damals noch beträchtlichen Devisenschwierigkeiten zu überwinden, fanden diese Reisen generell als gegenseitige Einladung statt, womit der Geldwechsel umgangen wurde. Die

> ...... «Sehr gut für das Lager wirkte sich eine Gruppe von 25 Personen aus Genf aus, die uns zeigten, dass unsere welschen Freunde etwas von mustergültiger Ordnung ohne jede Steifheit verstehen.» ......
>
> Eva Stock, Lagerleitung Zürich, 1946

so genannten Meerlager zählten zu den Hits im Volkstourismus. Neben Frankreich standen bald auch die Strände von Rimini und Cattolica, den beiden italienischen Publikumsmagneten, auf dem Programm. Daneben umfasste das Reiseprogramm auch eher bildungsorientierte Reisen wie etwa nach Holland (erstmals 1947) oder Reisen mit ausgesprochen politischem Charakter wie jene in die Tschechoslowakei (erstmals 1948).

Ökonomisch waren die Volkstourismus-Aktivitäten ein Erfolg. Das Ressort erwirtschaftete Gewinne, welche die Bildung von Reserven und eine gewisse Abgeltung der administrativen Arbeiten im Zentralsekretariat des Landesverbands erlaubten. Allerdings löste dies noch nicht das Problem, dass das Sekretariat zu stark belastet wurde.

...... «Sogar die Individualisten, die sonst gegen den ‹Massenbetrieb› waren, haben keine Einwendungen mehr erhoben, denn unter 800 (schon unter 100) kann man sich eher isolieren und allein oder in kleineren Gruppen etwas unternehmen, als unter 30 und 50, und hat dabei doch alle Vorteile der Kollektivfahrt.» ......

Eva Stock, Lagerleitung Zürich, 1946

Weniger erfolgreich war Pinkus in der Zusammenarbeit auf politischer und gewerkschaftlicher Ebene, zum Beispiel mit der Sozialdemokratischen Partei (SPS) oder mit dem Schweizerischen Gewerkschaftsbund (SGB). Enttäuschend verliefen auch die Versuche, die Reka für eine praktische Kooperation zu gewinnen. Als völlig aussichtslos erwiesen sich die hoffnungsvollen Versuche, mit den Spitzenorganisationen im schweizerischen Fremdenverkehr in Kontakt zu kommen. Weder die Schweizerische Verkehrszentrale noch die Schweizerische Hoteltreuhandgesellschaft (heute: Schweizerische Gesellschaft für Hotelkredit) liessen sich auch nur auf eine Diskussion ein.

Die Frage war, wie die bisher im kleinen Rahmen der Lagerleitungen erprobten Modelle im grösseren Stil verwirklicht werden konnten. Eine Möglichkeit sahen die Volkstourismus-Vordenker darin, leer stehende oder nicht mehr rentable Hotels mit einem neuen Nutzungs-

Ferienkolonien für schulpflichtige Kinder gehörten bereits in den 1930er-Jahren zum Angebot einzelner Ortsgruppen. Sie galten als Teil der Jugendarbeit und sind ein Beispiel für den Volkstourismus vor dem Volkstourismus. Ferienkolonie der Ortsgruppe Langendorf, 1948.

Les colonies de vacances pour les enfants scolarisés font partie dès les années 1930 de l'offre de certains groupes locaux. Tout en étant considérées comme un élément du travail de jeunes, elles sont aussi un exemple de tourisme populaire avant la lettre. Colonie de vacances du groupe local de Langendorf, 1948.

1951 pachtete die Sektion Basel auf der stadtnahen Reinacherheide eine Waldschule und machte daraus ein Wochenendhaus. Der Ort galt als kommunistischer Treffpunkt. Unter dem Vorzeichen des Kalten Kriegs entzog ihr die Stadt Basel als Liegenschaftsbesitzerin das Haus und vergab es an die 1954 neu gegründete nichtkommunistische Sektion Riehen-Basel. Waldschule Reinacherheide, 1952. Foto: Karl Keller.

En 1951, la section de Bâle prend à bail en bordure de ville une sapinière qu'elle transforme en maison de week-end. Le lieu était considéré comme rendez-vous communiste. En pleine Guerre froide, la municipalité de Bâle lui enlève en tant que propriétaire l'utilisation du lieu qu'elle remet à la nouvelle section non communiste de Riehen-Bâle fondée en 1954. Sapinière Reinacherheide, 1952. Photo: Karl Keller.

konzept für Leute mit kleinen Einkommen attraktiv zu machen. Der Grundgedanke war derselbe wie bei den Lagern: gemeinsame Mahlzeiten, zubereitet durch Kochgruppen der Feriengäste oder durch eine Küchenmannschaft, wie sie die 1945 in Bern gegründete «Kantinen- und Betriebsgenossenschaft» (Kabege) bot. Der Name für das Modell: «Volkshotel».

Das Volkshotel war einer der zentralen Bausteine im Konzept Volkstourismus, wie es sich allmählich herauskristallisierte. Um den bislang verstreut in Publikationen der Naturfreunde vorgetragenen Ideen mehr Gewicht zu geben, liess Pinkus 1949 eine Broschüre mit dem Titel «Ferien für alle» verfassen. Als Autor konnte er den Juristen Bertold Simonson von der Universität Leipzig gewinnen.[41] Das Vorwort steuerte der erste sozialdemokratische Bundesrat Ernst Nobs bei. Als Herausgeber trat der Landesverband auf. Die Schrift erschien als offizielle Stellungnahme der Naturfreunde zur Frage der touristischen Breitenentwicklung. Der Verband ging sogar noch weiter und wagte, als offenbar wurde, dass die Spitzenverbände im Fremdenverkehr zu keiner Kooperation bereit waren, einen Vorstoss beim Bundesrat. Dieser antwortete knapp, man möge mit den zuständigen Verbänden Kontakt aufnehmen. Das politische und wirtschaftliche Establishment erwies sich für den nach wie vor sozialistisch orientierten Verband als unüberwindbare Hürde.

Interne Opposition, parteipolitische Gräben

Die Broschüre «Ferien für alle» markierte einen Höhepunkt in der Arbeit für den Volkstourismus – und zugleich dessen jähes Ende. Die Schrift war nicht nur wegen einer erhofften Werbewirkung gegenüber touristischen Verbänden und Gewerkschaften entstanden, sondern auch in Reaktion auf kritische Stimmen innerhalb der Naturfreunde. Die Aufbruchstimmung war erstmals 1947 getrübt worden, als es nach dem Osterlager (Aktion Chamonix), an dem über 2000 Personen teilgenommen hatten, mit dem Sporthaus zu Differenzen hinsichtlich der Organisation und der Finanzen kam. Fatal wirkten sich dann die 1948 einsetzenden Angriffe der bürgerlichen Presse auf die Naturfreundebewegung als Gan-

Name:	"Naturfreunde"	richtig alias	Nr.
Vorname:	Touristenverein	Eltern:	
Geburt:		Heimat:	(Singgruppe der Naturfreunde Zürich -
Beruf:	Ortsgruppen	Zivilstand:	Akten C.8.10073)
Wohnort:			
Bemerkungen:		C.8.17	2. Karte

Akten	Datum	Gegenstand
C.8.4216	18.4.51	v.Pol.Insp.BS: aus PK gegen SCHOBER Josef, 99. Erhält eine Einladung für eine Funktionärversammlung der NTV, OG Basel am 17.4.51 im Volkshaus.
	24.2.51	v.do. Aus PK gegen Josef SCHOBER,99. Verzeichnis der Funktionäre der OG-BS der 'Naturfreunde'.
C.8.432	24.5.51	v.Pol.Insp.Basel: Teilergebnisse aus PK ARNOLD Emil. Die Kommunistin ARNOLD-Bodermann Antoinette 21 erhielt Einladungen seitens der Naturfreunde, zu Funktionärsversammlungen v. 7. u. 16.5.51.
C.8.28	22.9.51	v.Pol.Insp.BS: aus PK gegen PdA-BS: Inserat der N. an den Vorwärts für Pilzausstellung v.16.9.51 im Waldpark, Reinacherheide.
C.8.4304	7.12.51	v.+Justizabt.: Dem gemassregelten Postangestellten BANTLE Adolf 24 wird zur Las gelegt, einer der aktivsten Funktionäre der Jungnaturfreunde Basel gewesen zu sein. Diese Ortsgruppe soll einige Zeit stark unter kommunistischem Einfluss gestanden sei. Zum Bericht bezügl. kommunist. Einfluss bei den Naturfreunden, spez. der OG Basel.
	11.12.51	a.Pol.Insp.BS: Senden obige Anfrage der +Justizabt. Verlangen Aufschluss über die Jungnaturfreunde Basel.

zes aus. Den Hintergrund bildete der vehement einsetzende Kalte Krieg zwischen Ost und West. Der nach wie vor mehrheitlich sozialdemokratisch geprägte Verband wurde als kommunistisch unterwandert angeprangert. Vor allem gerieten die volkstouristischen Aktivitäten ins Kreuzfeuer, einerseits wegen der politischen Tätigkeit des Ressortleiters Pinkus, andererseits wegen einer Reise der Zürcher Singgruppe in die Tschechoslowakei. Letztere war bereits 1947 geplant worden und wurde 1948 durchgeführt – kurze Zeit nach dem Staatsstreich, der die Tschechoslowakei zum sowjetischen Satellitenstaat gemacht hatte. Durch die Presse gingen Meldungen, wonach eine Schweizer Naturfreundegruppe in schweizerischer Volkstracht kommunistische Lieder gesungen habe. All dies verursachte grossen Aufruhr und nötigte den Landesverband zu Nachforschungen. Die Aussprache fand im November 1948 an der Sitzung des Zentralvorstands statt. Die Vorwürfe von bürgerlicher Seite trafen wunde Punkte. Landesobmann Georgi verlas Zuschriften aus Ortsgruppen, welche sich für eine strikte Trennung von Parteipolitik und Naturfreundebewegung aussprachen. Das hiess im Klartext, dass sie sich gegen die Beeinflussung durch die PdA, die als politische Gefahr galt, wandten. Der Zentralvorstand verabschiedete schliesslich Richtlinien, welche den Verband auf strenge parteipolitische Neutralität verpflichteten und die Mitglieder dazu anhielten, ihre politischen Äusserungen klar von ihren Funktionen bei den Naturfreunden zu trennen.[42] Bedeutende Wortführer des erwachenden sozialdemokratischen Widerstands waren Mit-

...... «DIE HOFFNUNGEN, DIE WIR NACH KRIEGSENDE AUF EINE BREITE DEMOKRATISIERUNG DES FERIEN- UND REISEWESENS, IM SINNE DES VOLKSTOURISMUS, HATTEN, WURDEN NUR SEHR SPÄRLICH ERFÜLLT, UND MANCHES ERRUNGENE IST WIEDER BEDROHT.» ......

Theo Pinkus, Leiter Ressort Volkstourismus, 1948

Mit Beginn des Kalten Kriegs galten die Naturfreunde als kommunistisch unterwandert und gerieten unter starken öffentlichen Druck. Die politische Polizei des Bundes überwachte die Aktivitäten einzelner Sektionen bis um 1980. Auszug Ficheneinträge.
Au début de la Guerre froide, on soupçonne les Amis de la Nature d'être noyautés par les communistes, les exposant ainsi à une forte pression publique. La police politique fédérale surveille les activités des différentes sections jusque vers 1980. Extraits de fichiers.

1958 erschien das Buch «Sonne, Fels und Schnee» der Zürcher Journalistin und Naturfreundin Emmy Nöthiger-Bek. Es enthält Erinnerungen von Bergsteigern und Lagerleitern in der hohen Zeit des Volkstourismus. Als Herausgeber zeichnete Theo Pinkus, der damit an die Aktivitäten der mittlerweile aus dem Verband gedrängten Kommunisten erinnern wollte.

En 1958 paraît l'ouvrage «Sonne, Fels und Schnee» de la journaliste et Amie de la Nature zurichoise Emmy Nöthiger-Bek. Il rassemble des souvenirs d'alpinistes et de responsables de camps pendant la grande période du tourisme populaire. Theo Pinkus en est l'éditeur qui tenta par cela de rappeler les activités des communistes entre-temps écartés de la fédération.

glieder der Ortsgruppe Bern, der die Offenheit der Zürcher und Basler Naturfreunde gegenüber den Kommunisten schon länger ein Dorn im Auge war. In dieser Stimmungslage führte der Verband 1949 eine Urabstimmung durch, in der es um die Streichung des Worts «Sozialismus» in Artikel 1 der Landesstatuten ging, welcher den Zweck und Charakter des Verbands beschrieb. Die Landesleitung erhoffte sich, so in den Schweizerischen Landesverband für Leibesübungen (SLL) aufgenommen zu werden (siehe «Dazugehören – und anders bleiben»). Dies war bislang trotz mehrfacher Bemühungen missglückt, da die Naturfreunde als zu links stehend galten. Die Gesinnungskorrektur auf dem Papier erreichte in der Urabstimmung jedoch die bei einer Statutenänderung notwendige Dreiviertelsmehrheit nicht. Das Abstimmungsresultat zeigte einen in seiner weltanschaulichen Orientierung tief gespaltenen Verband: Für die Streichung des Wortes «Sozialismus» stimmten die Ortsgruppen in den Kantonen Bern, Aargau, Luzern, Thurgau, Schaffhausen und St. Gallen. Für die Beibehaltung der bestehenden Formulierung, als Ausdruck der eigenen Identität, sprachen sich dagegen die Naturfreunde in der Romandie aus sowie in den Kantonen Basel, Zürich, Graubünden und Tessin.

1950 spitzten sich die Konflikte zu. Mit dem Beginn des Korea-Kriegs steuerte der Kalte Krieg auf einen Höhepunkt zu. Ende des Jahres beschloss der Zentralvorstand in einer kurz-

...... «UNSER LANDESVERBAND SCHWEIZ HAT EIN ÄUSSERST SCHWERES JAHR DER INNEREN UND ÄUSSEREN KÄMPFE HINTER SICH.» ......
Albert Georgi, Landesobmann, 1950

Die Organisation von Reisen blieb in einzelnen Sektionen über Jahrzehnte aktuell. Inserate im «Naturfreund», 1962, 1963 und 1982.
L'organisation de voyages est restée dans certaines sections pendant des décennies un sujet d'actualité. Annonces dans l'«Ami de la Nature», 1962, 1963 et 1982.

fristig anberaumten Sitzung, künftig alle Mitglieder der PdA von Funktionärsposten auszuschliessen. Dieser Beschluss führte zu einem Eklat. Die von der Ortsgruppe Basel gestellte Geschäftsprüfungskommission, präsidiert von einem PdA-Mitglied, sprach diesem die Gültigkeit ab. Eine auf den Januar 1951 einberufene ausserordentliche Delegiertenversammlung bestätigte den Beschluss jedoch mit grosser Mehrheit. Zahlreiche Schreiben aus den Ortsgruppen im Vorfeld der Landesdelegiertenversammlung äusserten sich dahin, dass Kommunisten auch als Mitglieder ausgeschlossen werden sollten.[43] So weit kam es nicht. Die Versammlung beschloss jedoch die Verlegung des Vororts von Zürich nach Bern sowie der Geschäftsprüfungsstelle von Basel nach Neuenburg. Damit erreichte der Verband eine radikale personelle Erneuerung seiner leitenden Organe. Theo Pinkus schied aus der Landesleitung aus. Das Ressort wurde nicht wieder besetzt und verwaiste. Auch der Verantwortliche für das Jugendwesen, Hans Fritzschi, schied als PdA-Mitglied aus. Mathis Margadant hatte das Kurswesen wegen anhaltender Auseinandersetzungen innerhalb der Landesleitung bereits im Herbst 1950 aufgegeben.

Dem Volkstourismus wurde zum Verhängnis, dass seine Vertreter ihn sehr eng mit dem Sozialismus der Zukunft in Verbindung brachten, dieser Sozialismus aber in seiner real existierenden Form sich zu jener Zeit immer unverkennbarer als brutale Diktatur zu erkennen gab.

Volkstourismus nach dem Volkstourismus

An der Landesdelegiertenversammlung von 1953 beantragte die Ortsgruppe Basel, das Ressort Volkstourismus, welches die Landesleitung stillschweigend und in Überschreitung ihrer Kompetenzen «liquidiert» habe, wieder einzurichten. Für die Basler galt noch immer, was 1949 Konsens gewesen war: «Es sind alle Anstrengungen zu unternehmen, damit der TVN [Touristenverein «Die Naturfreunde»] zur führenden Ferien- und Reiseorganisation der Arbeiterschaft wird, entsprechend den Richtlinien, die die Landesleitung seinerzeit in der

Broschüre ‹Ferien für alle› veröffentlicht hat.»[44] Die Landesleitung nahm den Antrag zur Prüfung entgegen, verfolgte ihn aber nicht weiter.

Doch der Volkstourismus selbst war mit der Aufgabe des Ressorts nicht gestorben. Die Volkstourismus-Bewegung hatte in den 1940er-Jahren genügend Begeisterte geschaffen und zudem zahlreiche Mitglieder zu erfahrenen Reiseleitern und -leiterinnen werden lassen. Eine unter ihnen war Martha Palma. Die gelernte Zahnarztgehilfin und langjährige Angehörige der Kommunistischen Partei (KPS), später der Partei der Arbeit (PdA), erzählt: «Ich war 33 Jahre lang in der Reiseleitung. Zuerst, etwa ab 1940, in der Zürcher Lagerleitung. Ich war auch dabei, als wir 1941 Zermatt organisiert haben. Dann habe ich zuerst für die Sektion Albisrieden Reiseleitung gemacht, später dann für die Wiediker.»[45] Sie sei, wie sie selbst sagte, bei den Naturfreunden als Kommunistin verschrien gewesen. Dennoch habe man sie nicht hinausgeworfen. Wehmütig erinnert sie sich an die Zeiten der grossen Osterlager, in denen regelmässig politische Vorträge gehalten wurden.

Ein Blick auf die Inserateseiten des «Naturfreund» der Nachkriegsjahrzehnte zeigt, dass einige Sektionen ein weit gefächertes Reiseangebot hatten. Noch in den frühen 1960er-Jahren war die Bezeichnung der Organisatoren als «Lagerleitung» mancherorts gebräuchlich. Doch ob die Fahrt als Lager bezeichnet wurde oder nicht, immer handelte es sich um Gruppenreisen. Im Angebot standen Skiferien in der Schweiz und immer häufiger Reisen ins Ausland. Ab 1960 gehörten auch Flugreisen zum Programm. Manche führten nach Israel, nachdem die dortigen Naturfreunde 1957 über die Naturfreunde Internationale dazu aufforderten und besondere Gästeprogramme anboten. Besonders aktiv im Reisegeschäft waren die Sektionen des Zürcher Stadtverbands. Schon bald entdeckten aber auch kommerzielle Veranstalter die Naturfreunde als potenzielle Kunden.

Résumé en français

La formule magique du tourisme populaire

Dès les années 1940, les Amis de la Nature ont expérimenté de nouvelles formes de voyage et d'organisation du temps libre sous l'appellation de «tourisme populaire». Le déclic remonte aux activités de la soi-disant direction de camp zurichoise qui avait organisé à partir de 1930 des voyages collectifs et des camps de vacances dans les montagnes. Parmi les pionniers, citons le Grison exilé à Zurich Mathis Margadant, un vrai mordu des Alpes. Theo Pinkus s'est joint à lui en 1934. Cela permit à de nombreux adolescents de partir pour la première fois en hiver dans les Alpes. Bientôt, le nombre de participants, parmi eux de plus en plus d'adultes, était devenu si important que l'on arrivait en trains spéciaux et cherchait un hébergement dans des hôtels. On trouvait souvent dans les camps des émigrés allemands et pouvait régulièrement assister à des débats politiques. Le camp de Pâques dans la station d'hiver huppée de Zermatt en 1941, en pleine Seconde Guerre mondiale, a rassemblé 160 participants et est entré dans les annales. Les hôtes étrangers étaient manquants, les hôtels déserts et l'on réussit finalement à pousser un hôtelier à trouver un arrangement pour accueillir des hôtes dans des dortoirs à matelas et avec des possibilités de cuisiner économiques.

Cette évolution s'est déroulée sur fond d'une tendance croissante en politique sociale d'exiger et de mettre en pratique la devise «des vacances pour tous». Les régimes dictatoriaux en Allemagne et en Italie en ont fait tout un spectacle de propagande. Les choses ont commencé à changer en Suisse aussi. Lancé en 1935 par Gottlieb Duttweiler, fondateur de la Migros, le concept Hotelplan a provoqué d'énormes remous. En 1939 a été fondée en collaboration avec les syndicats et les organisations touristiques la Caisse de voyages suisse Reka. Mais il n'était pas clair de savoir quelle orientation le «tourisme ouvrier» allait prendre et qui allait avoir le dernier mot. Une chose seulement était sûre: à l'avenir, après la guerre, les milieux sociaux modestes allaient partir de plus en plus souvent en vacances. Cela était censé révolutionner totalement le tourisme suisse et international. Sur initiative des Zurichois, l'assemblée nationale des délégués a créé en 1942 un département de tourisme populaire qui a pris ses fonctions fin 1943. Il était controversé dès le début si cette nouvelle activité correspondait ou non aux objectifs traditionnels des Amis de la Nature. Les représentants du tourisme populaire entendaient transformer les Amis de la Nature en principale organisation de voyage du mouvement ouvrier helvétique. Leur publicité s'adressait explicitement aux non-membres dont ils espéraient convaincre certains à rejoindre la fédération. Voyages et hébergements étaient collectivement organisés. La politique jouait elle aussi un rôle essentiel pendant les débats de plus en plus véhéments. Parmi les adhérents au nouveau concept, on trouvait surtout des communistes ou des sympathisants communistes. A leurs yeux, le tourisme devait devenir à son tour une force politique et s'engager dans une voie socialiste. Les opposants critiquaient les voyages en masse comme étant incompatibles avec les principes des Amis de la Nature. Theo Pinkus a dirigé ce ressort à partir de 1945 et déployé pendant plusieurs années une activité soutenue. Le mot-clé d'«hôtel populaire» a commencé à se propager: on entendait par cela un hébergement avantageux proposant un service de pension qui libérait la femme de son travail ménager. Des cours ont permis de former toute une équipe de guides et de moniteurs de voyage hautement qualifiés. Le tourisme populaire a plu et été un succès financier. En revanche, une vraie coopération n'a pas pu être établie avec les forces importantes du secteur touristique suisse. Le concept s'est politiquement vite retrouvé en difficulté. C'était surtout lié à la Guerre froide opposant l'Est à l'Ouest. A partir de 1948, les Amis de la Nature sont violemment attaqués par la presse bourgeoise et soupçonnés d'infiltration communiste de son organisation. La proximité politique des représentants du tourisme populaire de l'URSS et des États satellites en Europe de l'Est aura livré les arguments pour ces attaques.

Le conflit à l'intérieur des Amis de la Nature s'aggrava à tel point que le comité central décida fin 1950 d'exclure tous les membres du Parti communiste et du Parti du Travail des postes de fonctionnaire. L'assemblée des délégués approuva cette décision en 1951. Pinkus, Margadant et d'autres quittèrent la direction nationale ou d'autres fonctions. Le ressort Tourisme populaire ne sera dorénavant plus occupé. Dans le travail pratique de nombreux groupes locaux, surtout dans l'espace zurichois, l'organisation de voyages collectifs restera cependant une priorité même ultérieurement. Cela rappelait toujours les grands espoirs autrefois attribués au concept du tourisme populaire.

...... BETTY UND HANS FISCHER-WEISSKOPF......

Münchenstein

Es brauchte einige Überredungskunst, um von Betty und Hans Fischer-Weisskopf das Foto zu bekommen, das sie vor ihrem Reihenhaus in Münchenstein zeigt. Sie haben das Haus 1968 bezogen und werden es in einigen Wochen verlassen und in eine Wohnung umziehen. Das Treppensteigen ist zu mühsam geworden. Am neuen Wohnort hat es einen Lift, die Wohnung ist gross und auf einem Stockwerk, kurz: altersgerecht – einen Garten aber gibt es dort nicht mehr.

Betty Fischer-Weisskopf ist immer stolz auf ihre Blumenpracht gewesen. Sie sagt von sich, sie sei ein Naturfreund im wahren Sinn des Wortes, im Verein der Naturfreunde sei sie aber nicht sehr aktiv gewesen, andere hätten viel mehr getan. Sie untertreibt gern ein wenig. Hans Fischer beginnt die Schilderung seines Engagements bei den Naturfreunden mit folgenden Worten: «Natur habe ich von der Mutter her in mir gehabt; sie war eine Bauerntochter, die in der Stadt leben musste.»

Mitglied der Naturfreunde wurde das Ehepaar 1948, und dies eher zufällig. Hans Fischer erzählt: «Irgendwo war eine Reise der Naturfreunde Zürich nach Holland ausgeschrieben. Da Mitglieder bedeutend weniger bezahlen mussten, bin ich zum damaligen Präsidenten der Sektion Basel gegangen, und er hat mich sofort aufgenommen. Das geschah ganz ohne Formalitäten zu Hause in seiner Stube. Ich war nicht Mitglied der SP und als Angestellter auch nicht in der Gewerkschaft. Dies wurde zu dieser Zeit nicht mehr verlangt. Wir sind dann mit dem Zug nach Amsterdam gefahren und waren danach eine Woche mit Reisecars unterwegs zu den Grachten und Poldern und zum Wattenmeer. In Noordwijk haben wir in einem Ferienhaus der holländischen Naturfreunde übernachtet, in Beverwijk war unser Logis eher eine primitive Baracke. Wir haben auch Rotterdam besucht, das von den deutschen Bombardierungen 1940 noch zu weiten Teilen in Trümmern lag.»

Der Hass auf die Deutschen sei damals noch sehr stark gewesen, und wenn sie Hochdeutsch gesprochen hätten, seien sie ziemlich unfreundlich behandelt worden, sagt Betty Fischer-Weisskopf und erzählt, wie sie in einer Metzgerei Schinken kaufen wollte. «Der Metzger sagte: ‹Es gibt nur Leberwurst, wie bei Ihnen in Deutschland auch.› – Ich sagte: ‹Wir kommen aus der Schweiz.› – Er: ‹Weshalb sprechen Sie dann Hochdeutsch?› – Ich: ‹Sonst würden Sie mich nicht verstehen.›» Nach diesem Wortwechsel bekam Betty Fischer-Weisskopf so viel Schinken, wie sie gewünscht hatte.

Für Betty und Hans Fischer-Weisskopf war es ein Zufall, dass sie auf das Inserat für die Hollandreise gestossen waren. Kein Zufall war es, dass diese und andere Auslandreisen der Naturfreunde breit ausgeschrieben wurden. Sie gehörten zum Programm des so genannten Volkstourismus, den der Landesverband in der frühen Nachkriegszeit für kurze Zeit sehr offensiv betrieb. Damit verbanden sich mehrere Ziele: Es ging um billige Reisen, die gleichzeitig auch soziale und kulturelle Bildung fördern sollten; zudem wurde

Eine seltene, auf Kalkböden wachsende Hummel-Ophrys.

der Austausch in der Naturfreunde Internationale angestrebt, und es ging auch darum, mit einem attraktiven Reiseprogramm den schweizerischen Verband zu öffnen und Leute aus anderen sozialen Schichten anzusprechen.

Für das Ehepaar Fischer-Weisskopf war die Reise nach Holland ein Auftakt. In den folgenden 40 Jahren verbrachten sie fast in jedem europäischen Land einmal oder mehrmals Wanderferien. In den ersten Jahren bei den Naturfreunden waren Wanderungen im Ausland allerdings noch die Ausnahme, dafür fehlte das Geld. Im Vordergrund standen in dieser Zeit die Wanderungen ihrer Sektion in der unmittelbaren Umgebung des Juras oder – wenn Zeit und Finanzen es zuliessen – in den Schweizer Alpen.

Die Reisen und Wanderungen im Ausland hat das Ehepaar später meist nicht mit den Naturfreunden, sondern mit einem kommerziellen Anbieter von Wanderferien unternommen. Ein Grund dafür war, dass diese Ferien professionell begleitet wurden und oft den Charakter von Bildungsreisen hatten. «Das waren wirkliche Könner», sagt Betty Fischer-Weisskopf, «sie haben einen zu den interessantesten Orten geführt. Es waren immer gut ausgebildete Schweizer Reiseleiterinnen und Reiseleiter, und sie hatten selten die Hilfe von Einheimischen nötig.»

«Im Viereck von der Türkei und Israel nach Finnland, und von dort hinüber nach Island und hinunter nach Portugal sind wir fast überall gewesen», sagt Hans Fischer, «ausgelassen haben wir die damals von der Sowjetunion dirigierten Staaten in Osteuropa.»

Eine der eindrücklichsten Reisen sei jene nach Island gewesen, sagt Betty Fischer-Weisskopf und erzählt: «Hans wollte immer dorthin, und ich habe mich immer dagegen gesträubt. Dann musste Hans ins Spital, wir konnten unsere in jenem Jahr geplante Reise nach Mallorca nicht antreten. Um ihn zu trösten, habe ich gesagt: ‹Nächstes Jahr fahren wir dafür nach Island.› Es ist mir einfach so herausgerutscht. Zu Beginn war es furchtbar. Nebel, grausiges Wetter bei unserer Ankunft – danach aber zwei Wochen lang schön. Auf dem Rückflug sagte ich zu Hans: Nächstes Jahr fahren wir wieder nach Island. Wenn man die Natur gern hat – und das habe ich von Hans gelernt –, dann ist Island ganz speziell interessant. Ein anderes wahnsinnig schönes Land zum Wandern ist Irland. Mit 70 habe ich dort die letzte grosse Wanderung gemacht, danach habe ich damit aufgehört, da ich nicht zum Hemmschuh werden wollte. Bei diesen Wanderferien waren die Gruppen immer stark durchmischt, vom Alter her, aber auch sozial. Es hatte seltsamerweise immer viele Krankenschwestern dabei und jedes Mal auch einen Arzt oder eine Ärztin. Die gesellschaftlichen Unterschiede waren damals noch viel ausgeprägter, aber bei diesen Wanderungen hat man sie nicht gemerkt. Einmal, auf Samos, habe ich Trauben gepfluckt, die noch vereinzelt an den Stöcken am Wegrand hingen, und sie dem Mann, der zufällig neben mir ging, angeboten. Wir kamen ins Gespräch, und es stellte sich heraus, dass er Kinderarzt und Professor war. Wenn ich es gewusst hätte, hätte ich mich wahrscheinlich nicht getraut, ihm die Trauben einfach so auf der Hand anzubieten.»

Gesellschaftliche Schranken niedergerissen und soziale Gegensätze gemildert zu haben, darf zweifellos als eine der grossen Leistungen der Nachkriegsgeneration bezeichnet werden. Die Auseinandersetzung darüber, wie dies geschehen sollte, prägte die politischen Debatten dieser Zeit in ganz Westeuropa.

Es gab das Modell der Vereinigten Staaten, das Massenproduktion und Massenkonsum mit staatlicher Lenkung, gewerkschaftlicher Organisation und sozialstaatlichen Einrichtungen kombinierte; es gab das Vorbild Schwedens und Finnlands, bei denen die soziale Wohlfahrt mit der Entlastung der Frauen im familiären Bereich verbunden wurde, und es gab das sozialistische Modell, das von starken kommunistischen Parteien propagiert wurde – offen in Italien und Frankreich, im Untergrund in Griechenland, Spanien und Portugal.

Die Auseinandersetzungen stiessen auch in der kleinen Schweiz auf Resonanz, in der allgemeinen politischen Debatte, aber auch innerhalb der traditionellen Arbeiterbewegung und an einzelnen Orten sogar bei den Naturfreunden. Hans Fischer erzählt: «Die Basler Sektion stand 1948, als wir Mitglieder wurden, sehr weit links. Es gab aber eine starke Strömung, die zu den Kommunisten, der damaligen Partei der Arbeit (PdA), auf Distanz gehen wollte. 1953/54 – ich war damals im Vorstand – kam es dann zur Trennung, und die Sektion Riehen-Basel wurde gegründet. Der Name Riehen-Basel wurde gewählt, weil der Präsident der neuen Sektion in Riehen wohnte. Die neue Sektion war immer noch rot, einfach hellrot. Mich hat das nicht gestört, meine politische Position ist eher Mitte-links, nicht unbedingt bürgerlich. Was mich hingegen gestört hat, war, dass bei offiziellen Anlässen immer noch der Begriff «Genosse» verwendet wurde. Untereinander hat man sich hingegen einfach beim Vornamen genannt. Es wurde zwar viel politisch diskutiert, aber die Partei- und Gewerkschaftsleute haben den Verein nicht benutzt, um für sich oder ihre politische Richtung Propaganda zu machen.»

Für Hans Fischer war der Naturschutz schon in den 1950er Jahren – also 20 Jahre vor der ökologischen Wende – ein persönliches Anliegen. Das Ehepaar hat nie ein Auto besessen. Betty Fischer-Weisskopf sagt: «Hans war sehr konsequent und war immer der Meinung, er könne nicht beim Naturschutz sein und Auto fahren. Ich hatte auch kein Verlangen nach einem Auto, am Sonntag war es uns am wohlsten mit dem Rucksack und den Wanderschuhen unterwegs. Ich bin nicht grundsätzlich gegen das Auto eingestellt – es gibt Leute, die auf ein Auto angewiesen sind –, und heute bin ich froh, dass mich unser Sohn mit dem Auto zur Badekur nach Badenweiler fahren kann.» Betty und Hans Fischer stammen zwar beide nicht aus Bauernfamilien, bei beiden spielte aber die bäuerliche Welt in der Kindheit und Jugend eine wichtige Rolle. Betty Fischer-Weisskopf ist in Pratteln gross geworden, wo ihr Vater auf dem Bahnhof als Güterarbeiter angestellt war. Sie war das vierte von sechs Kindern, die älteste von drei Töchtern. Die Familie besass einen grossen Garten beim Haus und einen Kartoffelacker weiter weg. Sie hielt Hühner, Ziegen und ein, zwei Schweine und konnte sich weitgehend selbst mit Nahrung versorgen. Entsprechend viel gab es für alle zu tun. Die Söhne halfen dem Vater im Garten, die Töchter der Mutter im Haus. Das Leben war einfach, Toiletten mit Wasserspülung, Badezimmer, Boiler und Zentralheizungen waren noch eine Seltenheit; Pratteln war ein Industrieort, aber es gab auch noch viele Bauernhöfe. Betty Fischer-Weisskopf lernte Verkäuferin beim ACV (Allgemeiner Consum Verein), wie der Coop damals noch hiess. Eine Lehrstelle zu finden, war in den 1930er-Jahren schwierig, sie war eine unter vielen Bewerberinnen gewesen und entsprechend stolz, als sie angenommen wurde.

Hans Fischer ist in Zürich aufgewachsen. Sein Vater war eines von vier Kindern einer Bergbauernfamilie aus dem Gadmental beim Sustenpass, seine Mutter eine Bauerntochter aus der Umgebung von Horgen. Er war das älteste von drei Kindern, seine Schwester war drei, sein Bruder 15 Jahre jünger als er. Die Eltern bewirtschafteten eine Zeit lang neben der Lohn- und Hausarbeit – die Mutter war eine gefragte Weissnäherin – ein Bauerngütlein rund 20 Kilometer ausserhalb der Stadt. Es war ihnen von Verwandten aufgeschwatzt worden, erforderte viel Arbeit und brachte kaum einen Ertrag. Hans Fischer absolvierte eine Lehre als Maschinenzeichner, zog 1937 in die Region Basel und trat eine Stelle beim damaligen Ciba-Konzern an.

Das Ehepaar blickt auf eine lange gemeinsame Zeit zurück, und die Natur und der Verein der Naturfreunde haben darin eine wichtige und wohl auch verbindende Rolle gespielt: Die Wanderungen im In- und Ausland, die Monatsversammlungen und die Sonntage in der Reinacherheide, wo die Naturfreunde die Räumlichkeiten der baselstädtischen Waldschule benutzen konnten, aber auch der Blumengarten vor dem Haus und der «Pflanzblätz» oberhalb von Münchenstein.

Zum gemeinsamen Engagement bei den Naturfreunden kam Hans Fischers Tätigkeit als langjähriges Mitglied des Sektionsvorstandes und insbesondere als Leiter von Naturkundekursen und Kursen im Gebrauch von Karte und Kompass hinzu. Seine Frau sagt: «Ich habe ihn bei seinen Kursen ganz bewusst nicht begleitet; ich fand, Hans solle machen können, was er will. Ich bin viel die Impulsivere, und er ist der ruhige Typ. Wenn mir etwas nicht gepasst hätte, wäre ich dazwischen gefahren – das wollte ich nicht. Hans hätte nichts dagegen gehabt, wenn ich ihn begleitet hätte, aber ich fand es besser, mich herauszuhalten.» Mitte der 1950er-Jahre hatte Hans Fischer an einem Naturkundekurs im Unterengadin, in Guarda, teilgenommen und war so fasziniert gewesen, dass er danach den vom Kursleiter Hans Hentz angebotenen Fernkurs in Pflanzenbestimmung absolvierte. Hans Fischer erzählt: «Es wurden einem Unterlagen zum Studieren gegeben, und in regelmässigen Abständen kamen dann per Post Fragebogen, die man ausfüllen musste und korrigiert zurückerhielt. Das war sehr intensiv. Mit der Zeit habe ich für Hans Hentz das Korrigieren der Fragebogen aus der Nordwestschweiz übernommen und später in der Region selbst angefangen, Kurse nach seinem Vorbild zu geben. Später wurde ich gewissermassen sein Nachfolger. Ich wurde Mitglied des Naturfreunde-Fachausschusses Naturkunde und habe danach etwa zehn Wochenkurse durchgeführt, in Kandersteg, Caslano und anderen Naturfreundehäusern. Meist nahmen 12 bis 15 Personen aus der ganzen Schweiz teil, man hat Exkursionen gemacht und am Abend mit Bestimmungsbüchern, Mikroskop und Binokular gemeinsam versucht herauszufinden, zu welcher Art und Familie die mitgebrachten Pflanzen gehörten und wie sie hiessen.» Bei den Mitgliedern seiner eigenen Sektion Riehen-Basel sei das Interesse an Botanik nicht sehr gross gewesen, und auch ein Pilzkurs habe wenig Anklang gefunden. Die Basler hätten sich eher als Fotografen, Sportler, Bergsteiger und Skifahrer hervorgetan, sagt Hans Fischer. Der sportliche Elan der Sektion hatte auch Folgen für ihn selbst. Da er neben den Pflanzenkursen auch Kurse im Gebrauch von Karte und Kompass durchgeführt hatte, fand er sich Mitte der 1950er-Jahre unversehens als Läufer von Nachtorientierungs- und allgemeinen Orientierungsläufen wieder und gewann mit seinem Team auch Auszeichnungen. Seine Frau dazu: «Wenn sie nachts auf dem Gempen oben gelaufen sind, habe ich jeweils gezittert, bis er zurück war.»

«Dafür gab es keinen Grund», sagt Hans Fischer und erzählt: «Wir hatten nicht nur eine gründliche Ausbildung im Gebrauch von Kompass und Karte, wir haben auch gelernt, Orientierungsläufe allein aufgrund des Kartenbildes auszustecken, und es gab Prüfungen und Wettbewerbe in dieser Disziplin. Natürlich kannten sich nicht alle Läufer so gut aus, und eine lustige Episode vergesse ich nie. Bei einem Nacht-Orientierungslauf sagte ich meinem Partner – er war das Zugpferd und ich der Postensucher –, er solle die nächsten 300 Meter einfach in Richtung Mond laufen, worauf er mich irritiert ansah und ausrief: ‹Aber der bewegt sich doch auch!› Als ob dies bei der enormen Entfernung des Mondes eine Rolle gespielt hätte.»

Im Alter von 70 Jahren hörte Hans Fischer auf, Kurse zu geben, und ein befreundetes jüngeres Ehepaar führte die Tradition weiter. Von Hans Fischers naturkundlicher Begeisterung ist auch eine materielle Hinterlassenschaft zurückgeblieben: Rund 3000 Blumen- und Pflanzendiapositive. Unser Gespräch war der Anlass, sie wieder einmal aus Kartons und Schubladen herauszukramen und zu betrachten und eine als Illustration für dieses Porträt auszuwählen.

DAZUGEHÖREN – UND ANDERS BLEIBEN

WERDEN DIE NATURFREUNDE NACH 1950 ZUM ENTPOLITISIERTEN, PROFILLOSEN «BLÜEMLIVEREIN»? ODER MAUSERN SIE SICH VIELMEHR ZUM GESELLSCHAFTLICH ANERKANNTEN FREIZEIT- UND SPORTVERBAND, DER AUCH FAMILIEN ANSPRICHT UND AUSSERDEM ALS DIENSTLEISTUNGSUNTERNEHMEN TOURISTISCH ATTRAKTIV IST? SICHER IST: NACH 1950 MUSS SICH DIE NATURFREUNDEBEWEGUNG IN EINER WELT ZURECHT FINDEN, DIE SICH EINE NEUE GESELLSCHAFTLICH-POLITISCHE ORDNUNG GIBT UND EINEN ZUVOR UNBEKANNTEN WOHLSTAND ERLEBT.

Zwischen 1950 und 1980 wurde der Gesamtverband so gross wie nie zuvor: Die Zahl der Mitglieder stieg von rund 18 000 auf 32 000. Ab Mitte der 1950er-Jahre baute er seine Kursangebote massiv aus und fand vor allem mit seinen Sportausbildungen breite Anerkennung. Daneben förderte der Verband zunehmend die Wissensvermittlung unter Laien, ein Markenzeichen der Naturfreundebewegung. Fotografie und Naturkunde entwickelten sich zu neuen Fachbereichen. Bald folgten erste Gehversuche im Natur- und Landschaftsschutz. Und nicht zuletzt investierte der Landesverband viel in den Ausbau seiner Ferienheime und begab sich als touristischer Anbieter in den Wettstreit schneller Marktveränderungen.

Das sind Eckdaten, mit denen sich die Geschichte der Naturfreunde zwischen 1950 und 1980 als Geschichte des Erfolgs erzählen lässt: Ihr Held ist ein Verband, der seine Stärke vor allem einer Errungenschaft verdankt, die ihm in den Zeiten des Klassenkampfs verwehrt blieb: der breiten gesellschaftlichen Anerkennung und Integration. So strich etwa Werner Lobsiger, der Verantwortliche für das Kurswesen, 1961 heraus, dass die Naturfreunde dank zähen Bemühungen mittlerweile «bei den Behörden und den übrigen Sportorganisationen in hohem Ansehen stehen».

...... «DER ‹TOURISTENVEREIN DIE NATURFREUNDE› IST AUFGRUND SEINER ORGANISATION UND SEINER ZIELSETZUNG EIN DIENSTLEISTUNGSUNTERNEHMEN.» ......
Werner Weber, Zentralsekretär, 1969

Dieser gestärkte Verband stand dem materiell verbesserten Lebensstandard positiv gegenüber und versuchte, diesem gerade mit seinen Ferienheimen gerecht zu werden. Der Häuserchef erklärte 1971: «Wir anerkennen vorbehaltlos, dass unsere Arbeitnehmer ein Anrecht haben auf eine menschenwürdige Behausung.»[46]

Die Geschichte der Jahre 1950 bis 1980 kann aber auch anders erzählt werden: Die parteipolitischen Kämpfe während des Kalten Kriegs, die ihren Höhepunkt beim Ungarn-Aufstand 1956 fanden, bewogen Hunderte zum Austritt aus dem Verband – und zahlreiche andere zur Aufgabe ihrer früheren aktiven Rolle in den Sektionen. Diese Mitglieder nahmen die Entwicklung zu einem breitentauglichen Freizeitverein – der zunehmend auch für bürgerlich orientierte oder politisch nicht interessierte Mitglieder attraktiv wurde – primär

Naturfreundehotel «Zermatt», 1962.
Hôtel des Amis de la Nature «Zermatt», 1962.

Jungnaturfreunde aus dem Aargau auf einem Wochenendausflug in die Vogesen, 1961.
Film 8 mm, Peter Bürgi.
Jeunes Amis de la Nature argoviens pendant une excursion de week-end dans les Vosges, 1961. Film 8 mm, Peter Bürgi.

als Verlust wahr. Was sie vermissten, war ein klares Profil des Verbandes, aber auch einen Ort für Diskussionen über Politik und Gesellschaft. «Man hat uns dann ‹Blüemliverein› genannt», fasst etwa Martha Palma als ehemalige kommunistische Aktivistin den Gang der Dinge zusammen.[47]

Aus einer dritten Perspektive schliesslich erscheint die Tätigkeit des Verbands nach 1950 als Versuch, sich den Zeitläufen entgegenzustellen und an alten Idealen festzuhalten – selbst um den Preis eines «etwas konservativen Anstrichs». Im Zentrum dieser Erzählung steht die Pflege einer tiefen Beziehung zur Natur, zur Musse und zur kulturellen Bildung. Die Aufgabe der Naturfreunde ähnelt einer Mission: Es galt, den negativ bewerteten Erscheinungsformen der Konsumgesellschaft – schneller Genuss, Hektik, Motorisierung, überbordende Technik – andere Werte entgegenzusetzen und bewusst nicht «dazuzugehören», sondern «anders zu bleiben». Damit verband sich auch – wie in den Anfängen der Bewegung – das Selbstverständnis, einer kleinen Gruppe anzugehören. Was sie verband, war allerdings nicht mehr die Suche nach einer gesellschaftlichen Utopie, sondern nach Orientierung in der Natur, die als überlegenes Ordnungssystem verstanden wurde.

...... «Wir müssen an unserem Gedankengut festhalten und unsere ideellen Ziele bewusst in den Vordergrund stellen. Das gibt uns vielleicht einen etwas konservativen Anstrich.» ......
Fritz Schmidlin, Regierungsrat, Zentralpräsident, 1953

Aus der Sicht der «missionarisch» orientierten Mitglieder erschien die Naturfreundebewegung – gerade in den Zeiten ihres grössten Wachstums – von «Verflachung» bedroht. Diese Haltung teilten unterschiedliche Altersgruppen. Ihr Ziel war eine Lebenshaltung, welche es erlaubte, in der Konsumgesellschaft alten Idealen treu zu bleiben. Die Angehörigen der Generation, welche noch in den Zwischenkriegsjahren und den Kriegsjahren als Naturfreunde sozialisiert worden war, brachte dies nicht zuletzt dadurch zum Ausdruck, dass sie an einem bestimmten Lebensstil festhielt: eine gewisse Bescheidenheit und Sparsamkeit, gepaart mit der Liebe zum Einfachen, zum Puritanischen gar und nicht zuletzt zur Ordnung.

Zu den Dingen, die es zu bewahren galt, gehörte aber unbedingt auch die Erfahrung und Pflege von Gemeinschaft, die jetzt mehr und mehr als Gegenstück zu der als bedrohlich erlebten Individualisierung wahrgenommen wurde. Im Rückblick auf sein langes Naturfreundeleben sagt der 1915 geborene Drucker Hermann Macher: «Das Schönste war, dass man mitgemacht hat, dass man eingereiht war in einen Kreis. Einer hat gesagt: ‹Machst du mit?› Und der andere: ‹Ja, ich mache mit.›»[48]

Die politische Integration der Linken wie auch das Wachstum von Wirtschaft und Konsum stellten die Naturfreundebewegung auf eine Bewährungsprobe. Die unterschiedlichen Zielsetzungen und Bewertungen der eingeschlagenen Wege widerspiegeln die vielfältigen Ansichten und Erfahrungen der Mitglieder. Die meisten teilten überdies wohl nicht nur eine der skizzierten Deutungen; diese bestanden (und bestehen) vielmehr nebeneinander. Dieses Kapitel zeigt anhand von drei zentralen Arbeitsbereichen die Strategien auf, mit denen die Naturfreunde auf die Herausforderungen der neuen politischen Verhältnisse und der Wohlstandsgesellschaft reagierten: als touristische Unternehmer im Wettlauf mit dem steigenden Komfort, als Ausbildner im Sport im Kampf um gesellschaftliche Anerkennung und um Finanzen und als kultureller Verein im Aufbau einer vorab naturkundlichen Laienbildung.

Ferienheime – das Wettrennen mit dem Komfort

«Seien wir uns stets bewusst, dass unsere Hütten die Grundpfeiler unseres Gemeinschaftswerkes bilden und uns dazu anspornen, immer wieder Neues zu schaffen für eine bessere Zukunft.»[49] Mit diesem Appell schloss Walter Wehrli 1947 seinen Leserbrief, in dem er vorschlug, den Bau neuer Hütten zu fördern, und zwar als solidarisches Gemeinschaftswerk «auf dem Weg der Selbsthilfe». Konkret schwebte ihm «eine grosszügige Hüttenbauaktion» vor, bei der eine «Baumarke» zu einem Franken unter den Mitgliedern verkauft werden sollte. Der Vorschlag fand kein Echo. Unbestritten war indessen bei Kriegsende, dass die bestehenden Häuser der Sektionen und des Landesverbands den Ansprüchen der Gäste nicht mehr genügten – und dass hier ein gewaltiger Investitionsbedarf bevorstand.

...... «Der Ruf nach Pensionsmöglichkeiten in unseren Hütten ertönt immer nachhaltiger. Mit Recht verlangt auch die Frau Entspannung von den Hausgeschäften.» ......

Hans Welti, Leiter Häuserwesen, 1946

1946 hatte der Verband ein ambitioniertes Bauprogramm verabschiedet.[30] In der Grundhaltung entsprach es der bereits früher verfolgten Strategie, jene Gebiete zu erschliessen, welche den meisten Mitgliedern wegen des Mangels an günstigen Unterkunftsmöglichkeiten versperrt blieben. Dazu zählten das Engadin, das Tessin und das Wallis – also die beliebtesten Tourismusregionen der Schweiz. Zwar existierten in diesen Landesteilen bereits Unterkünfte, so etwa Cristolais im Oberengadin (Landesverband, 1936 eröffnet), La Ginestra im Tessin (Sektion Lugano, 1941 eröffnet) oder Grimentz im französischsprachigen Teil des Wallis (Landesverband, 1944 erbaut). Gemessen an der Nachfrage boten sie je-

doch zu wenig Kapazitäten oder eigneten sich schlecht als Ferienheime. Aber gerade solche waren je länger, je mehr gefragt. Die Ansichten dazu, was ein Haus zum geeigneten Ferienaufenthalt machte, hatten sich stark gewandelt. So galt Cristolais, das noch vor einem Jahrzehnt als idyllisches Ferienplätzchen gelobt worden war, jetzt als unhygienisch, da in einem Raum geschlafen, gegessen und gekocht wurde.

...... «Die Freunde der Selbstkocher müssen zur Kenntnis nehmen, dass die Überbeanspruchung der Pensionsküche ihre Ursache zur Hauptsache darin hat, dass der Selbstkocher es ausserordentlich bequem findet, am Abend die Hauptmahlzeit beim Hauswart zu beziehen.» ......

Eugen Münch, Leiter Häuserwesen, 1958

Mit dem Hüttenbauprogramm schuf der Verband 1946 die Grundlagen für eine Orientierung an den neuen Bedürfnissen der Feriengäste. Dieser Richtungsentscheid war nicht unumstritten, da er wie schon in der Zwischenkriegszeit anderen Interessen tendenziell entgegenstand: Regionale oder lokale Projekte, die in erster Linie einer Sektion dienten, konnten nicht damit rechnen, aus allgemeinen Verbandsmitteln gefördert zu werden. Zudem fühlten sich die Tourengänger, welche die Häuser für einzelne Übernachtungen nutzten, übergangen. Beide Interessengruppen kämpften in den folgenden Jahren und Jahrzehnten immer wieder für ihre Anliegen.

Die vom Zentralvorstand 1946 verabschiedete Wunschliste künftiger Bauten umfasste Häuser in Grindelwald, auf dem Brünig, auf der Rigi, in Adelboden, im Tessin und in der Westschweiz. Tatsächlich realisiert wurden zunächst nur die Häuser Grindelwald und Brünig. Es scheint bezeichnend, dass gerade diese Projekte von Sektionen geplant und getragen waren und der Verband sich nur mit einem Darlehen beteiligte. Dieses Modell setzte sich, entgegen der generellen Leitlinie im Häuserbau, in den darauf folgenden Jahren durch.

Die Verbandspresse war stets das wichtigste Element des inneren Zusammenhalts und der Werbung gegen aussen. In den 1960er-Jahren erlebte sie eine grundlegende Neuordnung: Der internationale, bildungsorientierte «Naturfreund» wurde eingestellt, ebenso die grossformatige «Naturfreunde-Illustrierte», welche die Mitglieder auf der Strasse verkauft hatten. Die Bildungsaufgabe wollte der Schweizer Landesverband 1961 mit einer Vierteljahresschrift fortsetzen, gab dies jedoch aus finanziellen Gründen bereits 1964 auf. Gleichzeitig erschien eine Monatszeitung «Naturfreund» als Vereinsorgan. 1965 wurden beide Titel vereint. Seither erscheint der «Naturfreund» zweimonatlich und bietet sowohl sportlich-kulturelle Beiträge wie Informationen zu Veranstaltungen. «Naturfreunde-Illustrierte» 1938; «Naturfreund» 1965, 1993, 2003.

La presse de la fédération a toujours été un élément-clé de la cohésion intérieure et de la publicité vers l'extérieur. Elle subit une transformation radicale pendant les années 1960. «L'Ami de la Nature» international et orienté sur l'instruction est abandonné tout comme l'illustré grand format

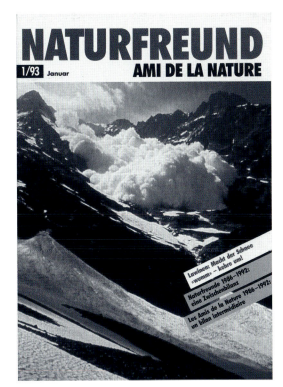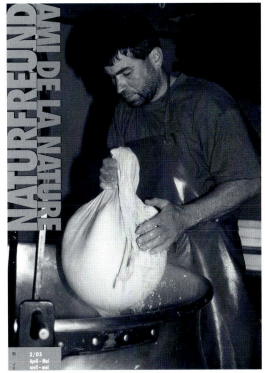

des Amis de la Nature que les membres vendaient jusque-là dans la rue. La fédération nationale entend poursuivre sa tâche pédagogique en lançant une revue trimestrielle, projet qu'elle abandonne dès 1964. En même temps paraît le nouvel organe mensuel du mouvement des Amis de la Nature, «Naturfreund». Les deux titres fusionnent en 1965. Depuis cette date, l'«Ami de la Nature» paraît tous les deux mois et offre des articles sportifs et culturels ainsi que de nombreuses informations sur toutes sortes d'événements. «Illustré des Amis de la Nature» 1938; «Ami de la Nature» 1965, 1993, 2003.

Steigende Nachfrage – veraltete Infrastruktur

Die Aufbruchstimmung im Häuserbau fand vorerst in den Sektionen statt. Die Mittel des Baufonds wurden dadurch restlos aufgebraucht. Die Projekte des Landesverbands blieben dagegen vorerst auf der Strecke. Gleichzeitig erlebten die Naturfreundehäuser in den frühen 1950er-Jahren eine wahre Invasion. War der Anteil der Nichtmitglieder unter den Feriengästen bereits seit 1943 gestiegen, nahm nun der Anteil von Gästen aus Deutschland, Österreich und Holland stark zu. Viele davon waren Naturfreunde und reisten vorzugsweise in Gruppen an. Das führte in manchen Häusern zu chaotischen Zuständen. Das Zentralsekretariat war zeitweise über Wochen mit nichts anderem als der Unterbringung von Gästen beschäftigt, welche anscheinend oft unangemeldet erschienen. Der Ansturm führte zu anhaltenden Klagen der Schweizer Naturfreunde, die sich um das Platz in ihren Hütten bangten sahen. Der Zentralverband erinnerte wiederholt daran, dass die Naturfreunde Glied einer internationalen Bewegung seien, und wies Forderungen nach einer Beschränkung der Plätze für ausländische Gäste zurück.

...... «UNTER DEM DRUCK DER VERHÄLTNISSE WERDEN WIR AUCH NICHT DAVOR ZURÜCKSCHRECKEN DÜRFEN, DAS EINE ODER ANDERE HAUS AUF DEN ‹AUSSTERBE-ETAT› ZU SETZEN.» ......

Otto Schärer, Leiter Häuserwesen, 1969

Die Klagen wegen Überfüllung betrafen allerdings – gemessen am gesamten Hüttenbestand – nur wenige Häuser. Dazu zählten vorab die grösseren und komfortabler eingerichteten. «Lueg ins Land» und «Grimentz» wurden zu beliebten Ferienorten.[51] Das galt auch für einige Sektionshäuser wie jene in Grindelwald und auf Gorneren (beide Sektion Bern). Neben dem Platzmangel führte auch die Verpflegung zu Reibereien. Viele Häuser, die Feriengäste aufnahmen, boten diesen Pension an. Die Klagen richteten sich nicht einfach gegen die Abkehr vom früheren Ideal des Selbstkochens, sondern gegen die angebliche

Bevorzugung der – finanziell lukrativeren – Pensionsgäste durch die Hüttenwarte.[52] Diese standen angesichts der sich rasant verändernden Gästeströme unter grossem Druck. Ähnlich erging es den Hausverwaltungen.

Aus der Sicht des Landesverbands wogen dagegen andere Sorgen weit schwerer: Schon 1946 hatte der damalige Häuserchef Hans Welti vor Augen geführt, dass die Betriebskosten der Häuser seit 1938 um über 100 Prozent gestiegen, die Preise dagegen lediglich um 25 Prozent erhöht worden seien. Dies traf bei vielen Häusern auch in den folgenden Jahren oder gar Jahrzehnten noch zu. Betriebswirtschaftliche Grundregeln wie die Anlage von Reserven für Erneuerungen konnten nicht eingehalten werden. Bei finanziellen Engpässen hofften daher viele Sektionen auf Mittel aus dem Baufonds. Dem Verband fehlten jedoch die Mittel, um die in der Mehrzahl als restlos veraltet geltenden Hütten zu sanieren. Vor allem aber hielt das Ressort Häuserwesen solche Sanierungen schon relativ früh für wenig sinnvoll, mehrfach war die Rede von radikalen Lösungen. Diese bereits in den frühen 1950er-Jahren erkannte Problematik sollte jedoch über Jahrzehnte ohne effektive Lösung bleiben. Die Sektionshäuser wurden nie im grossen Stil abgestossen, sondern so lange als möglich gehalten und erst in den 1990er-Jahren in grösserer Zahl verkauft.

Der lange Weg zum Hotel

Die 1946 formulierte Strategie, den Verband mit neuen Ferienheimen auf dem touristischen Markt besser zu positionieren, kam erst ein Jahrzehnt später zum Tragen – nun unter Führung der 1951 neu zum Vorort bestimmten Sektion Bern. Dem Jubiläumsjahr 1955 fehlte zwar die erwünschte Krönung mit der Eröffnung eines Landeshauses. Immerhin war es aber gelungen, mit dem Bau des ersehnten Hauses im Tessin zu beginnen – der Ca' Mimosa in Caslano. Das als modernstes Naturfreundehaus geltende Ferienheim wurde an Pfingsten 1956 eingeweiht. Als Schlafräume dienten ein Massenlager sowie drei 8-

Das erste Landeshaus im Tessin, die Ca' Mimosa in Caslano.
La première maison nationale au Tessin, Ca' Mimosa à Caslano.

Zeltplatz der Zürcher Naturfreunde am Greifensee, um 1950. Foto: Fritz Hodel.
Camping des Amis de la Nature zurichois au bord du Greifensee, vers 1950. Photo: Fritz Hodel.

Bett-Zimmer, welche später zu 2-Bett-Zimmern umgebaut wurden. Obwohl die zunehmende Nachfrage nach einer Verpflegung im Pensionsstil als erwiesen galt, rechnete die Ca' Mimosa mit einem Anteil von Selbstkochern um 70 Prozent. Bereits nach dem ersten Betriebsjahr erwies sich dies als verfehlt.

Kaum war das Tessiner Haus eröffnet, schien der Gang der Zeit die Naturfreundehäuser noch ärger zu bedrängen und vor revolutionäre Entscheidungen zu stellen. Eugen Münch, der neue Verantwortliche im Ressort Häuserwesen, stellte nüchtern fest: «Die ganze Ferien- und Reisegestaltung geht in eine andere Richtung, das Wandern ist aus der Mode gekommen. Die Motorisierung ist bis weit in die Arbeiterschaft eingedrungen, und das Ferienmachen wird heute anders verstanden als zur Zeit, wo unsere Naturfreundehäuser in der Mehrzahl entstanden sind.»[53] Zudem sei den Naturfreunden in den Gewerkschaften und der Schweizer Reisekasse eine kapitalkräftige Konkurrenz entstanden, welche die neuen Trends aufnehmen und umsetzen könne. Und dieser neue Trend gehe in Richtung Familienferien.

Münch beschrieb damit eine Entwicklung, die de facto bereits um 1953 eingesetzt hatte: Die Förderung von Familienferien war mehr und mehr ins Zentrum sozialtouristischer Bestrebungen gerückt.[54] Als ideales Logis galt aber nicht eine pensionsähnliche Unterkunft, sondern die Ferienwohnung, welche die erwünschte Privatheit ermöglichte. Was diese allerdings nicht bot, war die Entlastung von der Hausarbeit – ein Bedürfnis, das gerade die Verfechter des Volkstourismus herausgestrichen hatten. 1955 begann die Reka mit dem Bau ihres ersten Feriendorfes im Tessiner Dorf Albonago. Die Naturfreunde setzten jedoch nicht auf Ferienwohnungen, sondern blieben dem Modell des gemeinschaftsbildenden und kostengünstigen Hauses treu. Allerdings sollte dieses noch stärker als bisher dem Niveau einer Pension angeglichen und familienfreundlich werden.

Die zweite Eroberung von Zermatt

Ein Projekt, das den ideellen Zielsetzungen in jeder Hinsicht entsprach, war das bereits in Planung stehende Haus in Zermatt. Der Landkauf war 1955 erfolgt, 1958 bekräftigte der Zentralvorstand das Bauvorhaben, liess Pläne zeichnen und fällte 1960 den generellen Baubeschluss. Nach über zweijähriger Bauzeit und unzähligen technischen und organisatorischen Behinderungen konnte das Haus im Herbst 1962 eröffnet werden. Das Zermatter

Ferienheim, das zunächst noch nicht als Naturfreundehotel bezeichnet wurde, vollzog den Schritt in diese Richtung weit deutlicher als die Ca' Mimosa. Es war mehrheitlich für Pensionsgäste eingerichtet und verfügte über eine leistungsfähige Küche. Allerdings stellte es den Selbstkochern noch eine eigene Küche zur Verfügung, um so einen günstigeren Aufenthalt zu ermöglichen. Noch deutlicher zeigte sich die neue Ausrichtung in der Raumaufteilung: Das Haus verfügte über 101 Betten in so genannten Ferienzimmern, welche Einzelpersonen, vor allem aber Familien, einen in den Hütten meist nicht existierenden privaten (Schlaf-)Raum boten. Gleichzeitig waren im Dachstock des Hauptgebäudes auch 30 Matratzenlagerplätze vorhanden, die vor allem den Bedürfnissen der Bergsteiger entgegenkamen, für die das Zermatter Haus Ausgangspunkt zu einem der schönsten Tourengebiete der Schweiz war.

...... «Der Anlass einer Hauseinweihung ist auch der Anlass zu einer kurzen Besinnung darauf, wo wir als Naturfreunde-Organisation stehen. Denn der Bau eines solchen Hauses wie hier in Zermatt ist in der Entwicklungsgeschichte des Verbands zweifellos eine jener Stellen, wo ein neuer Abschnitt beginnt, weil der bisherige beendet ist.» ......

Werner Lobsiger, Leiter Kurswesen, 1962

In Zermatt verwirklichte der Landesverband erstmals die Vision eines kostengünstigen Hotels an erstklassiger Lage. Das Haus florierte über Jahrzehnte. Erst in jüngster Zeit geriet es in finanzielle Schwierigkeiten. 2004 wurde der Konkurs eröffnet.

A Zermatt, la fédération nationale concrétise pour la première fois la vision d'un hôtel avantageux dans une station huppée. L'établissement sera un succès pendant de nombreuses années. Mais des difficultés financières sont apparues ces dernières années qui ont conduit en 2004 à la faillite de l'hôtel.

Mit dem Bau allein war der Schritt zum Hotel allerdings noch nicht getan. Neben der Küche für Selbstkocher und dem Matratzenlager lebten herkömmliche Auffassungen auch da fort, wo es um Charakter und Stil des Betriebs ging. Das weiss niemand besser als Alma Gloor, die das Haus zusammen mit ihrem Mann Max Gloor von Beginn weg bis 1978 führte. Alma Gloor erzählt: «Als es dann um die Anschaffung des Geschirrs ging, fragte mich der Häuserchef, was es denn brauche. ‹Ja›, sagte ich, ‹grosse Teller, Frühstücksteller, Suppenteller.› Da unterbrach er mich und meinte, ob denn Suppenteller nicht genügten. Ich antwortete ihm, unsere Familie würde sich schon ein Service leisten, aber wenn er den Gästen nur Suppenteller für alle Mahlzeiten geben wolle ... es gab dann schliesslich verschiedene Teller!»[55] Über die Jahre entfernte sich die Tischkultur immer weiter vom Hüttenstil. Doch jeder Schritt wollte erkämpft sein. Mit der Zeit konnte Alma Gloor schliesslich durchsetzen, Tischsets oder sogar Tischtücher verwenden zu dürfen.

Die ersten Geranten des Zermatter Hauses, Alma und Max Gloor, zusammen mit ihrem Personal, 1962.

Les premiers gérants de la maison de Zermatt, Alma et Max Gloor, entourés du personnel, 1962.

Ein anderes Feld der Auseinandersetzung war der Ausschank von Alkohol. Bei Betriebseröffnung war dieser untersagt. Die Geranten Gloor stellten jedoch bald einmal fest, dass ihre Gäste selbst gekauften Wein in den Zimmern konsumierten. Damit entging ihnen eine Einnahmequelle, die angesichts der äusserst knappen Kalkulation der Pensionspreise sehr willkommen gewesen wäre. Ähnliche Probleme kannten auch andere Naturfreundehäuser. Ab 1968 erteilte der Zentralvorstand Ausnahmebewilligungen für den Alkoholausschank.[56]

Das Zermatter Haus galt bei seiner Eröffnung als Prunkstück, und es erfüllte tatsächlich die hohen Erwartungen. Nach wenigen Jahren wurde es zu einem gut frequentierten und rentablen Ferienheim. Das war nicht selbstverständlich, denn zum einen hatte das Haus zu Beginn erhebliche Widerstände und feindselige Einstellungen zu überwinden. Bereits der Landkauf von einem mit der Gemeinde zerstrittenen Bauern sorgte für Unmut. Der Verband baute sodann mit einem auswärtigen Architekten. So war in Zermatt kaum jemand gut zu sprechen auf die Neuankömmlinge, die zudem der Kirche fern standen. Alma Gloor erinnert sich, dass sich der Zermatter Pfarrer trotz Einladung weigerte, das Haus einzusegnen. Es gelang dem Gerantenpaar schliesslich, die Vorbehalte durch eine gute Betriebsführung zu überwinden. Dazu zählte auch die Kunst, mit einem äusserst bescheidenen Pensionspreis von anfänglich 9.20 Franken zu wirtschaften.

Zum andern hatte das Zermatter Haus auch bei den eigenen Mitgliedern deutlichen Protest und Zweifel ausgelöst. Dies vor allem wegen der auf 1,2 Millionen Franken projektierten (und 1,3 Millionen betragenden) enormen Baukosten. Zudem hatte der statutengemäss zuständige Zentralvorstand in den Augen zahlreicher Mitglieder den Entscheid nicht genügend abgestützt und kommuniziert. So war insbesondere unklar geblieben, wie hoch der Anteil der investierten Eigenmittel tatsächlich war. An der Landesdelegiertenversammlung 1960 lagen daher verschiedene Anträge vor, welche verlangten, zukünftig grössere

Speisesaal im Zermatter Haus, 1962.
Salle à manger de l'hôtel de Zermatt, 1962.

Finanz- und Bauentscheide der Versammlung vorzulegen. Verschiedene Redner verlangten Auskunft über die Finanzierung des Zermatter Hauses. Aus den Erklärungen der Landesleitung ging schliesslich hervor, dass die Eigenfinanzierung des Hotels mit 160 000 Franken (13,3 Prozent der projektierten Kosten) den üblichen Mindestprozentsatz von 20 Prozent deutlich unterschritt. Die Verbandsleitung argumentierte indessen, dass die vom Schweizerischen Lithographenbund eingeschossenen Mittel von ebenfalls 160 000 Franken bankseitig als Eigenmittel anerkannt würden. Allerdings vermochte dies kühl rechnende Mitglieder nicht zu überzeugen, denn dieses Kapital war zu 3,5 Prozent zu verzinsen. Das notwendige Fremdkapital schossen die Schweizer Reisekasse und die Genossenschaftliche Zentralbank (heute: Coop Bank) ein. Das Zermatter Haus hatte daher eine vergleichsweise hohe Zinsenlast zu tragen und Schulden abzubauen.

Die Komfortspirale dreht sich weiter

Der Zentralvorstand (und die Verbandsleitung) entschieden 1960 risikofreudig. Was sie beflügelt haben dürfte, waren die ausserordentlich gute Lage des Hauses und die damals unglaublich rasch wachsende Wirtschaft. Nebst der guten Führung des Hauses, knapper Kalkulation und günstigen Preisen dürfte die Hochkonjunktur der 1960er-Jahre das Unternehmen angekurbelt haben. Der Verband steuerte denn auch umgehend auf neue Ziele zu: Der Bau eines ähnlichen Ferienhotels auf Cristolais und ein Westschweizer Haus galten als vordringlich. Gleichzeitig war aber auch die Kehrseite der steigenden Konjunktur zu spüren: Die in den 1940er-Jahren erstellten Landeshäuser und sogar die 1954 erbaute Ca' Mimosa genügten den Gästeanforderungen vielfach nicht mehr. Vordringliches Problem waren die zu grossen Schlafsäle. «Ca' Mimosa», «Grimentz» und «Lueg ins Land» wurden in mehreren Etappen umgebaut.[57] Veraltete Strukturen wiesen auch die Veteranen unter den Häusern auf, jedoch bestand hier nicht mehr das Ziel, diese auf den Stand moderner Ferienheime zu bringen. Das Säntishaus rentierte dank Parkplatz als Ausflugslokal und später dank der Einquartierung von Militär. Die Reutsperre galt als Heim für kinderreiche Familien und in diesem Sinn als gemeinnützige Einrichtung. Dieses Haus erwirtschaftete bereits ab etwa 1960 keine Überschüsse mehr. Amortisationen und dringende Verbesserungen von sanitären Einrichtungen und Küche wurden aus allgemeinen Verbandsmitteln finanziert.

Verschiedene Sektionen realisierten Neubauten. Bau und Einweihung des Hauses «La Haute-Borne» der Sektion Delémont, 1955.
Diverses sections construisent de nouvelles maisons. Construction et inauguration de la maison «La Haute-Borne» appartenant à la section de Delémont, 1955.

Die unheilvolle Kombination von uferlosen Kosten für Renovationen und prekären finanziellen Verhältnissen belastete aber vor allem eine Mehrzahl von Sektionshäusern. Ende der 1960er-Jahre mahnte die Verbandsleitung noch dringlicher als früher zum Schuldenabbau und zu Rückstellungen, um den steigenden Komfortansprüchen gerecht zu werden. Der befürchtete Aderlass setzte jedoch nicht zuerst bei den Sektionshäusern ein, sondern bei den Liegenschaften des Landesverbands. In einer internen Studie zur Zukunft des Verbands von 1969 diagnostizierte der Verfasser, Zentralsekretär und Finanzchef Werner Weber, erhebliche strukturelle Probleme bei den Landeshäusern: Das tatsächliche Eigenkapital betrug lediglich 17,8 Prozent; rechnete man die Darlehen aus anderen Verbandsmitteln und der Unfallkasse hinzu, so waren es 28,8 Prozent.[58] Das zweite Problem ortete Weber in der Führung, die dringend professionalisiert werden müsse. Bis anhin war diese ehrenamtlich geleistet worden, entsprach aber einer 50-Prozent-Beschäftigung. Der verantwortliche Häuserchef Otto Schärer konnte diese Arbeit nur darum leisten, da er im Rentenalter war. Weber schlug vor, die Häuser in eine Immobiliengesellschaft auszulagern und professionell führen zu lassen. Die erforderlichen Mittel müssten die Häuser selbst erwirtschaften. Auch ein wesentlicher Teil der ehrenamtlich geleisteten administrativen Arbeiten war bis zu diesem Zeitpunkt nicht verrechnet worden oder lag in den Händen des Verbands, der beispielsweise als Reservierungsstelle fungierte. Weber zeigte weiter auf, dass der Betriebserlös der Häuser – mit Ausnahme von Zermatt – im Verhältnis zum investierten Kapital zu tief war. Konkret gesprochen konnten die Kosten für Verzinsung, Abschreibung und allgemeinen Aufwand nur knapp gedeckt werden.

...... «Der Landesverband kann nicht darauf verzichten, mit den Bedürfnissen der Zeit zu gehen. Es gehört dies zu unserer Vereinsaufgabe, mitzuhelfen, dass unselbständig Erwerbende mit ihren Familienangehörigen die Ferien- und Freizeit auf unseren Naturfreundehäusern zu Preisen verbringen, die verantwortet werden können.» ......

Eugen Münch, Leiter Häuserwesen, 1960

Grenzen des Milizsystems

Trotz den erwähnten Problemen blickte man 1969 noch optimistisch in die Zukunft. Die Ausbaupläne umfassten weiterhin ein Ferienheim auf Cristolais und in der Westschweiz, ausserdem wollte man in Scuol im Unterengadin sesshaft werden, wo der Verband seit einigen Jahren ein Grundstück besass. Bereits drei Jahre später war die Zuversicht deutlich geringer. Peter Fankhauser, der das Amt des Häuserchefs 1969 übernommen hatte, verwies auf steigende Hypothekarzinsen, Baukosten und Liegenschaftspreise. Das lasse im Hinblick auf Neubauten «mit Sorge in die Zukunft» blicken.[59] Tatsächlich häuften sich nun die Schwierigkeiten. 1974 beschloss der Verband, eine Gesamtkonzeption des Häuserwerks erstellen zu lassen. Als erste Massnahme beschloss der Zentralvorstand in der Folge, die Aufgaben des total überlasteten Ressorts auf mehrere Personen zu verteilen. Ein weiteres Defizit lag in der zu geringen Eigenwirtschaftlichkeit, die ebenfalls bereits 1969 angemahnt worden war. Der Zentralvorstand erhöhte daher die Preise auf ein marktgerechtes Niveau; weiter gab er den Alkoholausschank frei. Diese Massnahmen führten in einigen Häusern zu verbesserten Rechnungsergebnissen, ohne dass der Aufwand für weitere bauliche Verbesserungen sowie die Betriebsdefizite aufgewogen worden wären. Mitte der 1970er-Jahre führte kein Weg mehr an der Einsicht vorbei, dass die Landeshäuser als Ganzes allein dank den Gewinnen des Zermatter Hauses nicht in den roten Zahlen steckten. Aber es kam noch schlimmer: Die betriebswirtschaftliche Durchleuchtung brachte zutage, dass keines der Häuser den Grundsatz der Eigenwirtschaftlichkeit erfüllte. Gerade dies verlangten aber die Zentralstatuten seit 1975. Wären die Betriebsabrechnungen nach modernen Grundsätzen erfolgt, so hätte man längst festgestellt, «dass unser Häuserwesen schon seit langem nicht selbsttragend ist», hielt das Jahrbuch 1975–1977 fest.[60] So wurden Leistungen des Zentralverbands wie Planung, Publizität sowie technische und administrative Dienstleistungen den einzelnen Betrieben nicht in Rechnung gestellt. Die Bilanz fiel hart und nüchtern aus: «Mit der Inbetriebnahme hotelähnlicher Objekte – also dem Übergang von Clubhütten zum neuzeitlichen Ferienzentrum – betraten wir Neuland. Dies war damals zweifellos eine Pionierleistung, doch muss man sich trotzdem ganz ernsthaft fragen, ob die Grenzen unseres Milizsystems in bezug auf Geschäftsführung und Verwaltung nicht überschritten wurden. [...] Die damalige Euphorie ist der Sorge um den Weiterbestand unserer Häuser gewichen, und es obliegt der heutigen Geschäftsleitung, ebenso mutige Entscheidungen wie damals zu treffen, jedoch in umgekehrter Richtung.»[61]

Nach 1950 standen viele Häuser unter Modernisierungsdruck. Das 1932 eröffnete «Albishaus» des Zürcher Stadtverbands wurde 1961 um eine Jugendstube erweitert. Einweihung, 1961. Foto: Albert Georgi.

Après 1950, de nombreuses maisons subissent la pression de la modernisation. La maison «Albis» de l'association municipale zurichoise sera rénovée et agrandie en 1961. Inauguration 1961. Photo: Albert Georgi.

Veteranentreffen, Oktober 1951 im «Albishaus». Zweiter von rechts: Hermann Scheunpflug, Mitbegründer der Ortsgruppe Zürich.
Réunion de vétérans, octobre 1951 dans la maison «Albis». Deuxième à partir de la droite: Hermann Scheunpflug, cofondateur du groupe local de Zurich.

Trotz enorm gespannter Finanzlage entschloss sich der Zentralvorstand aber 1974 zum Kauf des Hôtel des Sports in Champéry, um so das seit langem bestehende – und immer dringlicher – eingeforderte Versprechen eines Landeshauses in der Romandie einzulösen. Die Kaufempfehlung an den Zentralvorstand fiel der Häuserkommission und der Geschäftsleitung allerdings schwer. Schliesslich überwog das Bedürfnis, verbandsinterne Spannungen zu überwinden, die wirtschaftlichen Bedenken. Entgegen der schon länger geforderten und an der Delegiertenversammlung 1975 zum Beschluss erhobenen Forderung, die Landeshäuser hätten eigenwirtschaftlich zu sein, war im Fall von Champéry bereits beim Kauf klar, dass eine «Starthilfe mindestens in den ersten Jahren notwendig» war.[62] Tatsächlich resultierten aus dem aufwändig renovierten und 1976 eröffneten Haus enorme Defizite. Zusammen mit den Verlusten in den anderen Häusern – nach wie vor mit Ausnahme des Zermatter Hauses – führte dies zu anhaltend negativen Abschlüssen des Häuserwesens. Die waren 1978 so gross, dass auch die Gesamtrechnung des Verbands in die roten Zahlen geriet. Jetzt waren die grossen Entscheide nicht mehr zu umgehen. Der Zentralvorstand fasste am 16. Juni 1979 den Grundsatzentscheid, auf den Betrieb eigener Häuser zu verzichten. Davon ausgenommen waren nur jene Betriebe, welche eigenwirtschaftlich funktionierten. Das traf nur auf Zermatt zu, das in der Folge 1980 in eine Aktiengesellschaft mit dem Landesverband als Alleinaktionär überführt wurde. Die anderen Liegenschaften sollten schnellstmöglich verkauft werden. Dies war jedoch erst im Lauf der nächsten vier Jahre möglich (siehe Chronologie im Anhang). Die angefragten Sektionen zeigten wenig Interesse, schliesslich fanden aber doch vier Häuser hier ihre neuen Besitzer. In der Westschweiz bildete sich massive Opposition gegen den Verkaufsentscheid wie auch gegen die 1981 beschlossene (und 1982 durchgeführte) Erhöhung der Mitgliederbeiträge. Diese war unumgänglich geworden, nachdem der Verband 1981 zur Deckung der weiterhin anfallenden Defizite erstmals die Reserven heranziehen musste; bisher war dies durch das freie Eigenkapital möglich gewesen. Die schwierige Finanzlage war allerdings nicht allein den Landeshäusern zuzuschreiben. Sie war auch ein Resultat der über Jahrzehnte kaum der Teuerung angepassten Mitgliederbeiträge. Das hatte der interne Finanzbericht bereits 1969 festgestellt. Seither waren leichte Erhöhungen erfolgt. Doch die jetzt präsentierten Berechnungen mussten erschreckend wirken: Zwischen 1955 und 1981 waren den Naturfreunden durch Verzicht auf Teuerungsausgleich rund vier Millionen

Franken entgangen. Wenn man der Berechnung gar den Lohnanteil zugrunde legte, den ein Mitglied 1939 pro Jahr bezahlte, so hätte der Verband in den vergangenen 42 Jahren Mehreinnahmen von rund 20 Millionen Franken gehabt.[63]

Sport – «Endlich von der Aussenwelt zur Kenntnis genommen»

Die Entschlossenheit, mit der die Verantwortlichen für die sportliche Ausbildung im Landesverband in den 1950er-Jahren eine neue Ausrichtung ihres Ressorts anstrebten und erreichten, ist bemerkenswert. Mit dem Wechsel des Vororts nach Bern übernahm, wie fast in allen Bereichen, auch im Kurswesen ein neues Team die Führung. Dessen Ziel war von Anfang an klar: Es galt, aus der als überlebt und isolierend empfundenen Bindung an den Sozialismus auszutreten und endlich «von der Aussenwelt zur Kenntnis genommen» zu werden.[64] Die «Aussenwelt» waren in diesem Fall die bürgerlichen Sportverbände und die staatliche Sportförderung. Namentlich: der Schweizer Alpen-Club (SAC), der Schweizerische Verband für Leibesübungen (SLL), das Eidgenössische Militärdepartement als oberste Sportbehörde sowie die vom Bund betriebene Sportschule in Magglingen. Die ersten Schritte in dieser Richtung hatte der Verband zwar bereits unter der früheren Kursleitung unternommen. Seit 1946 erhielt er eine bescheidene Subvention der Sportschule Magglingen. Die seit 1947 angestrebte Aufnahme in den SLL war bislang nicht gelungen. Der Verband erreichte dies erst 1958 – sozusagen als endliches Zeichen der ersehnten Anerkennung.

...... «Die Tourenleiter sollen nicht nur (wie die üblichen Bergführer) Weg und Steg kennen, sondern auch über Wirtschaft, Politik, Geologie, Pflanzen- und Tierwelt ihres Gebietes Auskunft geben können und freundschaftliche Beziehungen zur Bergbevölkerung pflegen.» ......
Mathis Margadant, Leiter Kurswesen, 1944

Der erste Schritt auf dem ab 1951 eingeschlagenen Weg der Integration war eine totale Absage an Stil und Ausrichtung des bisherigen Kurswesens. Das fiel dem Berner Führungsteam, dem seit 1951 auch ein Vertreter der Union romande des Amis de la Nature (URAN) angehörte, nicht schwer. In den 1940er-Jahren hatten zuerst Friedel Niederer und später Mathis Margadant der Ski- und Bergsteigerausbildung ein eindeutig sozialistisches Gepräge verliehen. Friedel Niederer, die als erste (und bislang einzige) Frau das Kurswesen während der Kriegsjahre führte, formulierte dessen Ausbildungsziele 1942 folgendermas-

Die ab 1950 gegründeten Kantonalverbände sind bis heute wichtige Träger des sportlichen Kursangebots. Links: Kompasslauf im Zürcher Oberland, 1986. Rechts: Eiskurs auf dem Morteratschgletscher, 1987. Foto: Fred Gebs.

Les associations cantonales fondées à partir de 1950 sont restées jusqu'à aujourd'hui d'importants supports de l'offre en cours sportifs. A gauche: course d'orientation dans l'Oberland zurichois, 1986. A droite: cours d'escalade sur glace sur le glacier de Morteratsch, 1987. Photo: Fred Gebs.

sen: «Nicht nur technisch sollen die Kursleiter Könner sein, ihre Aufgabe ist es, auch als aktive Kämpfer für die Sache der Arbeiterklasse voranzugehen.»[65]

Solche Ziele wiesen die neuen Kursverantwortlichen weit von sich. Im Bekenntnis zum Sozialismus sah Werner Lobsiger, Leiter des Arbeitsausschusses Skifahren und ab 1962 Ressortchef, einen längst überholten Standpunkt. Die Naturfreunde hätten, so meinte er mit Blick auf die 1940er-Jahre, viel zu lange eine politische Linie verfolgt und damit eine Isolation bewusst in Kauf genommen. Aus dieser galt es nun auszutreten. Ein erster entscheidender Schritt war die Kontaktnahme mit dem SAC und die 1955 einsetzende Zusammenarbeit im Rettungswesen. Die Distanzierung zeigte sich auch in der verwendeten Sprache: Nicht zufällig verzichtete der Ressortleiter bereits zu Beginn der 1950er-Jahre in den Jahresberichten auf die bisher übliche Anrede als «Genosse». Die Berichterstatter anderer Ressorts und die Zentralpräsidenten behielten diese dagegen noch bis in die späten 1950er-Jahre bei und ersetzten sie dann teilweise durch das in Gewerkschaftskreisen übliche «Kollege».

...... «Das Jahr 1955 stand im Zeichen der Aktivierung des alpinen Rettungswesens, verbunden mit einer ersten, aber bereits sehr intensiven Fühlungnahme mit dem Schweizer Alpen-Club. Dadurch trat der ‹Touristenverein Die Naturfreunde› aus einer jahrzehntelangen Isolation heraus.» ......

Werner Lobsiger, Leiter Kurswesen, 1955

Neben der neuen Orientierung nach aussen wurde das Ressort selbst stark ausgebaut und in Arbeitsausschüsse (später: Fachausschüsse) untergliedert. Diese entsprachen den drei schon zuvor bestehenden Bereichen Bergsteigen, Skifahren und Kartenlesen. 1955 kam das Wasserwandern (bisher: Unterverband Paddler und Zeltler) hinzu. Während diese wie auch das Kartenlesen vergleichsweise wenig Ausbildungskurse anboten, entfalteten die Sparten Ski und Bergsteigen bald ein starkes Eigenleben. Sie wurden zu grossen Untergruppen, die ihre Ausbildungskurse, Treffen und Veranstaltungen weitgehend in Eigenregie organisierten.

Der Aufbau des Kurswesens fand bis 1956 in einer Zeit anhaltender parteipolitischer Auseinandersetzungen und verbandsinterner Ausmarchungen statt. Nicht von ungefähr betonte der Leiter des Arbeitsausschusses Bergsteigen noch 1958, wie gut sich dieser Bereich entwickelt habe und dass man endlich über ein Kader – also Tourenleiter – verfüge. Und er distanzierte sich noch einmal in Andeutungen von früheren Zeiten – de facto von Margadant –, als die Bergsteigerausbildung «unter sehr einseitigen, extrem politisch-technischen Aspekten erfolgt sei». Diese Bemerkung bezog sich auf einen merkwürdigen Streit über die Gebirgstechnik, welche beim Wechsel des Vororts nach Bern die Gemüter erhitzt hatte. Damals galt die Vielfalt der regional unterschiedlichen Techniken als Problem, welches die Naturfreunde-Bergsteiger uneins mache. Angeblich habe Margadant lediglich die Bündner Technik gelehrt, von der sich die bernische total unterscheide. Tatsächlich durfte sich dahinter ein politisch motivierter Streit verborgen haben und der Umstand, dass damals kein einziger Berner zum Bergsteigerkader gehört hatte. Mittlerweile aber hatte die Sparte Bergsteigen Hochleistungssportler vorzuweisen. So nahmen 1956 die beiden Kursleiter Dölf Reist und Ernst Reiss an einer Himalaya-Expedition teil, nachdem eine Sammlung in den Sektionen ihre Reise ermöglicht hatte.[66] Ihre Taten wurden zu Leistungsausweisen der Sparte Bergsteigen. Sie standen idealtypisch für die Bergsteigerphilosophie als männliches Kameradschafts- und Belastungsritual.

Aushängeschild Skischule

Mit Abstand die grösste, geradezu atemberaubende Tätigkeit entfalteten die Naturfreunde-Skifahrer. Dieser erste Bereich sportlicher Ausbildung des Verbands wandelte sich nach 1950 in eine Art Fachstelle für Skileiter und -instruktoren, die sie sowohl technisch wie als Führungspersonen ausbildete. Vorkurse, eigentliche Ausbildungskurse sowie Wiederholungskurse gehörten zum jährlichen Programm. Die dafür verwendeten Abkürzungen – wie «SL-Nachholer-WK» oder «SL-AK» – erinnern an militärische Usanzen. Die meisten Kurse wurden von bereits ausgebildeten, eigenen Leitern durchgeführt. Als Topkaderschulung diente die Teilnahme am so genannten Zentralkurs des Interverbands für Skilauf.

Weiter trat der Arbeitsausschuss Skifahren als Organisator des jährlichen Arbeiter-Skirennens auf sowie als Veranstalter der von der Naturfreunde Internationale (NFI) ausgeschriebenen Internationalen Wochenskikurse (meist in Grindelwald). Schliesslich vertraten Ausschussmitglieder den Verband auch auf einschlägigen internationalen Tagungen, welche die Naturfreunde Internationale oder andere Ski- und Sportorganisationen veranstalteten. Der Wert dieser Treffen dürfte vor allem im Austausch von praktischen Erfahrungen und organisatorischer Koordination gelegen haben. Grundsätzliche Erörterungen scheinen dagegen nicht unbedingt die Sache der Skifahrer gewesen zu sein. So fiel es 1959 dem Berichterstatter nach eigenem Bekunden nicht schwer, das Ergebnis einer solchen Diskussion in zwei Sätzen festzuhalten: «Es gibt keine spezielle Naturfreunde-Skitechnik» und «Die Fachausschüsse Skifahren haben die Aufgabe, alle Naturfreunde skifahrerisch zu betreuen.»[67]

Mit der Ausbildungstätigkeit im Skisport erreichten die Naturfreunde nicht nur fachliche Anerkennung, sondern auch ein breites Publikum. In den 1960er- und 1970er-Jahren dürften sie für ihre Skischule ebenso bekannt gewesen sein wie für ihre Häuser. Ihre Kundinnen und Kunden waren immer häufiger Jugendliche. Gewerkschaften und andere Organisationen wandten sich zunehmend an die Naturfreunde auf der Suche nach Ski- und Sportunterricht für ihre jugendlichen Mitglieder. Das überforderte rasch die Kapazitäten des nach wie vor auf dem Milizsystem basierenden Ausbildungsangebots. In den späten 1960er-Jahren waren Touren-, Kurs- und Skileiter plötzlich Mangelware, und der Ressortleiter klagte über eine Arbeitsbelastung, die nebenamtlich kaum mehr zu bewältigen sei. Der Verband war mittlerweile in den neu unter der Bezeichnung «Jugend und Sport» (J + S) organisierten militärischen Vorunterricht des Bundes integriert. Bisher war dieser nur auf junge Männer ausgerichtet gewesen, neu wollte der Bund auch die sportliche Betätigung der weiblichen Jugend fördern. In den Sparten Bergsteigen und Wandern spannte er dabei die Naturfreunde ein.

Über mangelnde Anerkennung konnte sich der Verband in den 1970er-Jahren nicht mehr beklagen. Das drückte sich einerseits in den deutlich angestiegenen Subventionen aus, aber auch darin, dass der Bund ihn 1971 in die Vernehmlassung über eine neue Gesetzgebung betreffend die Förderung von Turnen und Sport einbezog. Die Naturfreunde sprachen sich dabei insbesondere für einen Wechsel des Sportunterrichts vom Militärdepartement ins Departement des Innern aus. Das kam nicht ganz aus dem Nichts. Bei aller Suche nach gesellschaftlicher Anerkennung und trotz einer unverkennbaren Nähe zu militärisch anmutenden Gepflogenheiten in den eigenen Reihen signalisierten die Naturfreunde mit der Anregung, die staatlich geförderte Sportausbildung einem zivilen Departement zuzuordnen, eine eigenständige Haltung.

Die Fotoamateure organisierten sich 1955 in einer nationalen Vereinigung. Das förderte die Gründung zahlreicher lokaler und kantonaler Fotogruppen. Öfters stiessen auch Mitglieder des früheren Arbeiter-Fotografen-Bunds zu den Naturfreunden. Aus- und Weiterbildung sowie ein jährlicher thematischer Wettbewerb setzten die Akzente. Aufnahme von Ernst Borer, Fotogruppe Zürich, 1970er-Jahre.

Les photographes amateurs organisent leur première réunion en 1955. Cette initiative sera à l'origine de la création de nombreux groupes de photo locaux ou cantonaux. Beaucoup d'anciens membres de l'Union des travailleurs photographes rejoignent les rangs des Amis de la Nature. L'accent est surtout mis sur la formation continue et sur un concours thématique annuel. Photo: Ernst Borer, groupe photo Zurich, années 1970.

Alte Ideale neu interpretiert

Obwohl die einzelnen Sportdisziplinen mehrheitlich durch ihre umfangreichen Aktivitäten glänzten, legten die Leiter des Kurswesens – gerade angesichts der Neuorientierung in den 1950er-Jahren – Wert auf die Feststellung, dass dadurch die Ideale der Bewegung nicht verraten würden. Sport sei kein Selbstzweck, riefen sie den alten Grundsatz in Erinnerung. Das Kursreglement von 1956 hielt fest, die Kurse seien Mittel, um die allgemeinen Vereinsziele zu erreichen, nämlich die Erkenntnis der Natur, der ihr zugrunde liegenden Gesetze, woraus die Liebe zur Natur als «Quelle seelischer Erholung» geweckt und ein Gegengewicht zu einer bloss materiellen Lebenseinstellung geschaffen werde.[68]

Die Leiter des Ressorts erblickten in dieser kulturellen Mission auch die tiefere Bedeutung des Kurswesens: Trug es durch seine praktischen Leistungen ohnehin schon wesentlich zu Bestand und Weiterentwicklung des Verbands bei, so erfüllte es auch deren «Aufgabe als kulturelle Organisation der Arbeiterbewegung». «Denn», so erklärte Werner Lobsiger 1962, «der Sport ist heute ein Kulturfaktor ersten Ranges – und wo er das nicht ist, hat er keine Existenzberechtigung.»[69]

...... «ES GILT VOR ALLEM, DER DURCH TECHNIK UND TEMPO VERURSACHTEN ENTFREMDUNG UND ENTFERNUNG DES MENSCHLICHEN WESENS ZU STEUERN. ES IST EIN GEBOT DER STUNDE, AUF DAS NATURERLEBEN ALS AUSGLEICH ZUR TÄGLICHEN ARBEIT NICHT NUR HINZUWEISEN, SONDERN TATSÄCHLICH HINZUFÜHREN.» ......
Albert Baer, Leiter Kurswesen, 1956

Ein Jahrzehnt später war die Lage weit weniger klar, und das Ressort sah sich vor neuen Herausforderungen: «Noch vor einem Jahrzehnt lagen die Forderungen der Sport- und Kulturverbände anders als heute. Das vordergründige Schlagwort hiess dank der Verkürzung der Arbeitszeit nur Freizeitgestaltung: Hinaus mit den Menschen aus Stadt und Staub, aus Büro und Betrieb, hinaus zu Sport und Spiel, zu Rast und Ruhe!» Wenngleich dies auch weiterhin notwendig sei, so könnten sich die Naturfreunde mit der Rolle der «Freizeitorganisation mit einigen ‹unmodernen› Idealen» nicht zufrieden geben. Trotz, oder gerade wegen, der unterdessen erreichten allgemeinen gesellschaftlichen Anerkennung ortete der Ressortchef Lobsiger neuen Bedarf an geistiger Aufgeschlossenheit: «Die Zeit des Schneckenhausvereins ist vorbei; wir sind mit allen andern entsprechenden Organisationen in ein gesamtes Geschehen eingespannt, welches – im Hinblick auf den Umweltschutz – nicht nur nationale, sondern weltweite Bedeutung hat.»[70]

Ab 1969 betreute das Ressort Kurswesen neben den sportlichen Fächern auch die zuvor im Ressort Bildung zusammengefassten kulturellen Arbeitsgebiete respektive die hier aktiven Gruppen. Dazu zählten die seit 1954 auf nationaler Verbandsebene organisierten Fotografen und vor allem die ebenfalls seit Mitte der 1950er-Jahre aktiven Fachgruppen für Natur- und Pilzkunde. Seit 1960 existierte zudem eine Kommission für Naturschutz. Die Beschäftigung mit der «Natur» bekam allmählich neue Inhalte und einen veränderten Stellenwert, nicht zuletzt auch infolge der Verankerung von Natur- und Umweltschutz in der Bundesgesetzgebung nach 1970.

Natur – vom Bildungsziel zum Politikum

«Die Schweizer Naturfreunde sind, was die Bildung von Naturkunde-Gruppen anbetrifft, hintennach. Abgesehen von den Pilzlergruppen existiert bei uns noch nichts in dieser Richtung.»[71] So begann 1948 ein Aufruf im «Berg frei», sich bei einem neu gebildeten Ausschuss für Naturkunde zu melden. Als Kontaktperson zeichnete der Zürcher PdA-Sekretär Willi Engeli. Er selbst leitete im Zürcher Stadtverband die Untergruppe der Pilzler, und dies mit Erfolg. Diese Gruppe hatte sich kurz nach Bildung des Stadtverbands neu gegründet. Unter den Mitgliedern waren zahlreiche Personen, die zuvor in den Sektionen Albisrieden und Wiedikon aktiv gewesen waren. Diese galten – wie die neu gegründeten Pilzler – in jenen Jahren als links, das heisst als Gruppen, in denen die Funktionärinnen und Funktionäre mehrheitlich Mitglieder oder Sympathisanten der PdA waren. So sass im Vorstand der Sektion Albisrieden damals nur ein Sozialdemokrat.[72]

Das Engagement der kommunistischen Minderheit für Pilz- und Naturkunde macht hellhörig: Entstand hier etwa ein neues Kampffeld – oder nur ein Refugium, als mit Beginn des Kalten Kriegs die PdA-Mitglieder unter den Naturfreunden immer stärker unter Beschuss gerieten? Jedenfalls scheinen naturkundliche Themen in jenen Jahren auf wachsendes Interesse gestossen zu sein. So fanden 1946 in den Sektionen erstmals mehr naturwissenschaftliche Vorträge (115) statt als politisch-gewerkschaftliche (99), eine Tendenz, die sich in den folgenden Jahren deutlich verstärkte. Der Fachausschuss Naturkunde mit Willi Engeli als prägender Figur scheiterte jedoch vorerst am parteipolitischen Streit.

Naturkundler und Fotografen kamen sich in ihren Interessen nahe. Arthur Peyer, Fotogruppe Chur, bei der Arbeit, 2001. Foto: Fred Gebs.

Rencontre entre la photographie et les sciences naturelles. Arthur Peyer, groupe photo Coire, en plein travail, 2001. Photo: Fred Gebs.

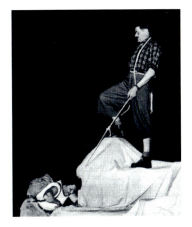

Am 50-Jahr-Jubiläum in Zürich stellte das Ressort Bildung seine Fähigkeiten unter Beweis: Unter der Leitung von Henri Bresch entstand das Cabaret «So gsehsch us». Für Texte, Musik, Inszenierung und Bühnenbild zeichneten kulturinteressierte Mitglieder verantwortlich, darunter Kurt Mersiovsky sowie Erika und Fips Vonderschmitt. Eine besinnliche Feier im Tonhallesaal rundete das Fest ab. Hier erklang die Kantate «Am Morgen» aus der Feder der Gebrüder Bresch. Szenenbilder aus dem Cabaret, aufgeführt am 24. September 1955 im Limmathaus.

Lors des célébrations du 50ᵉ anniversaire à Zurich, le département de la formation a prouvé ses talents en montant le spectacle de cabaret «So gsehsch us» sous la direction d'Henri Bresch. Les textes, la musique, les décors et la mise en scène ont été assurés par des membres passionnés de culture, dont Kurt Mersiovsky ou Erika et Fips Vonderschmitt. Une cérémonie solennelle à la Tonhalle ponctue l'événement. On y entend la cantate «Am Morgen» des frères Bresch. Photos prises pendant la représentation du 24 septembre 1955 au Limmathaus.

Die Landesleitung akzeptierte Engeli nicht als Kursleiter.[73] Den Durchbruch als «Arbeitsgebiet» erlebte die Naturkunde erst nach dem Ausschluss der Kommunisten von Funktionärsposten durch die Landesdelegiertenversammlung 1950 und dem Wechsel des Vororts zur sozialdemokratisch geführten Sektion Bern. Ähnlich wie in der sportlichen Ausbildung galt die «ideologische Klärung» der Verbandsspitze als Voraussetzung für den Aufbau des Bildungswesens. Diese habe endlich die «hemmende Zwitterhaftigkeit und Gespaltenheit aus dem Weg geräumt». Henri Bresch, der neue Ressortleiter, rief seinen Genossen im Jahresbericht 1950 hoffnungsvoll zu: «Der Weg ist frei!» Und er beantwortete auch gleich die Frage, wohin dieser führen sollte: «Unser Bildungsziel kann nur der Mensch sein, der menschliche Mensch, der nur in Freiheit aufrecht geht.»[74] Der Hinweis auf die «Freiheit» war das entscheidende Stichwort: Es markierte eine klare Distanz zu einem kommunistischen – und das hiess zu jener Zeit so viel wie an der stalinistischen Diktatur orientierten – Verständnis von Sozialismus.

Die Beschäftigung mit der Natur erwies sich bald als wichtigster Pfeiler der Bildungsbestrebungen. Hier eröffnete sich ein Wissensgebiet, das nicht nur den tradierten, herkömmlichen Vereinszielen am nächsten kam, sondern auch einen Weg in die Zukunft zu weisen schien: Es schlug eine Brücke über parteipolitische Gräben, und – noch wichtiger – die kulturorientierten Mitglieder entdeckten in der «Natur» den Angelpunkt für eine Positionsbestimmung in der wachsenden Wohlstandsgesellschaft.

...... «Die Wege zum beschaulichen Naturerlebnis und damit auch zur wahren Bildung drohen durch die Unrast unserer Zeit mehr und mehr der Verschüttung anheimzufallen. Freilich können die meisten Menschen sich auch heute nicht der sich äusserlich manifestierenden Grösse in der Natur entziehen.» ......

Henri Bresch, Leiter Ressort Bildung, 1956

Im Gegensatz zur Devise des «Mithaltens» als touristische Unternehmer und auch im Unterschied zur Suche nach gesellschaftlicher Anerkennung als Sportorganisation ging es in der nichtsportlichen Bildung um eine bewusste Distanznahme. Ihre Vertreter sahen sich als Minderheit, die aber einen überlegenen Standpunkt einnahm – weil sie ein Naturverständnis teilte, das Natur als das Schöpferisch-Ursprüngliche sah, das der Mensch nicht kontrollieren und dessen Kraft sich der Mensch nicht entziehen konnte. Das Naturerlebnis sollte sich jedoch nicht im romantischen Gefühl erschöpfen, sondern Ansporn sein, um zum Wissen vorzudringen. Henri Bresch formulierte dies 1956 folgendermassen:

«Die Grösse aber im Kleinsten, im Unscheinbaren wahrzunehmen und sich in ihm fortzubilden, setzt ein geschultes Auge, ein waches Interesse und vor allem ein ernsthaftes Erarbeiten voraus. Wer hier beharrlich bleibt, dem gehen die Augen auf über den Wundern in der Werkstatt der Natur.»[75]

Der erzieherische und ethische Wert von Natur- und Pflanzenkenntnissen, den die Naturfreunde-Naturkundler pflegen wollten, erreichte erstmals Mitte der 1950er-Jahre ein grösseres Publikum. Mittlerweile waren im gesamten Verband mehrere Fachgruppen aktiv, so die Naturkundegruppe Bern-Mittelland und kleinere Gruppen in Basel und Zofingen. Vor allem aber war es die «quicklebendige Sektion für Pilzkunde in Zürich», welche auch in «die weiten Gefilde der Botanik» vorgedrungen war.[76] Die Zürcher Pilzler organisierten Exkursionen, Ausstellungen sowie Botanik- und Bestimmungskurse, an denen Naturfreunde aus der ganzen Schweiz teilnahmen. Anstelle von Willi Engeli waren die führenden Personen nun Rudolf Amberg und Hans Hentz.

Die Naturkunde gewann innerhalb des Bildungsressorts bald einen enormen Stellenwert, wie ihn etwa der parallel verfolgte Heimatschutz nie erreichte. Neben den Sektionen und Kantonalverbänden engagierte sich bald auch der Landesverband als Kursveranstalter: 1957 fand die erste Botanik-Kurswoche im Naturfreundehaus Caslano (TI) statt, 1959 folgte eine zweite in Guarda. Mittlerweile existierten 16 Naturkunde-Fachgruppen, verteilt auf 11 Sektionen. In den 1960er-Jahren nahm die Nachfrage nach naturkundlichen Vorträgen und Exkursionen weiter zu. 1962 beschloss der Landesverband, einen Arbeitsausschuss für Naturkunde einzusetzen, und beauftragte damit den seit Jahren überaus aktiven und als Kapazität anerkannten Hans Hentz. Er leitete diese Kommission bis 1984, ganze 22 Jahre lang.

Trotz zeitweise steigendem Interesse scheinen die Naturkundler innerhalb des Verbands eine kleine, eingeschworene Gemeinde geblieben zu sein. Das lässt auch die Bilanz der Aufbauarbeit von Hentz vermuten, in der es vage heisst, die Rückwirkungen der Kurstätigkeit seien sehr schwer zu beurteilen. Das mag bedeuten, dass die Naturkundler vor allem individuell Interessierte erreichten, hingegen – von Ausnahmen abgesehen – in Kantonalverbänden und Sektionen wenig auszulösen vermochten. Als bewusste Minderheit liessen sich die Naturkundler dadurch nicht beirren: «Fest steht aber, dass Kenntnisse über die Geheimnisse der Natur für eine ganzheitliche Tätigkeit in unserem Kurswesen von nicht zu unterschätzender Bedeutung sind.»[77]

Die Kunstsprache Esperanto wird von den Naturfreunden international und auch in der Schweiz bis heute gepflegt. Auf Antrag von Albert Georgi beschloss der Zentralausschuss nach Kriegsende, die internationale Beitragsmarke mit «La naturamikoj» zu beschriften. Mitgliederausweis Albert Georgi.

La langue universelle espéranto est cultivée avec attention par les Amis de la Nature en Suisse comme au niveau international. A la demande d'Albert Georgi, le comité central décide à la fin de la guerre de porter comme désignation internationale «La naturamikoj». Carte de membre d'Albert Georgi.

Eine kleine Bilanz

Waren die Naturkundler eine Minderheit? Oder das Gewissen des Verbands? Ihre unterschiedlichen Erfahrungen als gefragte Wissensträger wie als kleine Gemeinde spiegeln nicht zuletzt die Widersprüche im gesamten Verband: Die Liebe zur Natur und die Pflege immaterieller Werte standen neben der Erfahrung von sozialem Aufstieg und Fortschritt. Wohlstandsgesellschaft bedeutete für viele nicht unerwünschte Hektik oder Konsumrausch, sondern ganz einfach das etwas bessere Leben, das man sich erträumt, erarbeitet und als Gewerkschafter erkämpft hatte. Dazu gehörte der Erwerb von Konsumgütern, die den Charakter eines Statussymbols hatten: die Waschmaschine, der Kühlschrank, das Auto. Es ist kein Zufall, dass gerade der fahrbare Untersatz die Naturfreunde in zwei Parteien spaltete: jene, die darin einen Fortschritt sahen, und die anderen, die im Auto den Anfang des Endes sahen – jedenfalls des Endes der überlieferten Gemeinschaftlichkeit zugunsten des Individualismus. Zwischen solchen Positionen gab es kaum Kompromisse. Und doch mussten sie unter einem Dach, dem des Verbandes und dem einer gemeinsamen Identität als Naturfreunde, Platz finden.

Die unterschiedlichen Strategien, welche die Naturfreunde als touristische Anbieter, als Sportorganisation und als Kultur- und Bildungsverein verfolgten, sind die Facetten eines notwendigerweise widersprüchlichen Wegs durch die Jahrzehnte der Hochkonjunktur. Mitte der 1970er-Jahre geriet das prekäre Gleichgewicht ins Wanken: Der Wettlauf im touristischen Markt erreichte finanzielle Grenzen und sprengte die Möglichkeiten eines Milizverbands. Und angesichts von Gewässerverschmutzung, aussterbenden Pflanzen oder zersiedelter Landschaft war die Natur nicht mehr nur das über den Menschen Erhabene, sondern vor allem das von der Zivilisation Beschädigte. Das, worauf sich die Liebe gerichtet hatte, hiess nun nicht mehr «Natur», sondern «Umwelt».

Résumé en français

Participer – en restant différent

L'évolution des Amis de la Nature entre 1950 et 1980 apparaît sous une lumière fort différente selon l'angle de vue choisi. La fédération est passée pendant ces décennies de 19 000 à 32 000 membres. Elle a en même temps considérablement étoffé ses offres touristiques. La formation sportive a atteint un haut degré de professionnalisme et a connu une large reconnaissance allant bien au-delà des milieux ouvriers. Ce bilan positif côtoie la conscience autocritique que les Amis de la Nature vont perdre peu à peu à partir de 1950 leur ancrage politique dans le socialisme. Sous un troisième angle de vue, l'importance des Amis de la Nature pendant ces années de boom économique réside dans le fait que l'association ait eu à mener une lutte sans merci contre la pensée superficielle de la consommation et l'aliénation croissante par rapport à la nature. Ce chapitre parcourt l'évolution contradictoire à travers trois exemples: le domaine des maisons, la formation sportive et l'activité comme association culturelle, surtout dans la formation de néophytes en sciences naturelles à présent renforcée.

Les maisons étaient et restent au cœur de tous les efforts. Dès la fin de la guerre, il n'y avait plus aucun doute que la modernisation des maisons devait être accélérée. Pendant la prospérité grandissante et le formidable développement des offres touristiques, une concurrence rude faisait rage ne laissant plus aucun répit. On demandait davantage de confort, des progrès en matière de retraite et de vacances de famille, loin de l'hébergement en masse et des cuisines en libre-service. Au début, les sections étaient le plus souvent les commanditaires de nouvelles constructions. Vers le milieu des années 1950, on a vu arriver les nouvelles maisons de la fédération nationale au Tessin (1956) et à Zermatt (1962). Zermatt constitue même le premier endroit où l'on est passé concrètement à un hôtel, à la grande satisfaction de ses clients.

Mais les charges financières étaient évidemment aussi importantes. Des esprits critiques avaient dès 1960 fait part de leurs soucis au vu de sa part infime en capital-actions dans le montage financier de Zermatt. Un rapport interne de 1969 montrait des faiblesses flagrantes dans le domaine des maisons. En pleine haute conjoncture de ces années-là, l'optimisme restait intact. La crise de 1974 a cependant rendu inévitables certaines mesures drastiques touchant au premier degré les maisons nationales. Les nouveaux statuts centraux décidés en 1975 exigeaient l'autofinancement des maisons, mais seule celle de Zermatt répondait à ces critères. Les résultats devenaient si négatifs que le comité central prit l'importante décision en 1979 de renoncer désormais à l'exploitation de ses propres maisons, exception faite de la maison de Zermatt transformée en 1980 en société anonyme. Au cours des années suivantes, toutes les maisons nationales seront successivement vendues. Dans certains cas, elles furent reprises par des sections. Et l'Union romande des Amis de la Nature (URAN) acquit en 1984 «Lueg ins Land».

La purification politique d'après 1950 a également laissé des signes dans les activités sportives. Jusqu'ici, le sport était aussi considéré comme un moyen de renforcement pour la lutte politique. A présent, les Amis de la Nature cherchaient à sortir de leur isolement social. Ils tentèrent de se rapprocher d'associations sportives bourgeoises, surtout le Club alpin suisse (CAS), avec lequel on collaborait dans le service des secours. Après des efforts de plusieurs années, l'Union suisse des exercices physiques accepta finalement en 1958 les Amis de la Nature comme nouveau membre. Ils trouveront peu à peu la reconnaissance et le soutien financier par l'État. Nulle part, le succès fut aussi foudroyant que pour le ski dont les offres de formation des Amis de la Nature devinrent très populaires. Le succès fut si grand que le bénévolat touchait peu à peu à ses limites vers la fin des années 1960: la somme de travail n'était pratiquement plus à assurer.

Le sport n'a jamais été une finalité en soi aux yeux des Amis de la Nature. Il s'insérait plutôt comme support d'une organisation culturelle. La question de l'éducation culturelle a été complétée par la connaissance de la nature. Celle-ci a obtenu une nouvelle perspective à partir de 1950: loin du renforcement pour la lutte des classes autrefois recherché, la «nature» est de plus en plus apparue comme une alternative à la consommation absurde et de la philosophie qui en découle. Vers le milieu des années 1950, des groupes d'experts de mycologie et d'histoire naturelle ont commencé à déployer une riche activité. S'ils ne représentaient toujours qu'une minorité à l'intérieur du comité, ils étaient comme une sorte de garant des vieux idéaux. Personne ne doutait en tout cas que la majorité des membres allaient activement participer aux bénédictions du bien-être. On l'aura surtout observé à travers la popularité de l'automobile qui a commencé à se répandre de plus en plus dans les années 1950 et 1960. La voiture menaçait-elle en promouvant l'individualisme le communautarisme traditionnel – ou allait-on dorénavant devoir prévoir un parking devant chaque maison des Amis de la Nature?

...... DENIS ET THÉRÈSE MONNAT-CHAPATTE ......

Le Noirmont

Tout commence par une fête. Le 29 septembre 1985, les Amis de la Nature célèbrent le quatre-vingtième anniversaire de leur fédération à Saignelégier, chef-lieu des Franches-Montagnes. Venant de France, d'Allemagne, de Belgique, de Suisse alémanique et romande ainsi que de la région même, 3000 personnes participent à cette rencontre. C'est l'association cantonale jurassienne qui organise l'évènement et elle le fait dans un but bien précis: créer enfin la section des Franches-Montagnes en tant que quatrième section des Amis de la Nature du Jura. A ces fins, le bénéfice de la fête – 5000 francs – est attribué par l'organisation nationale à la future section.

La section franc-montagnarde est un vieux projet. Il remonte à la présidence d'Henri Parrat à la tête de l'association cantonale et sera poursuivi au fil des années par son successeur Romain Dessarzin. Il se voit concrétisé six mois après la fête, le 11 avril 1986. L'assemblée constitutive se tient à l'Hôtel du Cerf à Saignelégier en présence d'une cinquantaine de personnes et Denis Monnat est alors élu président de la nouvelle section.

Denis Monnat qui, en janvier 2005, est toujours président de la section, vient me retrouver à la gare du Noirmont. J'ai de la chance, la journée est magnifique. Au-dessus de St-Brais, le plateau franc-montagnard s'est présenté soudain en toute clarté sous un grand ciel hivernal. Il fait certes plus froid qu'à Bâle sans qu'on puisse toutefois parler d'un froid sibérien. La neige a fondu.

Après un café à l'Hôtel du Soleil, je l'accompagne chez lui. Thérèse Monnat-Chapatte, son épouse, est un peu surprise de nous voir arriver. L'aspirateur à la main et armée de balayettes et de torchons, elle est en train de faire le ménage. On s'installe au salon, une grande pièce à deux étages juste sous le toit.

Denis Monnat commence par résumer son histoire familiale et son parcours professionnel: «Je suis originaire des Pommerats, né en 1939 d'une famille de paysans et cadet de sept enfants. J'ai appris le métier de compositeur typographe au ‹Franc-Montagnard› à Saignelégier. J'ai par la suite zigzagué un peu partout, Delémont, Valais, La Chaux-de-Fonds. J'ai dû quitter mon métier à cause d'une maladie. En 1968, après mon mariage, je me suis engagé dans un département d'horlogerie au Noirmont et j'y suis resté pendant 20 ans. Ensuite, j'ai repris mon travail de typographe à l'‹Impartial› à La Chaux-de-Fonds. J'ai été licencié le 31 janvier 1997 après avoir subi une opération cardiaque. En 1998, j'ai suivi un cours à Tramelan pour apprendre à refaire les murs en pierres sèches. Je me suis alors mis à mon compte en tant que poseur de murs secs. Comme je n'avais pas suffisamment de commandes, j'ai aussi travaillé comme manœuvre dans une usine de mécanique et j'ai accompagné une équipe de Mouret pour effectuer des nettoyages à la suite d'incendies ou d'autres incidents. Depuis le 7 septembre 2004, je suis à la retraite, mais je continue à construire des murs en pierres sèches durant la belle saison.»

C'est au travail – Thérèse Monnat-Chapatte est employée de bureau dans la même entreprise que son mari – qu'ils font la connaissance d'André Fähndrich, un employé de la succursale de Vicques et membre des Amis de la Nature. Thérèse Monnat-Chapatte, qui s'est jointe à notre conversation, raconte: «Il me demande un jour: ‹Madame Monnat, vous ne pourriez pas me trouver une glace pour une montre?› Je lui ai donc remis une glace, puis une couronne, et ceci et cela. Il était content. Puis, un jour, il me dit: ‹Vous ne voudriez pas faire partie des Amis de la Nature?› J'ai dit: ‹C'est quoi ça?› – ‹Eh bien, un dimanche, on vous invite au chalet du Retemberg, on mange une choucroute, vous emmenez vos parents avec vous…› C'est ainsi que nous sommes devenus membres. Qu'est-ce qu'on a pu faire comme gardiennage au Retemberg, hein Denis, il fallait tout faire: préparer à manger pour les gens qui passaient, couper du bois, nettoyer les fenêtres, laver et remettre les rideaux.»

Feuilletant des albums de photo et des classeurs, Denis Monnat dit: «Nous sommes devenus membres de la section de Vicques en 1980. Dans les années suivantes, je me suis vraiment lancé dans les activités sportives avec les Amis de la Nature en pratiquant le ski de fond, la peau de phoque, l'alpinisme et l'escalade. J'ai participé à des marathons de ski de fond: Einsiedeln, Engadine et Sierre-Zinal. Entre 1984 et 1994, j'ai suivi une douzaine de cours des Amis de la Nature, cours de sauvetage, cours d'avalanches, d'escalade et j'ai par ailleurs réussi le brevet de moniteur de montagne.»

«Quand nous nous sommes rencontrés», raconte Thérèse Monnat-Chapatte, «Denis ne pratiquait aucun sport. En cela, il était vraiment un fils de paysan. C'est moi qui l'ai poussé et plus tard, on partait tous les week-ends faire du ski alpin ou du ski de fond. Ma passion de jeune fille, c'était le patinage. On avait une patinoire naturelle ici au Noirmont près d'une usine derrière notre maison. Je mettais mes patins et descendais l'escalier avec mes protège-patins, j'étais toujours la première sur la glace, j'allais mieux en arrière qu'en avant. Après, j'ai abandonné le patin pour le ski. A Zermatt, j'ai appris le ski en peau de phoque, mais pour les grandes randonnées, je n'arrivais pas à porter un sac aussi lourd et j'ai laissé tomber. Au début, je t'ai poussé, hein Denis,

Nettoyage de l'etang du Peu-Girard près des Breuleux.

mais à la fin, il ne pensait plus qu'à ses Amis de la Nature et moi, je restais toujours seule à m'occuper de mes parents, de la maison et des chats.»

Un magnifique livre d'or avec photos et textes soigneusement écrits à la main ou tapés à la machine documente les multiples activités de la section franc-montagnarde que Denis Monnat présidait. On y trouve trace du premier anniversaire fêté à l'auberge de jeunesse au Bémont après la construction d'un mur de pierres sèches dans un pâturage voisin; d'une marche de deux jours de la Haute-Borne au chalet de Chainions et à Porrentruy; de la découverte de la vie animale en hiver au chalet du Mont-Soleil; de ski de fond de la Vue-des-Alpes au chalet de La Serment; du Chemin des Planètes au Locle et d'une descente vers le Doubs; d'un week-end au Moléson; d'une journée de cueillette de champignons aux Genevez; d'un week-end à Chamonix, à Zermatt, au Beatenberg et ainsi de suite, de page en page.

Denis Monnat se souvient: «La section a très bien démarré et la première année, elle comptait soixante-dix membres. Mais les membres de la section n'étaient pas très actifs, ils participaient aux marches aux Franches-Montagnes, mais dès qu'on allait un peu plus loin, disons sur le Mont Soleil, il ne venaient plus. Il y avait un certain intérêt pour le ski, mais comme il y a déjà un club de ski aux Franches-Montagnes, les gens ont préféré se rallier à eux. Le ski de fond, il n'y a que nous qui en pratiquions. Même pour les marches dans le Jura, il n'y avait souvent pas de répondant. Les gens restent ici chez eux, c'est une question de mentalité. Descendre au bord du Doubs, ça va encore, mais s'il faut se déplacer, c'est déjà trop. S'ils vont plus loin, les gens veulent se déplacer à la carte. Ils choisissent à court terme et n'aiment pas participer à des activités annoncées à l'avance. De 1986 à 1994, ça c'est plutôt bien passé. Mais à partir de 1994, notre chiffre a commencé à fondre. Jusqu'en 2000, ça pouvait encore tout juste aller, mais après, on était vraiment trop peu nombreux – c'est à dire une douzaine de personnes – pour maintenir une activité continuelle. Aujourd'hui, il existe trop de possibilités de loisirs. Bref, après un bon début, les gens se sont fatigués et sont allés chercher ailleurs.»

Denis Monnat a présidé la Fédération cantonale jurassienne des Amis de la Nature pendant sept années (1987–1993) et il a été pendant également sept années délégué central à Berne. S'il se dit toujours préoccupé par les questions écologiques – le groupe se déplace si possible en train et en 1991, il s'est engagé à nettoyer l'étang du Peu-Girard entre Les Breuleux et le Noirmont –, il regrette qu'après la présidence de Silvio Bircher, les Amis de la Nature se soient autant tournés vers la politique, lui-même se disant très éloigné de celle-ci.

La section franc-montagnarde des Amis de la Nature n'a jamais eu son propre chalet. Est-ce que cela aurait aidé à consolider la section? «Peut-être», dit Denis Monnat, «il aurait fallu trouver un petit pied-à-terre ou une cabane.»

Denis et Thérèse Monnat-Chapatte possèdent une caravane aux Brenets. «C'est un charmant petit coin sur le Doubs», dit Thérèse Monnat, «un camping en étages. Personne n'y obstrue la vue de l'autre. Quand le Doubs est gelé, tout le monde peut aller patiner dessus. Des fois, on peut même patiner jusqu'au Saut du Doubs, vous vous imaginez!» Le patin encore...

Pour clore notre entretien, je pose une dernière question à Denis Monnat: Est-ce qu'il a un projet qu'il aimerait encore réaliser? La réponse vient sans hésitation: «Faire un 4000. J'aurais toujours aimé escalader un sommet de 4000 mètres, mais chaque fois, c'est le temps qui ne jouait pas. Une fois, on était à Saas Fee pour escalader l'Alalin. Il faisait beau le samedi soir, mais le dimanche matin, on a dû se résoudre à renoncer. Pourquoi? Risque d'avalanches.»

AUF DER GRÜNEN WELLE?

1984 VERORDNEN SICH DIE NATURFREUNDE EIN NEUES IMAGE. DAS WORT «SOZIALISMUS» VERSCHWINDET AUS DEN STATUTEN. NEU SETZT SICH DER VERBAND DAS ZIEL, VERMEHRT FÜR DEN ERHALT VON NATUR UND LANDSCHAFT EINZUTRETEN. NACH GROSSEN MITGLIEDERVERLUSTEN SUCHT ER DEN ANSCHLUSS AN AKTUELLE STRÖMUNGEN UND WILL SICH ÖFFNEN. DOCH DER HOFFNUNGSFROHE SCHRITT ENTPUPPT SICH ALS DILEMMA: SICH FÜR DIE NATUR EINZUSETZEN, BEDEUTET IM ZEITALTER DER ENTSTEHENDEN GRÜNEN PARTEIEN POLITISCHES ENGAGEMENT, GESELLSCHAFTLICHEN AUFBRUCH UND ABSCHIED VON MATERIELLEN ERRUNGENSCHAFTEN. DIE VON DER VERBANDSSPITZE EINGELÄUTETE ÖKOLOGISCHE WENDE SPALTET DIE MITGLIEDER – UND FÜHRT AB 1997 ZU EINER ERNEUERUNG «VON UNTEN».

Die Wende, welche die Naturfreunde Mitte der 1980er-Jahre einläuteten, war radikal. Sie stellt eine Zäsur dar, vergleichbar mit jener der frühen 1950er-Jahre: Damals verordnete sich der Verband eine ideologische Klärung und beendete so interne Streitereien wie öffentliche Angriffe. Jetzt, 1984, erschien die damals notwendige scharfe Abgrenzung gegen links, wie Zentralpräsident Emil Schaffer ausführte, nicht mehr notwendig. Nachdem bereits 1970 das Bekenntnis von 1953 (Der Verband ist «Gegner jeder Diktatur») gestrichen worden war, galt nun auch der Passus, «den Idealen des freiheitlichen und demokratischen Sozialismus verpflichtet» zu sein, als überholt.[78] Die Naturfreunde beendeten damit gewissermassen den Kalten Krieg kurz vor dessen welthistorischem Ende 1989. Sie lösten sich aber nicht nur definitiv aus einer überkommenen politischen Bindung, sondern verabschiedeten sich auch von ihrem Namen: Aus dem «Touristenverein ‹Die Naturfreunde›» wurde «Naturfreunde Schweiz» (NFS). Wenngleich damit nicht der Verzicht auf touristische Aktivitäten gemeint war, signalisierte der Verband mit der Namensänderung dennoch, dass er sich vom bisherigen Selbst- und Fremdbild trennen und Platz schaffen wollte für neue Schwerpunkte – namentlich für ein verstärktes Engagement im Natur- und Umweltschutz.

…… «FÜR UNS NATURFREUNDE STELLT SICH DIE FRAGE, OB ES DIE GRÜNEN IM EIDGENÖSSISCHEN PARLAMENT BRAUCHT UND WAS VON IHNEN ZU ERWARTEN IST.» ……

Emil Schaffer, Zentralpräsident, 1983

Im Gegensatz zur Situation in den 1950er-Jahren stand nicht politischer Druck hinter dem Wunsch nach Veränderung, sondern ein strukturelles und finanzielles Problem. Die erstmals 1981 mit nüchterner Analyse und Argumentation erhärtete Einsicht, dass der Verband unter starker Überalterung litt. Das Durchschnittsalter lag bei 43 Jahren. Nachdem 1980 der bisherige Höhepunkt der Mitgliederzahl (rund 32 000) erreicht war, folgten langjährige Verluste. 1984, im Jahr der Neuorientierung, zählte der Verband noch rund 29 000 Mitglieder; bis 1986 schrumpfte er weiter auf 27 000. Die Gründe lagen nicht nur in der Altersstruktur. Viele Mitglieder – insbesondere in den Westschweizer Sektionen – hatten den Verkauf der defizitären Landeshäuser als enormen Verlust und Bruch mit der Vergangenheit empfunden. Sie quittierten dies mit dem Austritt.

Die Naturfreunde unterstützten die 1983 lancierte Volksinitiative «Zur Rettung unserer Gewässer». Sie wurde 1992 in der Volksabstimmung verworfen. Angenommen wurde dagegen ein unterdessen erarbeitetes Gewässerschutzgesetz. Aufruf zur Unterstützung der Volksinitiative in der Verbandszeitschrift, 1984.

Les Amis de la Nature soutiennent l'initiative populaire lancée en 1983 en faveur du «sauvetage des eaux» qui sera rejetée lors du scrutin de 1992. En revanche, le souverain accepte une nouvelle loi sur la protection des eaux. Appel au soutien de l'initiative populaire dans la revue de la fédération, 1984.

107

Gleichzeitig nahmen Kritiker in den eigenen Reihen die Naturfreunde als verkrustete und sich selbst genügende Organisation wahr, die ihre Attraktivität verloren hatte. Auch der gewisse Hang zum Konservativen, mit dem eine bildungsbewusste Minderheit kokettiert hatte, überzeugte angesichts des ungebremsten wirtschaftlichen Wachstums nicht mehr. Die gesellschaftspolitische Anregung zur Erneuerung lieferten die so genannten neuen sozialen Bewegungen, die seit Mitte der 1960er-Jahre in der Schweiz frischen Wind in Politik, Wirtschaft und Gesellschaft gebracht hatten. Dazu zählten etwa die Frauenbewegung, die Anti-Atomkraft- und die Ökologiebewegung. Letztere formierte sich in den frühen 1980er-Jahren auch politisch, 1983 wurde die Grüne Partei der Schweiz gegründet. Gewerkschaften und Sozialdemokratie hatten an diesem Aufbruch wenig Anteil.

Es ist ein offenes Geheimnis, dass der 1984 eingeleitete Prozess die Naturfreunde nicht zu einer «grünen» Organisation werden liess. Im Rückblick erscheint die Umorientierung als notwendiger Aufbruch, der zur Belastungsprobe wurde. Im Zentrum stand nicht bloss die «Ökologisierung», sondern auch eine umfassende Professionalisierung. Beides geriet in einen Gegensatz zu verankerten Werten – der Liebe zur Natur, der Pflege von Freundschaft, der Freiwilligenarbeit und der Wissensvermittlung unter Laien. Seit 1985 durchlief der Verband einen Erneuerungsprozess, der noch nicht abgeschlossen scheint. Er lässt sich in drei Phasen unterteilen.

...... «Ich hoffe nur, dass unser Präsident die Grünen nicht zu stark verteufelt.» ......
Ernst Borer, Leserbrief, 1983

Aufbrechen, umdenken, öffnen

Naturschutz hatte im Verband eine gewisse Tradition. Zumindest zählte er zu «unsern vornehmsten Aufgaben», wie Zentralpräsident Otto Schärer es 1960 formulierte.[79] In diesem Jahr bildete sich auf der Ebene des Landesverbands eine Naturschutzkommission. Sie war das Resultat einer im Lauf der 1950er-Jahre gewachsenen Sensibilisierung. Die Gewässerverschmutzung und einzelne Grossprojekte im Kraftwerkbau begannen auf Widerstand zu stossen. Bei den massiven öffentlichen Protesten von 1951/52 gegen das geplante

Eine Naturfreundin im europäischen Naturschutzjahr, 1970.
Foto: Fred Gebs.
Une Amie de la Nature pendant l'Année européenne de la protection de la nature, 1970. Photo: Fred Gebs.

Mit dem verstärkten ökologischen Engagement stellten sich die Naturfreunde der Diskussion um den umweltverträglichen Tourismus, die im Sport- und Freizeitverband zu Kontroversen führte. In der jüngeren Vergangenheit schloss sich die Verbandsführung unter anderem der «Arbeitsgemeinschaft Helitourismus» an und äusserte sich verschiedentlich gegen den Helikoptertourismus in den Schweizer Alpen.

Avec leur engagement renforcé en faveur de l'écologie, les Amis de la Nature se sont impliqués dans la discussion à propos d'un tourisme compatible avec l'environnement qui a suscité de vives controverses au sein de la fédération de sport et de loisirs. Ces derniers temps, par exemple, le comité directeur s'est joint au groupe de travail «Hélitourisme» et s'est prononcé plusieurs fois contre le tourisme d'hélicoptères dans les Alpes suisses.

Kraftwerk von Rheinau, unterhalb des Rheinfalls, waren einzelne Naturfreunde mit dabei. Doch der Verband stand noch abseits und war nicht im breit abgestützten Rheinau-Komitee vertreten, das erfolgreich eine Initiative lancierte, welche in der Volksabstimmung 1954 scheiterte.[80] Ein zweites Ereignis, das in den 1950er-Jahren die Naturschützer auf den Plan rief, war der geplante Stausee von Livigno und der damit verbundene Eingriff in den natürlichen Lauf des Bergbachs Spöl. Dieses Wasserkraftprojekt betraf die Naturfreunde sehr direkt: Das Haus «Ova-Spin» lag in unmittelbarer Nachbarschaft der Staumauer. Der Kantonalverband Graubünden engagierte sich in einem gegnerischen Komitee. Zur grossen Enttäuschung der Bündner schwieg aber der Gesamtverein auch dieses Mal: «Im Kampf um den Spöl haben auch die Naturfreunde versagt. Obwohl wir keiner politischen Partei verpflichtet sind, haben wir doch Parteidisziplin gehalten. Die Naturfreunde-Presse hat das Problem Spöl totgeschwiegen, und die Gegner eines Spölwerkes haben den Mut nicht gefunden, offen in Opposition zu treten, aus Angst, es könnte die Einheit unserer Organisation stören.»[81]

.... «UNSERE BEZIEHUNG ZUR NATUR WAR VIEL TIEFER. DER UMWELTSCHUTZ GIBT SICH ABSOLUT LOGISCH. MAN MUSS DIE NATUR ALS DAS NEHMEN, WAS SIE IST, SIE ACHTEN, NICHT LIEBEN, NICHT VEREHREN, SONDERN EINFACH ACHTEN.» ......

Kurt Mersiovsky, früher Redaktor des «Naturfreunds» und Mitglied der Geschäftsleitung, 1991

Erst in den frühen 1970er-Jahren fand der Gesamtverband den Mut, sich gegen einseitiges Wachstumsdenken – wie es auch Gewerkschaften und Sozialdemokraten lange geteilt hatten – zu äussern. 1972 verabschiedete die Delegiertenversammlung auf Antrag der Geschäftsleitung einmütig eine Resolution über Umweltschutz und Raumplanung, die für eine haushälterische Nutzung des Bodens plädierte. Mit dieser Forderung betraten die Naturfreunde allerdings kein Neuland, sondern reagierten auf die im gleichen Jahr vom Bundesrat veröffentlichten dringlichen Massnahmen auf dem Gebiet der Raumplanung. Aufrüttelnd dürfte auch der 1972 erschienene erste Bericht des Club of Rome («Grenzen des Wachstums») gewirkt haben. In den 1970er-Jahren berichtete auch die Zeitschrift «Naturfreund» vermehrt über Themen im Bereich des Natur-, Landschafts- und Umweltschutzes.

Tagung der Naturschutzkommission, 1970er-Jahre.
Assemblée de la commission de protection de la nature, années 1970.

Dennoch war es für viele Naturfreunde keine Selbstverständlichkeit, dass der Verband sich in den 1980er-Jahren vermehrt mit Umweltfragen beschäftigte und sich damit Positionen der Grünen Partei näherte. Zahlreichen Mitgliedern und Funktionären, darunter auch die besonders naturverbundenen und naturschützerisch Aktiven, lag dies sogar ausgesprochen fern. Sie pflegten ein Verständnis von Natur und Naturschutz, das direkt erfassbare, anschauliche und sinnliche Qualitäten besass. Demgegenüber erschien die Denkweise der Umweltschützer, die sich vielfach auf technische Aspekte, chemisch-physikalisches Wissen oder ökonomische Aspekte bezog, als abstrakt, intellektuell, nicht unmittelbar erfahrbar.

...... «DIE ARBEITERKULTUR WAR SEHR MATERIELL ORIENTIERT. DER UMWELTSCHUTZ IST EIGENTLICH EIN NACH-MATERIALISTISCHES WERTSYSTEM.» ......
Rudolf H. Strahm, früher Zentralsekretär, 2004

Um ein Beispiel zu nennen: War eine Waldputzete, wie sie verschiedene Sektionen damals durchführten, eine praktische Aufgabe mit sichtbaren Resultaten, so ging es nun darum, die Luftreinhalteverordnung zu verstehen. Zudem bedeutete Umweltschutz vor allem politische Arbeit. Damit hatten aber gerade auch politisch wache Mitglieder Mühe: Die frühere Zürcher Kommunistin Martha Palma antwortete auf die Frage nach einer allfälligen Tradition der Naturfreunde als «grüne Rote» 1992 kurz und bündig: «Nein, wir waren nicht grün. Wir waren Sozialisten und Kommunisten.»[82] Ebenso klar war die Haltung des Sozialdemokraten Kurt Mersiovsky, seines Zeichens langjähriger Redaktor des «Naturfreund» und Leiter des Ressorts Bildung im Landesverband: «Eine Politik, die nur grün ist, hat für mich weder Hand noch Fuss. Wenn man will, dass die Erde, die Natur, noch lebensfähig ist, dann muss man doch schauen, dass diese Erde sozial geteilt wird.»[83] Was der älteren, in der politischen Linken und den Gewerkschaften verankerten Generation bei den «grünen» Positionen fehlte, waren klare Aussagen zu wichtigen gesellschaftlichen Fragen wie der sozialen Ungleichheit und der Solidarität.

Mit anderen Worten: Zwischen dem Bekenntnis zu mehr Sorge um den Erhalt harmonischer Lebensbedingungen sowie der Lossagung von alten politischen Bindungen in den

Statuten von 1984 und der praktischen Umsetzung dieser Devisen in der umweltpolitischen Landschaft der 1980er-Jahre lagen Welten. Hinzu kam, dass der Aufbruch sich nicht auf inhaltliche Fragen beschränkte, sondern auch eine umfassende Erneuerung der eingefahrenen Strukturen des Verbands beinhaltete. Die eingeläutete Wende war nicht zuletzt ein – bewusster – Generationenwechsel: 1984 folgte auf den zurücktretenden Emil Schaffer als neuer Zentralpräsident Silvio Bircher, wie sein Vorgänger Mitglied des Nationalrats. Kurz darauf fand auch im operativen Bereich ein personeller Wechsel statt.

...... «DER STATUTARISCHE HAUPTZWECK, NÄMLICH DIE GESTALTUNG SINNVOLLER FREIZEIT, SCHEINT IN DEN HINTERGRUND ZU RÜCKEN. SEINE HAUPTAUFGABE SIEHT DER ZENTRALVERBAND NUNMEHR OFFENSICHTLICH IN DER AUSSCHLACHTUNG DES THEMAS NATUR- UND UMWELTSCHUTZ.» ......
Vorstand der Sektion St. Gallen, 1986

Auf den Chefbuchhalter Werner Weber, der das Zentralsekretariat 24 Jahre lang geführt hatte, folgte der Ökonom Rudolf H. Strahm. Damit übernahm erstmals in der Geschichte des Verbands ein Akademiker diese Stelle. Strahm brachte beruflich Führungserfahrung mit, war mit Umweltfragen vertraut und kannte als vormaliger Zentralsekretär der SPS sowie Berner Grossrat das politische Tagesgeschäft. Über die sechs Jahre, die er auf dem Verbandssekretariat bleiben sollte, sagt er im Rückblick: «Es war die schwierigste und undankbarste Aufgabe in meinem Leben. Vielleicht habe ich mir zu viel vorgenommen und vielleicht auch unterschätzt, was es heisst, einen traditionellen Verband der Arbeiterbewegung umzupolen.»[84]

Die Aufgabe, die Strahm zu seiner persönlichen machte und entscheidend prägte, umfasste neben Natur- und Umweltschutz vor allem die Mitgliederwerbung und das Häu-

Der Zentralvorstand am Kongress 1974: am Rednerpult Nationalrat Jean Riesen, der erste und bislang einzige Zentralpräsident aus der Romandie, neben ihm sitzend der langjährige Zentralsekretär Walter Weber.
Le comité central lors du congrès de 1974: au pupitre, le conseiller national Jean Riesen, le premier président central suisse romand et le seul à ce jour; assis à ses côtés Walter Weber, président central pendant de longues années.

Der Zentralpräsident, Nationalrat Silvio Bircher, erläutert das Projekt «Natur kennt keine Grenzen» der Naturfreunde Internationale, Delegiertenversammlung 1987.
Le président central, le conseiller national Silvio Bircher, évoque le projet «La nature ne connaît pas de frontières»: Assemblée des délégués de l'Internationale des Amis de la Nature 1987.

serwesen.⁸⁵ In der praktischen Umsetzung bedeutete das dreierlei: erstens den Naturfreunden ein neues «Umwelt-Image» zu verpassen, zweitens mit gezielten Werbeaktionen neue Leute anzusprechen und drittens neue Dienstleistungen anzubieten. Die erste Zielsetzung entpuppte sich rasch als die schwierigste. Zwar liess sich gegenüber der Presse relativ leicht kommunizieren, dass der Verband sich neu orientiere. Doch die Hauptaufgabe bestand darin, in den Sektionen und bei den Mitgliedern für das neue Selbstbild zu werben. Die erste Tuchfühlung erfolgte bereits 1985, als Zentralpräsident Silvio Bircher vorschlug, eine Initiative für autofreie Sonntage zu lancieren. Die Idee ging bei den Sektionen in Vernehmlassung und stiess dort auf breite Ablehnung. Das war wenig überraschend, zählten das Auto und die damit verbundene Freizeitmobilität doch zu den mit viel Sozialprestige ausgestatteten Errungenschaften der Arbeiterschaft in der Hochkonjunktur. Grössere Zustimmung fanden die Aktionen im Bereich des Landschafts- und Gewässerschutzes. 1986 lancierten die Naturfreunde zusammen mit WWF, VCS und dem Schweizerischen Vogelschutz eine Sammelaktion für einen Landschaftsschutzfonds.⁸⁶ Im gleichen Jahr verabschiedete der Zentralvorstand eine Resolution zum Gewässerschutz, die zu einem diesbezüglichen Gesetzesentwurf kritisch Stellung nahm. In den folgenden Jahren unterstützten die Naturfreunde die Rothenturm-Ini-

...... «ICH BIN SEIT EINIGEN MONATEN MITGLIED DER NATURFREUNDE ST. GALLEN. BEIGETRETEN BIN ICH, WEIL ICH DER MEINUNG WAR, DIESE ORGANISATION LIEGE MIR ALS SOZIALDEMOKRAT NÄHER ALS DER SCHWEIZER ALPEN-CLUB, DEM ICH BISHER ANGEHÖRT HABE. DA WAR ICH DOCH ERSTAUNT, DASS ICH GLEICH IM ERSTEN MITTEILUNGSBLATT UNSERER SEKTION EINEN NAGRA-PROPAGANDA-ARTIKEL LESEN KONNTE, WELCHER SACHLICH-TECHNISCH ERKLÄRTE, DASS DIE ENDLAGERUNG VON RADIOAKTIVEM MÜLL KEIN PROBLEM SEI. [...] WENN HEUTE JEMAND ALLEN ERNSTES NOCH DER MEINUNG IST, EIN GROSSER VERBAND VON DER ART DER NATURFREUNDE KÖNNE SICH UM EINE KLARE STELLUNGNAHME IN FRAGEN DER UMWELTPOLITIK DRÜCKEN, DANN KANN ICH RUHIG BEIM SAC BLEIBEN, VON DEM ICH JA IN DIESER BEZIEHUNG NICHTS ERWARTE.» ......

Hans Fässler, St. Gallen, Leserbrief, 1986

tiative (gegen eine Militäranlage in einem Naturschutzgebiet, 1987 angenommen), thematisierten zunehmend das Verhältnis von Tourismus und Sport und äusserten sich zu den aktuellen umweltpolitischen Fragen, «meist im Gleichschritt mit anderen Umweltorganisationen».[87] Die Einbindung der Naturfreunde Schweiz in die nationale Umweltpolitik erfolgte durch den Beitritt zur Geschäftsführerkonferenz der schweizerischen Umweltorganisationen (GSU). 1987 hatte sich der Verband auch erfolgreich um die Aufnahme in den Kreis der gemäss Umweltschutzgesetz beschwerdeberechtigten Organisationen bemüht. Das Engagement für den Landschaftsschutz brachte eine namhafte Entschädigung vom Bund ein.[88] Bei manchen Kantonalverbänden hatte die Umweltpolitik mittlerweile einen hohen Stellenwert. In den Kantonen Bern, Aargau und Zürich entstanden Ausschüsse für Natur- und Umweltschutz. Auch die schon früher aktiven Bündner entwickelten hier einen Schwerpunkt und standen mit den einschlägigen kantonalen Organisationen in enger Tuchfühlung. 1988/89 setzten sie sich für die kantonale Initiative «Schnee ohne Kanonen» ein.[89]

...... «In einer Sektion darf nur vom Segen des Autos gesprochen werden, und der öffentliche Verkehr wird von den Vorstandsmitgliedern richtig verdammt. Spricht man von Raumplanung, wird man mit der Bemerkung abgekanzelt: ‹Hier wird nicht politisiert.›» ......

Mitglied aus Affoltern a. A., Leserbrief, 1986

Im «Naturfreund», redigiert von Strahm, nahmen die Beiträge zu Umweltfragen ab 1986 immer mehr Raum ein. Die Mitglieder wurden hier mit Fragen konfrontiert, zu denen der Verband öffentlich Stellung bezog. Dazu zählten etwa der Schutz der durch ein Kraftwerkprojekt gefährdeten Hochebene Greina, aber auch die Ablehnung der geplanten Winter-Olympiade in der Schweiz. Das führte zu einer Flut von Leserbriefen, in denen neben Zustimmung auch viel Protest zum Ausdruck kam. So meinte ein Mitglied aus der Ostschweiz: «Geschätzter Naturfreund, besinnen wir uns wieder mehr auf unsere Ideale,

Das verjüngte Sekretariatsteam nach der Verlegung des Zentralsekretariats von Zürich nach Bern 1988. Von links nach rechts: Walter Wyss, Rudolf Strahm (Zentralsekretär), Irene Ryf, Hans Rothenberger, Ruth Straubhaar, Sonja Pschorn.

L'équipe rajeunie du secrétariat central après le transfert du siège de Zurich à Berne en 1988. A partir de la gauche: Walter Wyss, Rudolf Strahm (secrétaire central), Irene Ryf, Hans Rothenberger, Ruth Straubhaar et Sonja Pschorn.

streben nach aktiven Sektionen und gut frequentierten Häusern und weniger nach Stellungnahmen gegen Waldrodungen, autofreie Sonntage, Proteste gegen Olympiaden und den ganzen Papierkrieg mit Landschaftserhaltung und Raumplanung.»[90]

Darin kommt ein Befremden, aber auch ein grundlegendes Verständigungsproblem zwischen Erneuerern und Bewahrern zum Ausdruck. Dem Streben nach Aufbruch und Positionierung in einer komplexen Welt stand der Wunsch nach einer überschaubaren, befriedeten Vereinswelt gegenüber. Gerade in einer gewissen Abschottung und Selbstgenügsamkeit lag aber eines der Grundprobleme. Mitgliederverluste, Überalterung und der seit Jahren beklagte Rückgang von Freiwilligenarbeit – zum Beispiel in der Hüttenwartung – waren Folgen davon. Es war dieser Rückzug ins Private, den die Erneuerer im Verband in Frage stellten. Sie schlossen damit im Grunde an alte Ideale der Bewegung an, nämlich an die progressiven Wünsche nach Veränderung der gesellschaftlichen Verhältnisse. In ihrer Sicht erschienen die Naturfreunde als innovationsfeindlicher, kleinkrämerischer und immer in internen Streitereien befangener Rotsockenverein. So schildert es Rudolf Strahm im Rückblick und weist darauf hin, dass sich dieses Bild gerade durch die in der Öffentlichkeit bekannten Häuser verfestigt hatte, und nennt Beispiele: «Es gab eine wahnsinnig strenge Hüttenordnung. Um zehn Uhr war Lichterlöschen. Oder dann kam jemand in die Küche und sagte: ‹Und da ist noch ein Fleck

...... «Allzu viele Sektionen sind in der Gefahr, zu einem Freundeskreis von gleichaltrigen Gleichgesinnten zu werden und so alt zu werden, dass sie ohne Nachwuchs und ohne neue Arbeitsformen bald einfach untergehen.» ......

Rudolf H. Strahm, Zentralsekretär, 1988

Die Rothenthurm-Initiative richtete sich gegen den Bau eines Waffenplatzes in einer Schwyzer Moorlandschaft. Der Verband unterstützte das Begehren, das in der Volksabstimmung vom Dezember 1987 angenommen wurde.
L'initiative de Rothenthurm s'oppose à l'aménagement d'une place d'arme dans un paysage marécageux schwyzois. La fédération soutient l'initiative aprouvée par les électeurs en décembre 1987.

Der Slogan «Die Natur braucht Freunde – Naturfreunde» verband den Verbandsnamen mit ökologischem Engagement. Kleber, Ende 1980er-Jahre.
Le slogan «La nature a besoin d'amis – d'amis de la nature» met en avant l'engagement écologique de la fédération. Autocollant, fin des années 1980.

und dort ist nicht ganz sauber.› Es war eine strenge, klein karierte Arbeiterkulturordnung.»⁹¹
Diese Erinnerung hat viel mit Strahms Erfahrungen in den Bereichen Anwerbung neuer Mitglieder und Sanierung der Häuser zu tun. Eine der Strategien, die Naturfreunde zu «verkaufen», war zum Beispiel eine Gratisübernachtung für eine Familie in einem Naturfreundehaus auf Kosten des Landesverbands. Das war ein voller Erfolg, Tausende meldeten sich, einige davon seien wohl auch Mitglieder geworden. An der Aktion beteiligten sich zahlreiche Naturfreundehäuser. Jedoch waren nicht alle dazu bereit oder geeignet. Das Selbstverständnis als «privater» Verein hatte teilweise dazu geführt, dass manches Haus eher als geschlossenes Club- oder Familienlokal geführt wurde. Hinzu kamen die – seit langem beklagten – ungenügenden sanitären Einrichtungen sowie die fehlenden Zimmer. Solche Modernisierungsschritte, wie sie in den Landeshäusern vorangetrieben worden waren, hatten viele Sektionen unterlassen. Mangelnde Finanzen waren ein Grund dafür, ein anderer war eine gewisse mentale Abwehr. Strahm kam sich gelegentlich als Rufer in der Wüste vor: «Ich habe immer gepredigt: ‹Seid offen gegenüber neuen Leuten.› Heute will halt jemand duschen, und eine Familie will einen Schlag für sich. Das ist nicht mehr wie früher. Und vielleicht braucht es auch Betten und Leintücher.» Oft habe er aber das Gefühl gehabt, dass die Sektionsverantwortlichen eine solche Komfortsteigerung als masslose Zumutung empfunden hätten. Es gab jedoch auch Sektionen, welche dank vergünstigten Hypotheken der Schweizerischen Gesellschaft für Hotelkredit ihre Liegenschaften Ende der 1980er-Jahre sanieren konnten.⁹² Dass dieses Förderinstrument im schweizerischen Tourismus auch Naturfreundehäusern zugute kam, verdankte sich einem Vorstoss der Geschäftsleitung.⁹³

Um die eher schwierige Integration neuer Mitglieder in bestehende Sektionen nicht zum Stolperstein für Interessierte werden zu lassen, schuf die Delegiertenversammlung 1987

Die Merkblätter «Sport und Umwelt», die für ein umweltverträgliches Verhalten bei verschiedenen Outdoor-Aktivitäten sensibilisieren, wurden vom Verkehrsverband Berner Oberland mit dem Preis für nachhaltigen Tourismus gewürdigt. Zentralsekretär Rudolf Strahm und Zentralpräsident Peter Bernasconi bei der Übergabe der Skulptur, gestaltet vom Interlakner Künstler Werner Fehlmann, 1991.

Les bulletins d'information «Sport et environnement» visant à sensibiliser le public en faveur d'un comportement respectueux lors de leurs différentes activités en plein air ont été distingués par le Prix du tourisme durable décerné par l'Union du tourisme de l'Oberland bernois. Rudolf Strahm, secrétaire central, et Peter Bernasconi, président central, lors de la remise de la sculpture réalisée par l'artiste d'Interlaken Werner Fehlmann, 1991.

...... «DIE NATURFREUNDE SCHWEIZ VERSUCHTEN IN DEN LETZTEN DREI BIS VIER JAHREN DEN AUSBRUCH AUS DEN TRADITIONELLEN GELEISEN DES VEREINSLEBENS. IN EINIGEN TEILBEREICHEN IST DIESER KURSWECHSEL GEGLÜCKT UND EIN STÜCK WEIT GEDIEHEN, IN ANDERN STEHT DER WANDEL ERST AM ANFANG DES GEWAHRWERDENS EINES ÄNDERUNGSBEDARFS.» ......

Peter Bernasconi, Zentralpräsident, 1990

die neue Kategorie der Direktmitgliedschaft. Dies nutzten insbesondere jüngere Personen, welche sich durch umweltpolitische Zielsetzungen oder einzelne Dienstleistungen angesprochen fühlten. So gelang es, ab 1987 die Zahl der Mitglieder wieder ansteigen zu lassen. Die Zahl der Sektionsmitglieder war jedoch weiterhin stagnierend bis rückläufig (siehe Mitgliederstatistik im Anhang).

Das angestrebte neue Image und die neuen Mitglieder machten aber auch neue Angebote notwendig. Strahm zitiert den damals beigezogenen Werbefachmann Walter Wyss, der immer darauf beharrt habe, dass man für einen Verband nur werben könne, wenn das Produkt stimme. Die Reaktivierung der Häuser war ein Schritt dazu. Andere bestanden in neuen Dienstleistungen: Im Bereich Tourismus wurde 1989 die Naturfreundereisen AG (heute: natureteam) gegründet. Unter der Leitung von Christian Burkhard bietet sie bis heute ein Fernreise-, Abenteuer- und Outdoor-Programm mit umwelt- und sozialverträglichem Charakter an. Die rechtliche Auslagerung bezweckte, durch allfällige finanzielle Rückschläge den Verband nicht zu gefährden. Als Aktionäre zeichneten der Zentralverband (bis 2004) sowie einzelne Sektionen. Ein zweites kommerzielles Standbein war der Vertrieb von Umwelt- und Freizeitartikeln (NFS Boutique). 1991 gingen die Naturfreunde Schweiz auch eine (heute noch bestehende) Zusammenarbeit mit dem Sportartikelversand Sirius ein.

.... «Es genügt nicht mehr, billige Urlaube anzubieten oder Hütten zu betreiben. Wenn wir weiterhin erfolgreich bleiben wollen, müssen wir auch unsere Arbeit und unsere Ziele ändern. Um junge Menschen anzusprechen, müssen wir (wieder!) fortschrittliches Engagement entwickeln und zeigen.» ......

Manfred Pils, Sekretär Naturfreunde Internationale, 1993

Ein wichtiger Schritt auf dem Weg der Erneuerung und der Überwindung verbandsinterner Differenzen war der Umzug des Zentralsekretariats von Zürich nach Bern im Mai 1988. Damit war eine personelle Erneuerung im Zentralsekretariat verbunden. Zudem rückte die Verbandszentrale der Westschweiz ein entscheidendes Stück näher. Strahm bemühte sich um persönliche Kontakte und fand eine gute Verständigung mit dem damaligen Präsidenten der Union romande des Amis de la Nature (URAN) Gabi Cuany sowie Zentralkassier André Collioud. Letzterer verkehrte seit dem Umzug nach Bern sehr regelmässig im Zentralsekretariat, was zuvor nicht der Fall gewesen war. Eine Französisch sprechende Sekretärin sorgte ausserdem dafür, dass den Romands der Kontakt mit der Zentrale leichter fiel.

Von oben reformieren

Nach seiner Wahl in den Nationalrat 1992 entschloss sich Strahm zum Rücktritt. In der Bilanz sah er das ursprüngliche Ziel – die Verankerung des Umweltschutzgedankens in den Sektionen – als gescheitert. Er empfahl, das Umweltengagement künftig nur auf nationaler und kantonaler Ebene zu verfolgen und durch Kurse ein neues Kader heranzubilden, was bislang zu wenig erfolgt sei. Eine zweite Änderung schlug Strahm hinsichtlich des breiten Spektrums von parallel verfolgten Projekten und Aktivitäten vor. So schwebte ihm im weiten, historisch gewachsenen Bereich der sportlichen Aktivitäten eine Spezialisierung auf «sanfte» Sportarten vor, kombiniert mit neuen organisatorischen Strukturen, zum Beispiel regionalen Clubs, die unabhängig von den Sektionen und traditionellen Verbandsstrukturen funktionieren sollten.[94]

Das Team des Zentralsekretariats 1994. Vorne von links: Irène Fivian, Myriam Fachin, Barbara Rieder. Hinten von links: Patrick Hauser, German Eyer, Zentralsekretär Peter Glauser, René Moor.

L'équipe du centre administratif en 1994. Au premier plan de gauche à droite: Irène Fivian, Myriam Fachin, Barbara Rieder. Derrière à partir de la gauche: Patrick Hauser, German Eyer, Peter Glauser (secrétaire central), René Moor.

In diesen Vorschlägen klangen Ideen an, welche die österreichischen Naturfreunde gerade im Rahmen eines Reformprogramms umzusetzen begannen. Manfred Pils, Zentralsekretär der Naturfreunde Internationale, erläuterte dieses den Schweizer Naturfreunden an der Delegiertenversammlung 1993.[95] Das Reformprogramm fusste auf dem Grundsatz «weg vom Sektionsprinzip» und sah eine Teilung der Verbandsorganisation in folgende drei Tätigkeitsgebiete vor: einen Clubbereich, wo sich Leute ihren Interessen gemäss fanden, einen Servicebereich, der Kurse, Reisen oder Freizeitartikel anbot, und einen Projektbereich, wo Engagement für Umwelt oder sanften Tourismus seinen Platz hatte. Damit einhergehen sollte die notwendige Professionalisierung, welche den Naturfreunden erlauben würde, im unterdessen stark kommerzialisierten Freizeit- und Sportbereich zu bestehen.

...... «DIE NATURFREUNDE HABEN IN DEN LETZTEN JAHREN PROFIL IN DER ÖFFENTLICHKEIT GEWONNEN. IN ZUKUNFT BRAUCHT ES IM SPORT- UND KURSBEREICH NEUE IMPULSE MIT PROFESSIONELL ORGANISIERTEN STRUKTUREN.» ......

Peter Bernasconi, Zentralpräsident, 1992

Die bisherige Professionalisierung der Naturfreunde Schweiz wies in Ansätzen in dieselbe Richtung wie das österreichische Reformmodell. Unter Führung des Zentralpräsidenten Peter Bernasconi (im Amt seit 1989) folgten weitere Schritte. Zu einem Schwerpunkt wurde die Umgestaltung des Kurswesens, das heisst die Leiterausbildung und die Angebotserweiterung für Mitglieder. Damit kam der Verband einem Beschluss der Delegiertenversammlung 1990 nach, die einem entsprechenden Sektionsantrag zugestimmt hatte. Im operativen Bereich fiel diese Aufgabe dem Geografen Peter Glauser zu, der 1992 die Leitung des Zentralsekretariats übernahm. Neben umweltpolitischem Interesse, fachlichen und organisatorischen Fähigkeiten brachte er als Bergsteiger auch sportlich-praktische Erfahrung mit.

Die Umstrukturierung des Kurswesens führte 1996 zur Abschaffung der seit rund 40 Jahren bestehenden Fachausschüsse. Ab 1997 wurde das gesamte Kursangebot unter der – zuerst von den österreichischen Naturfreunden eingeführten – Bezeichnung «team alpin» (heute: outdoor team) vermarktet. Die Verantwortung für Gestaltung und Durchführung der Kurse lag neu beim Zentralverband. Zuvor hatten diese Aufgabe die dezentral organisierten Fachausschüsse wahrgenommen, welche das Kursangebot in Eigenregie geführt hatten. Neu war auch, dass die Kurse von professionell ausgebildeten Personen konzipiert und durchgeführt wurden. Zu jeder Leiterausbildung gehörte nun neben der Vermittlung von Fachkenntnissen eine Schulung in Ökologie sowie in Gruppenführung (Coaching). Die Vielzahl der bisher angebotenen Ausbildungsmöglichkeiten wurde hingegen reduziert. Das Ziel war, mit der Konzentration auf bestimmte Bereiche mehr Profil zu gewinnen. Dafür boten sich das Wandern und verwandte sportliche Aktivitäten wie Trekking in den Alpen, Weitwandern und Schneeschuhwandern an. Die Naturfreunde Schweiz sollten damit ein Feld besetzen, das von keiner anderen Organisation bearbeitet wurde, und sich so gegenüber anderen Sport- und Freizeitorganisationen besser profilieren. Peter Glauser im Rückblick dazu: «Obwohl ich leidenschaftlicher Bergsteiger war, habe ich den Naturfreunden versucht klar zu machen, dass gerade die Ausbildung von Bergführern nicht zu ihrem Profil gehörte. Dafür bot der Schweizer Alpen-Club eine tausendmal professionellere Ausbildung

...... «Wollen die Naturfreunde auch im 21. Jahrhundert ein Verband sein, der ein attraktives Angebot im Bereich ‹Aktivität in der Natur› und ein fundiertes ‹Engagement für die Umwelt› als seine inhaltlichen Schwerpunkte anbietet, so hängt dies zum einen von der professionellen Verbandsführung, zum andern aber von der Mitgliedschaft selbst ab. Ohne eine klare Verjüngung werden die Naturfreunde in den kommenden Jahren an Bedeutung verlieren.» ......

Peter Glauser, Zentralsekretär, 1992

Im August 1990 erholten sich 40 strahlengeschädigte Jugendliche aus Luginy bei Tschernobyl im Naturfreundehaus «Passwang». Die Initiantin Siglinde Cramm, Pfarrfrau aus Bottmingen, fand im abseits der Konsumwelt liegenden Haus einen idealen Ort, um die in grosser Armut lebenden Jugendlichen vor einem Zivilisationsschock zu bewahren. Gleichzeitig erlaubte die Nähe zur Stadt Basel die Durchführung medizinischer Untersuchungen. Einige jugendliche Gäste mit der «Hausmutter» Susanne Küpfer auf Passwang. Foto: Pino Covino. En août 1990, 40 jeunes victimes d'irradiations originaires de Luginy près de Tchernobyl, sont venus passer un mois à la maison des Amis de la Nature «Passwang». Siglinde Cramm, femme du pasteur de Bottmingen, est à l'origine de cette initiative visant à soulager ces jeunes vivant dans une extrême précarité du choc de civilisation subi en les hébergeant dans une maison à l'écart du monde de la consommation. La proximité de la ville de Bâle a en même temps permis de soumettre les jeunes visiteurs à des examens médicaux. Jeunes hôtes entourant la «patronne» de la maison Passwang, Susanne Küpfer. Photo: Pino Covino.

an, genauso war es beim Skifahren. Wer Skileiter werden wollte, konnte das beim Schweizerischen Skiverband machen.»[96]

Damit setzte sich Glauser zwar nicht durch, doch die Neustrukturierung des Kurswesens kam einer kleinen Revolution gleich. Die Freude darüber war nicht überall gleich gross. Während das Echo an der Mitgliederbasis mehrheitlich positiv ausfiel, so die Einschätzung von Glauser, reagierten die früheren Leiter der Fachausschüsse rundum ablehnend. Der Eingriff in das Kurswesen wurde als Infragestellung der bisher erbrachten Leistungen und Kompetenzen empfunden. Trotz der langen Phase der Umstrukturierung fühlten sich manche Kursverantwortliche überrumpelt und zu wenig in die Neuausrichtung einbezogen. Die Professionalisierung der Leiterausbildung stellte nicht zuletzt die bisherige ehrenamtliche Wissensvermittlung unter Laien und somit ein identitätsstiftendes Element in der Naturfreundearbeit in Frage. René Merki, einer der damals ausscheidenden (heute aber wieder aktiven) Kursleiter für Natur- und Pilzkunde sagt: «Ich bin Gärtner und eidgenössisch anerkannter Pilzkontrolleur. Reicht das etwa nicht? Warum braucht es Akademiker?» (siehe auch Porträt René Merki)

...... «DAS TEAM ALPIN UMFASST ALS GEFÄSS ALLE NEUEN AKTIVITÄTEN, DIE DEN CHARAKTER EINES EXPERIMENTES HABEN UND AUF NEUE ZIELGRUPPEN AUSGERICHTET SIND. INSBESONDERE EIN MANGELNDES ANGEBOT DER KANTONALVERBÄNDE FÜR JUGENDLICHE SOLL AUSGEGLICHEN WERDEN.» ......
Konzept Kurswesen 2000, 1995

Aus Sicht der Verbandsleitung waren es vor allem organisatorisch-finanzielle Mängel der Ehrenamtlichkeit, welche zum Handeln veranlassten: Das Kurswesen erschien ihr als undurchsichtig und kostspielig. Eine 1994 durchgeführte Analyse brachte zutage, dass sich die tatsächliche Organisation deutlich von den statutarisch verankerten Formen entfernt hatte.[97] So nahmen Geschäftsleitung und Kurskommission, in deren Kompetenzen Budget, Planung, Koordination und Kontrolle fielen, ihre Aufgaben kaum mehr wahr. Die Mitglieder der Kurskommission, die jeweils für bestimmte Bereiche (Kurstätigkeit in der Westschweiz, Wandern und Bergsteigen und Ähnliches, Jugend, Funktionärsschulung) zuständig gewesen wären, übten diese Funktionen nicht aus. Dafür hatten die ihnen an sich untergeordneten, insgesamt elf Fachausschüsse ein umso grösseres Gewicht.[98] In Realität waren sie es, die das Kurswesen bestimmten. Die Analyse ihrer Aktivitäten stellte eine weitere Abweichung vom eigentlichen Aufgabenbereich fest: Die Fachausschüsse waren gemäss Statuten primär für die Aus- und Weiterbildung des verbandsinternen Kaders zuständig. Tatsächlich traten sie aber vermehrt als Veranstalter von Touren-, Wander- oder Fotowochen auf, die nicht der Ausbildung dienten. Dadurch entstanden Überschneidungen mit den Aktivitäten der Kantonal- und Regionalverbände, deren Kurswesen sich gerade dadurch vom nationalen unterschied, dass es sich auf die Vermittlung von Wissen oder sportlichen Techniken an Mitglieder spezialisierte. Einige Fachausschüsse waren personell überbesetzt, litten an Überalterung und erzielten als langjährig zusammenarbeitende Kollegenteams kaum mehr Aussenwirkung. Gemessen am professionalisierten Ausbildungs- und Kursangebot anderer Organisationen – so des Schweizer Alpen-Clubs, der Schweizer Wanderwege, des Schweizerischen Skiverbands oder auch der Migros-Clubschulen – schien das verbandseigene Kurswesen nicht mehr konkurrenzfähig. Neben der Leiterausbildung trat der Landesverband auch vermehrt als Veranstalter von

Sport- und Freizeitangeboten für die Mitglieder auf. Maultiertrekking, Kanufahren, Waldwochen für Familien oder ein Umwelteinsatz im Bergwald standen auf dem Programm. Mit solchen aussergewöhnlichen Angeboten wollte der Verband seine Attraktivität steigern und vor allem den neuen Direktmitgliedern ohne Sektionsanbindung etwas bieten. Dieses Programm fand ebenfalls unter dem Label «team alpin» statt, erstmals bereits 1995. Dieses Jahr stand auch sonst im Zeichen des Aufbruchs: Es war das Jahr, in dem die Schweizer Naturfreunde sich ihrer internationalen Einbindung und des damit verbundenen Potenzials vermehrt bewusst wurden. Anlass dazu waren die Feiern des 100-jährigen Bestehens der Naturfreunde Internationale, zu der zahlreiche Mitglieder nach Wien reisten. 1995 war aber vor allem das Jahr, in dem der Schweizer Verband Veranstalter der «Landschaft des Jahres» war, ein seit 1987 jährlich von der Naturfreunde Internationale vergebenes Projekt. Die gewählte Region waren «Die Alpen», genauer das Gebiet der drei Pässe Susten, Grimsel und Furka. Das bot Gelegenheit, Sport- und Wanderveranstaltungen mit der Sensibilisierung für die ökologischen und kulturellen Verhältnisse zu verbinden. Nur vier Jahre später profilierte sich der Verband mit einem weiteren Grossprojekt – dem Kulturweg Alpen. Dabei handelt es sich um eine Weitwanderroute, die von St-Gingolph im Wallis bis nach Müstair führt, markiert durch Tafeln im Gelände, mit geführten Wanderungen begangen und vor allem durch ein Buch begleitet, das neben praktischen Informationen vor allem ein verkehrs- und kulturgeschichtlicher Begleiter ist.

Mit dem Entscheid, seine Rolle als Ausbildner und Veranstalter von Freizeit- und Sportaktivitäten sowie als Organisator von publikumswirksamen Wanderprojekten von Grund auf zu erneuern, hatte der Verband ein Signal gesetzt: Es stellte eine Art Rückbesinnung auf seine Kernkompetenzen und eine gewisse Lösung vom zuvor angestrebten Image als Umweltverband dar. Die Geschäftsleitung formulierte diese Richtungsänderung in

Am NFI-Projekt «100 000 Bäume für Europa» beteiligten sich 13 Schweizer Sektionen und ein Kantonalverband. Sie behoben Sturm- und Windschäden im Wald, begrünten Städte, legten Hecken an und pflanzten Obstbäume. Besonders fleissig waren die 21 Frauen, Männer und Kinder der Sektion Lotzwil-Madiswil, die 850 Bäume pflanzten und dafür von der NFI ausgezeichnet wurden. Werbeplakat, 1995.
13 sections suisses ainsi qu'une association cantonale participent au projet de l'Internationale des Amis de la Nature «100 000 arbres pour l'Europe». Elles réparent les dégâts du vent et de la tempête, reverdissent les villes, plantent des buissons et aménagent des vergers. Les 21 hommes, femmes et enfants de la section Lotzwil-Madiswil ont été particulièrement assidus en plantant 850 arbres et en récoltant pour cela une distinction de l'IAN. Affiche publicitaire, 1995.

einem Perspektivenpapier 1995: Die Naturfreunde Schweiz wollen sich zu einem «Verband für Freizeit und Umwelt weiterentwickeln, in welchem Aktivität, Natur und Solidarität die tragenden Elemente bilden».[99] Später wurde daraus die auch heute noch verwendete Definition als «umweltorientierter Sport- und Freizeitverband». Die Verbandsspitze reagierte damit auf die anhaltende Kritik an der «Ökologisierung», welche für den Verband zur Zerreissprobe geworden war. Bei manchen Mitgliedern vermischte sich diese Kritik mit einer Ablehnung der Verbandsleitung sowie der gestärkten und professionalisierten Führung durch das Zentralsekretariat, wie sie seit Ende der 1980er-Jahre aufgebaut worden war. Diese Stimmen befanden, die Basis des Verbands, die Sektionen, hätten keine Mitspracherechte mehr, die Zentrale in Bern verfüge über zu viel Macht, und sie sei von der Basis abgekoppelt. Ab 1997 gewannen sie mehr Gehör.

Dezentrale Strukturen stärken

Die jüngste Vergangenheit stand im Zeichen einer – weiteren – Neuorientierung. Sie betraf nicht inhaltliche Ziele, sondern die Entscheidungs- und Mitbestimmungsstrukturen: Im Kern ging es darum, die als verfehlt betrachtete Reform «von oben» zu korrigieren durch eine neue Orientierung «von unten». Damit hoffte die Verbandsführung, die schwelende Unzufriedenheit bei einzelnen Sektionen und Mitgliedern zu überwinden.

Dieser Prozess begann 1997. Er startete unter dem Präsidium von Peter Bernasconi und wurde von seinem Nachfolger, dem St. Galler Rechtsanwalt Stephan Frischknecht, weitergeführt. Unter der Bezeichnung «nfs future» setzte eine rund zwei Jahre dauernde Diskussions- und Umbauphase ein.[100] Der Devise der offenen Planung getreu begann sie mit einer Zukunftswerkstatt, an der sich neben Funktionären aus leitenden Gremien auch weitere Mitglieder beteiligten. Ein Fragebogen entstand, der im Herbst 1997 allen Sektionen zugestellt wurde. Darin konnten die Interessierten zu allen Bereichen – von der Organisation über thematische Schwerpunkte bis hin zu einzelnen Dienstleistungen oder zur Öffentlichkeitsarbeit – Stellung nehmen. Von 118 antwortenden Sektionen äusserte eine Mehrheit Zufriedenheit mit der inhaltlichen Ausrichtung des Verbands. Besonders gute

Die von der NFI jährlich proklamierte «Landschaft des Jahres» hiess 1995/96 «Die Alpen» und wurde sowohl vom schweizerischen wie vom österreichischen Landesverband durchgeführt. Das kulturell-ökologisch ausgerichtete Projekt zeigte die Lebensgrundlagen in der Region Grimsel–Furka–Susten auf und ermöglichte eine sanft-touristische Erfahrung. Der Biologe Markus Ritter spricht am Alpenfest, Juli 1995.

Le «Paysage de l'année» proclamé tous les ans par l'IAN est en 1995/96 «Les Alpes» conjointement célébré par les fédérations nationales suisse et autrichienne. Le projet d'orientation culturelle et écologique révèle les fondations vitales de la région Grimsel-Furka-Susten et met en œuvre un tourisme doux. Le biologue Markus Ritter parle lors de la Fête des Alpes, juillet 1995.

Noten bekam die Verbandszeitschrift. In fünf Bereichen meldeten jedoch die Hälfte oder mehr der Antwortenden Unzufriedenheit. Das betraf die Organisations- und Führungsstrukturen, das Häuserwesen, die Kurse, die Öffentlichkeitsarbeit und das Mitgliederwesen. Die angeführten Änderungswünsche umfassten ein breites, und wie nicht anders zu erwarten, sehr widersprüchliches Spektrum.

...... «Am stärksten bekommen die Naturfreunde den gesellschaftlichen und wirtschaftlichen Wandel im Häuserwesen zu spüren. Neben den zunehmenden finanziellen Schwierigkeiten im Betrieb bereitet es den Sektionen von Jahr zu Jahr mehr Mühe, den grossen Arbeitsaufwand für den Unterhalt und den Betrieb durch Ehrenamtliche aufrecht zu erhalten.» ......

Jahresbericht 1997 bis 1999

Bei der Häuserpolitik schwang am stärksten die Meinung obenaus, dass die Sektionen hier alleiniges Bestimmungsrecht haben und die Instanzen des Zentralverbands sich nicht einmischen sollten. In der Öffentlichkeitsarbeit wurde mehr Präsenz in den Medien gewünscht, am Kurswesen eine mehrheitlich fehlende Koordination bemängelt; auch die Mitgliederkategorien galten vielen als zu kompliziert. Bei den Organisations- und Führungsstrukturen kritisierte die Mehrzahl der Unzufriedenen, dass es zu viele Funktionäre gebe und die Zusammenarbeit und der Informationsfluss schlecht funktionierten. Die Lösungen sahen verschieden aus: Die meisten schlugen vor, die Regional- und Kantonalverbände abzuschaffen (15 respektive 17 Meinungen von 60). Etwas weniger (13 von 60) übten Kritik am Zentralvorstand, der als zu gross und zu teuer oder der Basis zu fern stehend galt.

1999 weckte der Verband mit dem «Kulturweg Alpen» grosses öffentliches Interesse: Der Weitwanderweg von St-Gingolph nach Müstair führt durch alle vier Sprachregionen und ist ein Plädoyer für die Wiederentdeckung des Weitwanderns. Der Schweizerische Bäcker- und Konditorenmeisterverband trat als Sponsor auf und kreierte ein «Alpenbrot». Das Begleitbuch «Kulturweg Alpen» erschien in deutscher und französischer Ausgabe.

La fédération fait couler beaucoup d'encre en 1999 avec son «Sentier culturel des Alpes»: le chemin de grande randonnée de St-Gingolph à Müstair traverse les quatre régions linguistiques nationales et est un plaidoyer pour la redécouverte de la grande randonnée. L'Union suisse des boulangers et pâtissiers sponsorise le projet et lance un «pain des Alpes». Un livre sur le Sentier culturel paraît en allemand et en français.

Das Ergebnis der Befragung war interpretationsbedürftig. Eine zehnköpfige Arbeitsgruppe unter Leitung von Stephan Frischknecht führte die Diskussion weiter und legte ihre Ergebnisse periodisch einer grösseren Begleitgruppe vor. Im Frühsommer 1998 entstand ein Leitbild, das in Vernehmlassung ging. Ein Viertel der Kontaktierten antwortete. Als wichtigstes Resultat nannte Peter Glauser, der als Zentralsekretär Mitglied der Arbeitsgruppe war, dass die Sektionen und Kantonalverbände insbesondere die vorgeschlagene «straffere Verbandsorganisation und direktere Informations- und Entscheidwege» begrüssten. Konkret handelte es sich dabei um den Vorschlag, den Zentralvorstand aufzulösen und dessen Kompetenzen an die Geschäftsleitung (neu als «Vorstand» bezeichnet) sowie an die Delegiertenversammlung (die neu jedes Jahr tagen sollte) zu übertragen. Dadurch sollten «zu viel Sitzungsarbeit der Ehrenamtlichen» eingespart, «Entscheidabläufe vereinfacht», der «direkte Kontakt zwischen den Sektionen und dem Landesverband verbessert» und «die demokratische, dezentrale Struktur der Naturfreunde weitergeführt» werden.[101] In der Vernehmlassung begrüsste eine grosse Mehrheit die «schlankeren» Strukturen. Nur gerade zwei Stimmen wandten sich gegen die Abschaffung des Zentralvorstands. Die geringe Opposition mag erstaunen, entsprach der Zentralvorstand doch einem Parlament oder in der Privatwirtschaft einem Verwaltungsrat. Einer der Gegner erinnerte genau an diese Funktion als «diskussionsfähiges, flexibles Gremium», das auch kurzfristig handlungsfähig war. In der einmal pro Jahr tagenden Delegiertenversammlung mit 300 bis 400 Teilnehmenden sah er demgegenüber kein wirkliches Diskussionsforum. Wenig informierte Sektionsdelegierte könn-

Der «Kulturweg Alpen» ist durch fest installierte Tafeln markiert. Die Montage verwirklichten mehrere Sektionen in einer koordinierten samstäglichen Aktion im «Jahr der Freiwilligen» 2001 – mit Ausnahme der Wegstrecke in Graubünden, wo der Kanton technische Vorbehalte machte.
Le «Sentier culturel des Alpes» est balisé par des panneaux indicateurs installés par plusieurs sections lors d'une action coordonnée un samedi pendant l'«Année du bénévolat» 2001 – à l'exception d'un tronçon aux Grisons où le canton a invoqué des problèmes techniques.

...... «DIE BESTEHENDEN VERBANDSSTRUKTUREN SIND SEHR SCHWERFÄLLIG UND STÜTZEN SICH AUF ZU VIEL SITZUNGSARBEIT DER EHRENAMTLICHEN UND DES ZENTRALSEKRETARIATS.» ......

Antrag zur Vereinfachung der Organisationsstrukturen, Ausserordentliche Delegiertenversammlung Thun, 1998

Bergsteiger- und Kletterkurse für Kinder sind attraktiv. Kurs des Regionalverbands Ostschweiz in Braunwald, 2003.
Les cours d'escalade ou de varappe sont attractifs pour les enfants. Cours de l'association régionale de Suisse orientale à Braunwald, 2003.

ten sich dann leicht «durch einige wenige, gut und polemisch vorgetragene Voten beeinflussen» lassen.[102] Dieser Ansicht stand das Bedürfnis der Verbandsspitze gegenüber, gerade mit den Sektionsvertretern – als Repräsentanten der Basis – in Kontakt zu kommen. Genau diese Funktion erfüllte der Zentralvorstand, dessen (oft langjährige) Mitglieder durch die Kantonalverbände gewählt wurden, offenbar nicht mehr.[103] Im Herbst 1998 stimmte eine ausserordentliche Delegiertenversammlung in Thun dem neuen Leitbild und somit der Auflösung des Zentralvorstands zu. Die neuen Zentralstatuten wurden, nach einer Vernehmlassung bei den Sektionen, in bereinigter Form an der Delegiertenversammlung 1999 in Arth-Goldau verabschiedet. Die Delegiertenversammlung entspricht seither dem einmal jährlich tagenden Parlament (jede Sektion entsendet einen Delegierten pro 250 Mitglieder). Zu ihren Kompetenzen zählen neu unter anderem die Finanzplanung, die Mehrjahresplanung, der Erlass von Reglementen (für die Häuser, das Mitgliederwesen, die Geschäftsprüfungskommission) und die Genehmigung zum Verkauf von Naturfreundehäusern. Die Zuständigkeit des Vorstands fällt eher in die Umsetzung und Konkretisierung der Beschlüsse (zum Beispiel Jahresplanung, Budget). Weiter obliegen ihm die Überwachung des operativen Betriebs (Geschäftsstelle, rechtlich selbständige

...... «Die Reorganisation unseres bald hundertjährigen Verbands kann nur gelingen, wenn dieser Prozess bei Mitgliedern und Sektionen breit abgestützt ist. Die starke Teilnahme am bisherigen Prozess zeigt, dass wir diesbezüglich auf dem richtigen Weg sind.» ......

Stephan Frischknecht, Zentralpräsident, 1998

1999 gab sich der Verband schlankere Strukturen und stärkte die Mitsprache der Mitgliederbasis: Der 1946 geschaffene Zentralvorstand wurde abgeschafft, die Kompetenzen der seither jährlich tagenden Delegiertenversammlung erweitert. Delegiertenversammlung in Nyon, 2001.
En 1999, la fédération adopte des structures plus souples et élargit le pouvoir décisionnel de la base de ses membres: le comité central créé en 1946 est aboli tandis que les compétences de l'assemblée des délégués désormais annuelle sont étendues. Assemblée des délégués à Nyon, 2001.

Betriebe), nationale und internationale Zusammenarbeit sowie statutarische Fragen betreffend die Sektionen (Auflösung, Fusion) und die Mitglieder (Ausschluss). Als Kontrollinstanz des Vorstands, der Geschäftsstelle und der Kommissionen fungiert, wie bisher, eine Geschäftsprüfungskommission.

Sie hat sich insbesondere über die korrekte Verwendung der Finanzen zu äussern und die Jahresrechnung zu prüfen.

Artikel 2 und 3 der Statuten reflektieren die abgeschwächte Bedeutung des ökologischen Engagements. Zwar ist hier weiterhin von ökologischen Interessen die Rede, öffentliche Stellungnahmen zu Sport-, Freizeit-, Natur- und Umweltthemen sind vorgesehen, und der «sanfte Tourismus» sowie eine «nachhaltige Entwicklung» werden als orientierende Ziele bezeichnet. Deutlich stärker gewichtet ist jedoch die sportliche Aktivität, die sinnvolle Freizeitgestaltung und die Pflege der Freundschaft. Gerade mit der Betonung von Freundschaft wurde eine gewisse Rückbesinnung auf «alte Werte» angestrebt. Das führte auch dazu, dass im Verbandslogo die seit 1895 für Verbundenheit und Solidarität stehenden Händchen wieder eingeführt wurden, nachdem sie 1995 einem reinen Schriftzug gewichen waren.

...... «DIE ZUKUNFT DER NATURFREUNDE KANN NUR GESICHERT WERDEN, WENN ES UNS GELINGT, NEUE IDEEN IN DEN VERBAND ZU BRINGEN, WENN ES GELINGT, DEN FAMILIENBEREICH, DEN JUGENDBEREICH UND SPEZIELL DEN BERGSPORTBEREICH AUSZUBAUEN. NUR SO KOMMEN WIR ZU NEUEN MITGLIEDERN.» ......

Ruedi Angehrn, Vorstandsmitglied, Leiter Kurswesen, 2004

Zum Zeitpunkt, als der «nfs future»-Prozess mit der Genehmigung der neuen Statuten seinen Abschluss fand, hing der Haussegen allerdings bereits schief. Angesichts zunehmender Konflikte zwischen dem Zentralpräsidenten und dem Zentralsekretär hatte Letzterer per Ende 1999 gekündigt. Wenig später entschieden sich auch sechs von insgesamt sieben Mitarbeitenden zu diesem Schritt. Der damalige Zentralsekretär Peter Glauser beschreibt den enormen Veränderungsprozess seit der Wahl von Stephan Frischknecht 1997 im Rückblick folgendermassen: «Mit Stephan kam eine Energie hinein, die sehr bewundernswert war, eine wahnsinnig starke Energie, ein Verwirklichungsdrang, aber das war auch sehr chaotisch. Ich habe drei Jahre mit ihm zusammengearbeitet. Dann ging es nicht mehr. Ich konnte nicht mehr zuschauen, wie der Verband in die roten Zahlen schlitterte.»[104]
Zum Stolperstein wurde schliesslich ein Projekt, mit dem Frischknecht den neuen Wind im Verband auch materiell vor Augen führen wollte: der Kauf des vormals reformierten Begegnungszentrums Zwingli im toggenburgischen Wildhaus im Frühsommer 1999. Käufer war eine neu gegründete Stiftung «naturfreunde zentrum zwingli».[105] Die finanzielle Seite dieses Unternehmens blieb derart unklar, dass an der Delegiertenversammlung 2000 in Thunstetten Fragen einsetzten. Frischknecht erinnerte daran, dass es sich um eine selbständige Stiftung handle, und versprach die Vorlage einer Jahresrechnung für das kommende Jahr. Diese lag 2001 bei der Delegiertenversammlung in Huttwil vor und wies für das erste Betriebsjahr einen Verlust von 350 000 Franken aus. Gleichzeitig mussten die Delegierten zur Kenntnis nehmen, dass sich die schon zuvor schwierige wirtschaftliche Lage des Zermatter Hotels massiv verschlechtert hatte. Die Finanzen lösten kontroverse Diskussionen aus. Maria Pia Conscience, Vertreterin der Union romande des Amis de la Nature (URAN) und früheres Mitglied der Geschäftsleitung, bezeichnete Frischknechts Ausführungen als «unannehmbar und ungenau». Noch weiter ging ihr Kollege André Collioud, früherer Finanzchef des Verbands und aktuelles Mitglied der Geschäftsprüfungskommission. Das Protokoll vermerkt: «André empfiehlt den Delegierten – entgegen dem von ihm unterzeichneten GPK-Bericht – die Jahresrechnung nicht zu genehmigen und die Décharge nicht zu erteilen. Er will zuerst die Friktionen im Vorstand geklärt haben [...].»[106] Maria Pia Conscience forderte daraufhin den Rücktritt des Präsidenten. Die Delegiertenversammlung verweigerte tatsächlich die Genehmigung der Jahresrechnung mit 61 zu 56 Stimmen bei 13 Enthaltungen. Über die Rücktrittsforderung wurde nicht abgestimmt.
Die offenbar schwierige Zusammenarbeit im Vorstand, die zu vier Rücktritten geführt hatte, provozierte zahlreiche Fragen. Die von Conscience vorgeschlagene ausserordentliche Delegiertenversammlung zur Klärung der Verhältnisse fand aber keine Mehrheit (69 Nein, 43 Ja). Die Opposition der Westschweizer – wesentlich mitgetragen von URAN-Präsident Hansruedi Lauper – bestand auch noch ein Jahr später (Delegiertenversammlung 2002 in Nyon). Sie äusserte sich in einer Serie von Anträgen gegen die Hotels und zum Schutz der Sektionshäuser. Ähnlich turbulente Debatten wie im Vorjahr blieben jedoch aus. Unterdessen waren die internen Probleme auch durch die Presse publik geworden.[107]
2003 stellte der Präsident sein Amt zur Verfügung. Der Druck war angesichts der anhaltenden Schwierigkeiten zu gross geworden. Der Verband war mittlerweile nur noch in reduziertem Mass funktionsfähig. Weitere Vorstandsmitglieder hatten den Rücktritt erklärt. Ebenso bedenklich war die Tatsache, dass sich seit dem Jahr 2000 in der Geschäftsstelle keine personelle Kontinuität entwickelt hatte.

Erstmals in der Geschichte der Naturfreunde Schweiz wurde das Präsidentenamt ausgeschrieben. Der Delegiertenversammlung 2003 in Gadmen lagen zwei Kandidaturen vor: Jene von Hansruedi Lauper, Vorstandsmitglied im Landesverband und Präsident der Union romande des Amis de la Nature (URAN), sowie jene von Jürg Zbinden, Vorstandsmitglied der Sektion Aarau und von Beruf Unternehmensberater. Die Delegiertenversammlung entschied sich für Zbinden und setzte damit einen Bürgerlichen an die Verbandsspitze – eine Premiere im bisher entsprechend seinen historischen Wurzeln stets von Sozialdemokraten präsidierten Verband.

Résumé en français   **Sur la vague verte?**

Depuis 1984, les Amis de la Nature ont procédé à un renouvellement de leur organisation se déroulant en plusieurs étapes et poursuivi jusqu'à nos jours. On a parfois reproché à la fédération une certaine raideur. Le vieillissement était flagrant et le nombre des membres depuis des années en chute libre. Un vent nouveau en politique sociale était alors mis en perspective par les nouveaux mouvements sociaux comme celui des femmes, des antinucléaires et de l'environnement. Avec une direction rajeunie (président Silvio Bircher et secrétaire général Rudolf H. Strahm), la fédération s'est surtout appliquée à se préoccuper des impulsions de l'environnement. Le transfert du secrétariat de Zurich à Berne en mai 1988 a consolidé le nouveau départ et facilité le contact avec la Suisse romande.

Le renouvellement pratiqué avec beaucoup d'engagement a amené quelques succès. On a de nouveau recensé l'arrivée de nouveaux membres à partir de 1987/88. Beaucoup en ont profité de la nouvelle opportunité de devenir membre direct de la fédération nationale. La fédération a délégué une partie de ses prestations à des sociétés partenaires autonomes, comme Naturfreunde Reisen AG fondée en 1989. L'offre d'articles de sport et d'environnement était également nouvelle. Rétrospectivement, Strahm parle toutefois d'échec en évoquant son engagement pour une organisation des Amis de la Nature orientée vers les questions d'environnement. Tous ceux qui cherchaient avant tout dans la fédération l'amitié et la convivialité trouvaient les revendications sur la protection de l'environnement trop abstraites ou «politiques». Dans le domaine des maisons nécessitant une vaste réforme, la force d'inertie était grande. Beaucoup de sections considéraient les maisons comme une propriété privée et se sont montrées fort réservées à l'égard des «étrangers». La modernisation si nécessaire à certains endroits restait un problème irrésolu. Cela a fini par peser sur l'image publique des Amis de la Nature et par handicaper le recrutement de nouveaux membres.

Strahm annonça sa démission après son élection au Conseil national en 1992. Sous la direction du président central Bernasconi et du nouveau secrétaire général Peter Glauser, la réforme de la fédération touchera surtout pendant les années suivantes les domaines des cours. Une analyse scrupuleuse de la situation a fait apparaître beaucoup d'inefficacité. La fin 1996 aura vu l'abolition des commissions d'experts qui existaient depuis 40 ans. Acclamée majoritairement par les membres, cette mesure a pour le moins brusqué les anciens fonctionnaires du système de formation. La responsabilité de la formation des cadres est depuis 1997 entre les mains du comité central. Les cours se déroulent sous la direction de personnes professionnellement qualifiées. Le comité central organise par ailleurs des offres de sport à l'intention de ses membres. Ce sont cependant surtout les associations cantonales et régionales qui sont actives dans ce secteur d'apprentissage de techniques ou de connaissances sportives.

La direction centrale davantage consolidée depuis le renouvellement de la fédération à partir de 1985 a aussi suscité de vives critiques venant de membres qui lui reprochaient une concentration du pouvoir à Berne. A partir de 1997, les efforts de renouvellement allaient aboutir à une nouvelle forme d'identification. Sous la présidence de Stephan Frischknecht, la «base» était censée retrouver ses droits. Un atelier du futur au programme ouvert signalait le départ vers cette nouvelle direction. Le concept «fsan future» a conduit à une nouvelle ligne de directives ainsi qu'à des débats au sein de la fédération. Les résultats étaient contradictoires. L'effort principal a finalement été concentré sur une simplification de la direction de la fédération: une assemblée des délégués extraordinaire en 1998 à Thoune a suivi la motion d'un groupe de travail et décidé l'abolition du comité central. Selon les nouveaux statuts, la responsabilité du destin revenait au secrétariat central ainsi qu'à l'assemblée dorénavant annuelle des délégués.

Malgré tous les efforts, aucun équilibre n'a d'abord pu être trouvé. Des conflits entre le président et le secrétariat central ainsi qu'à l'intérieur du comité provoquèrent une suite de démissions et ébranlèrent gravement l'organisation. En été 1999, le président acheta pratiquement en solitaire via une fondation le centre de rencontres Zwingli à Wildhaus (Toggenburg) avec l'idée d'y promouvoir un tourisme socialement et écologiquement défendable. Un projet similaire suivra en 2001 aux Grisons. Lors de l'assemblée des délégués en 2001 à Huttwil, de graves problèmes financiers apparurent au grand jour suscitant de violentes réactions surtout en Suisse romande. L'hôtel à Zermatt, autrefois la vraie fierté de l'organisation, était également en crise. En 2003, le président ne se représenta pas à la réélection. L'assemblée des délégués nomma alors comme successeur le conseiller argovien en entreprises Jürg Zbinden.

...... RENÉ MERKI ......

Zollikofen

Das Haus sei rosa und nicht zu übersehen, hatte René Merki am Telefon gesagt. René Merki, von Beruf Gärtner, ist seit bald 40 Jahren Mitglied der Naturfreunde und gibt seit 20 Jahren Kurse in Pilz- und Pflanzenkunde. Uns wurde gesagt, er sei ein Bär von einem Mann, also halten wir Ausschau nach einem blumenumrankten rosa Häuschen zwischen alten Bäumen, in dem unser «Waldschrat» wohnen könnte. Aber die Nummer 13 erweist sich als Wohnblock.

René Merki ist in Hindelbank aufgewachsen, wo sein Vater Gärtner in der Frauenhaftanstalt war. Er lernte Gärtner, zog nach der Lehre nach Burgdorf, wo er drei Jahre als Landschaftsgärtner arbeitete. Während der nächsten zwei Jahre war er in der Stadtgärtnerei Bern angestellt, weitere sieben Jahre als Gärtner im Lindenhofspital, und 1979 wechselte er in die Landwirtschaftsschule Rütti-Zollikofen. Seit 1973 ist er mit seiner Frau Berti glücklich verheiratet, gemeinsam haben sie zwei Kinder.

«Burgdorf war Mitte der 1960er-Jahre eine Rockerhochburg», kommt René Merki ins Erzählen, «ich hatte die Lehre beendet, war weg von zu Hause und hatte mein eigenes Leben; ein Rocker war ich nicht, ich habe mich einfach ausgetobt, meine Flegeljahre erlebt. Auf der Suche nach gleich gesinnten Kollegen bin ich 1967 zu den Naturfreunden gestossen. Mein Vater ist gerne in den Bergen gewandert und hat mich und meinen Bruder früh mitgenommen. Er kannte sich in der Natur gut aus und hat mir viel gezeigt. Auch mit dem Pilzsammeln habe ich früh begonnen.

Schon in der Schule bin ich mit einem Freund durch die Wälder gestreift. Nach der Schule stand ich vor einer schwierigen Entscheidung: Gärtner oder Koch? Das eine wurde zu meinem Beruf, das andere zu einem intensiv betriebenen Hobby.»

Von René Merkis Kochkenntnissen profitieren heute die Teilnehmer seiner Pilzkurse. Diese finden jährlich an einem Wochenende statt, in den vergangenen fünf Jahren in Wildhaus, im nächsten Jahr neu im Naturfreundehaus «Tscherwald» bei Amden (SG). Der Kurs beginnt jeweils am Samstagmorgen mit einer Exkursion zu den Pilzplätzen, und man lernt dabei auf spezielle Eigenschaften der Pilze zu achten, zum Beispiel ob sie bitter oder scharf sind oder stinken. Besondere Aufmerksamkeit wird dabei natürlich auch auf das Erkennen von giftigen Pilzen gelegt. Am Abend werden die Pilze sortiert und kontrolliert.

«Bei den Pilzen ist es wie beim Fleisch», sagt René Merki, «es gibt die Filetstücke und das Suppenfleisch. Beim Zubereiten muss man die unterschiedliche Kochzeit der verschiedenen Pilze kennen. Ich gebe keinen Kochkurs, ich zeige nur einige Zubereitungsarten und möchte, dass die Kursteilnehmer Vertrauen gewinnen in diese Materie. Mein Ziel ist, dass die Leute zwei, drei Schwämme absolut sicher erkennen. Deshalb mache ich am Sonntag jeweils eine Bestimmungsübung. Wir erstellen Steckbriefe, wie man sie aus Wildwestfilmen kennt, mit dem Aufruf ‹Wanted›, einem Bild des Gesuchten und der Beschreibung der

René Merki mit einem Anis-Champignon, weit verbreitet und geniessbar.

wichtigsten Merkmale. Zwischendurch schauen wir uns unter dem Mikroskop die Sporen oder die Beschaffenheit von Pilzen an. Zum Schluss machen wir eine Pilzausstellung, gehen die in unseren Gegenden üblichen Pilze noch einmal durch und repetieren die wichtigsten Sammlerregeln. Das Interesse an den Kursen – die Teilnehmerzahl ist auf 15 Personen begrenzt – ist sehr gross.»

In den Pilzkursen vereinen sich Naturerlebnis und kulinarische Nutzanwendung auf ideale Weise. In der Pflanzenkunde ist dies nur beschränkt der Fall, zum Beispiel bei den Kräutern und Wildbeeren. Die Zielsetzung ist bei den Pflanzenkursen deshalb eine andere: Durch die Festlegung von Jahresthemen erhalten die Kursteilnehmer die Möglichkeit, sich im Lauf der Zeit eine umfassende Kenntnis anzueignen, indem sie sich in den jeweiligen Jahreskursen – Kiesgrubenflora, Moorpflanzen, Kräuter als Genuss- und Heilmittel – einen vertieften Einblick in einzelne Bereiche der Pflanzenwelt verschaffen.

René Merki hat sich sein Wissen in der Pilz- und Pflanzenkunde einerseits im Beruf, zu einem wesentlichen Teil aber in Kursen der Naturfreunde angeeignet. Ende der 1980er-Jahre wurde er Mitglied des Fachausschusses Naturkunde. Diesem Gremium des Zentralverbandes gehörten damals rund 15 Frauen und Männer an, und seine Aufgabe bestand darin, das Angebot an Naturkundekursen auszuarbeiten. Den Fachausschuss gab es bis 1995 – und seit dem Jahr 2000 gibt es ihn wieder.

Dazwischen liegen fünf Jahre, von denen René Merki zwar gelassen, aber mit einem unverkennbar «bärbeissig» ironischen Unterton berichtet: «Die Naturfreunde beschlossen 1995, das Kurswesen zu professionalisieren. Uns wurde gesagt: ‹Ihr dürft keine Kurse mehr geben, wir nehmen Profis.› Nun, ich habe den eidgenössischen Ausweis als Pilzkontrolleur und als Gärtner die entsprechenden Berufsdiplome. Aber der Verein wollte Leute, die etwas kosten. Es kam nicht gut heraus. Die Naturkundekurse wurden nicht besucht, weil die Leute von den Leitern und Leiterinnen noch nie etwas gehört hatten. Die früheren Leiter waren den Naturfreunden zumindest dem Namen nach aus unserer Zeitschrift bekannt – als Mitglieder eines Fachausschusses oder eines anderen Gremiums –, oder sie hatten sie bei Versammlungen und anderen Anlässen gesehen. Nach fünf Jahren musste das Experiment abgebrochen werden. Die alten Kursleiter wurden wieder angefragt, aber nicht alle waren bereit, wieder einzusteigen. Ich selbst habe auf persönliche Anfrage des damaligen Zentralpräsidenten Stephan Frischknecht wieder mit den Pilzkursen angefangen. Der Professionalisierungsversuch hatte im Verein einen Mitgliederschwund zur Folge, der bis heute nicht ganz ausgebügelt ist.»

Im weiteren Verlauf des Gesprächs wird deutlich, dass René Merki sich mit der ihm eigenen Intensität Sorgen um die Naturfreunde macht und mit «seinem» Verein im Hader liegt. Gründe dafür gibt es einige. René Merki denkt, dass es ein Fehler war, 1985 die Bindung an die Sozialdemokratische Partei aufzugeben. Der Entscheid, sich politisch neutral zu erklären, habe dazu geführt, dass Leute in die Organisation gekommen seien, die sie in eine grüne Organisation hätten umwandeln wollen – die gleichen, die auch die Professionalisierung propagiert hätten. Er sagt: «Der Versuch, die Naturfreunde auf einen grünen Kurs zu bringen, hat auch dazu beigetragen, dass wir in den 1980er-Jahren den Anschluss verpasst haben. Bei den neuen Freizeitaktivitäten wie Snowboarden, Freistilklettern oder Gleitschirmfliegen wurde nur gesehen, dass sie der Umwelt schaden können. Manchmal denke ich auch, es sei ein Fehler gewesen, den früheren Namen ‹Tourismusverein Die Naturfreunde› aufzugeben. Vielleicht war er auch nicht ideal, aber heute werden wir oft als grüne Sekte wahrgenommen. Von der politischen Neutralität erhoffte man sich eine Öffnung und Verbreitung, stattdessen haben wir an Rückgrat und politischem Gewicht verloren. Der einzige Naturfreunde-Bundesrat war der im Oktober 1983 verstorbene Willi Ritschard. In Österreich ist aktuell der höchste Österreicher ein Mitglied der Naturfreunde.»

René Merki ist natürlich klar, dass die Arbeitertradition in der Schweiz aufgrund der allgemeinen gesellschaftlichen Entwicklung an Bedeutung verloren hat und eines der ursprünglichen Ziele der Naturfreunde, auch Familien mit niedrigen Einkommen Ferien zu ermöglichen, nicht mehr die gleiche Dringlichkeit hat. Wo für ihn die Trennlinie zwischen einer «grün angehauchten» Organisation aus der Arbeiterbewegung und den eigentlichen Grünen verläuft, wird deutlich, wenn er von seiner Arbeit als Gärtner spricht.

«Als vor zehn Jahren der Umbau der Landwirtschaftsschule Rütti abgeschlossen wurde, hat man entschieden, den Zierpark naturnah zu gestalten. In der Lehre», sagt René Merki, «hatte ich gelernt, dass alles Unkraut weg muss, bei der naturnahen Bewirtschaftung kamen mir dann meine bei den Naturfreunden erworbenen Kenntnisse zugute, und ich wusste, welche Pflanzen tatsächlich schädlich sind und wie andere so eingedämmt werden können, dass sie eine nützliche Funktion erfüllen. Innerhalb von zehn Jahren hat sich der Boden der Rütti regeneriert, unter den Parkbäumen ist Waldboden entstanden, in dem Pilze wachsen oder wilde Orchideen. Natürlich könnte man einen Schritt weiter gehen und biologisch oder biologisch-dynamisch anbauen. Dies erfordert aber einen grossen Arbeitsaufwand. Ich finde es in Ordnung, wenn Idealisten bereit sind, einen enormen zusätzlichen Arbeitsaufwand auf sich zu nehmen und eine Gruppe von Konsumenten dafür entsprechend höhere Preise bezahlt. Aber man kann dies nicht von allen Produzenten und Konsumenten verlangen, und was man nicht allen zumuten kann, sollte man politisch auch nicht fordern. Deshalb finde ich die naturnahe Bewirtschaftung besser und bin allgemein gesprochen gegen grüne Extremforderungen.»

René Merki ist, das ist sicher, nicht einer von denen, welche die rosa Brille aufsetzen, wenn es um ihren Verein geht. Dies gilt auch bezüglich der Zukunft der Naturfreunde. Er befürchtet, dass bei ihnen dasselbe passiert wie in anderen Organisationen: Oben wird ausgebaut, unten weggefressen. Anschaulich nennt er dies «Biberfrass» und sagt bezogen auf die Naturfreunde: «Vielleicht sollte man die Verbandsspitze kürzen – das heisst, nur ein nationales Sekretariat und die Zeitschrift beibehalten – und die Naturfreunde von den Sektionen her neu aufbauen. Dies sollten wir tun, bevor uns der Geldmangel dazu zwingt.»

ANHANG

Abkürzungen

Ar.	Archiv
GL	Geschäftsleitung
Jb.	Jahresbericht
KPS	Kommunistische Partei der Schweiz
DV	Delegiertenversammlung
LDV	Landesdelegiertenversammlung
LL	Landesleitung
OG	Ortsgruppe
Prot.	Protokoll
NFS	Naturfreunde Schweiz
NFI	Naturfreunde Internationale
PdA	Partei der Arbeit
Reka	Schweizer Reisekasse
SGB	Schweizerischer Gewerkschaftsbund
SFV	Schweizerischer Fremdenverkehrsverband
SPS	Sozialdemokratische Partei der Schweiz
SSA	Schweizerisches Sozialarchiv
StAGR	Staatsarchiv Graubünden
TVN	Touristenverein «Die Naturfreunde»
URAN	Union romande des Amis de la Nature
vgl.	vergleiche
ZV	Zentralvorstand

Chronologie 1905–2005

	Organisation	Häuser	Bildung, Naturkunde, Naturschutz, Fotografie	Sport und Tourismus	Dienstleistung, Vereinspresse	Nationale Ereignisse, Politik, Wirtschaft, Gesellschaft	Internationale Ereignisse und NFI
1905–1909	Erste OGs in Zürich, Luzern, Bern. **1906–1908** Es existiert ein Landesverband. **1908** Einteilung in Ostgau (Vorort: Zürich) und Westgau (Vorort: Bern)		**1908** Gründung einer Fotosektion durch die OG Zürich	• Die OGs betreiben vor allem Alpinismus.	• OGs schaffen Bergausrüstungen, Karten und Bücher an.	• Der Fremdenverkehr boomt. • Gewerkschaften und sozialistische Vereine wachsen.	
1910–1919	**1914** Es existieren 24 OGs. **1914** Abreise der ausländischen Mitglieder und damit vieler Funktionäre, Rückgang der Aktivitäten und Abschwächung der internationalen Orientierung **Ab 1919** Wiederaufbau und allmähliche Zunahme der Mitgliederzahl	**1912** Bau einer Schutzhütte am Säntis durch den Ostgau, mit Unterstützung des Gesamtvereins • Erwerb der Flühlihütte (Entlebuch) durch den Westgau			**1914** Genossenschaft Zentraldepot (Vertrieb von Sportkleidung, -ausrüstung und Fotoartikeln, Hauptgeschäft in Zürich, ab 1920 Filialen in Bern und St. Gallen)	**Ab 1916** Starke Teuerung, Hunger, Verarmung **1918** Landesgeneralstreik **1918/19** Grippe-Epidemie **1919** Achtstundentag	**1914–1918** Erster Weltkrieg **1917** Oktoberrevolution in Russland, Gründung der SU **1919** Gründung der 3. Internationale (bringt Spaltung der Linken in Kommunisten und Sozialdemokraten)
1920–1929	**1920** Unfallkasse **1925** Landesverband, bringt rechtliche Selbständigkeit, Bezeichnung: «Touristenverein ‹Die Naturfreunde›, Landesverband Schweiz/Union touristique ‹Les amis de la nature›, Groupe Suisse»; neue Landesstatuten (enthalten Leipziger Resolution) **1925** Ernst Grob wird Landesobmann.	**Um 1920** Intensivierung des Hüttenbaus der OGs, unterstützt durch einen gemeinsamen Baufonds **1925** Verkauf von Nikotin und Alkohol in Hütten verboten, nicht aber deren Genuss	• «Berg frei» sensibilisiert für die sozialistische Orientierung des Vereins sowie für den Schutz der Alpenflora.	**1929** Erste Ausbildung von Skiinstruktoren und damit Beginn des Kurswesens	**1920** Zentraldepot gründet Lichtbilderzentrale (Bilderverleih an OGs). **1920** Gründung der Verbandszeitschrift «Berg frei»	**1925** Gottlieb Duttweiler gründet die Migros.	**1923** Der Gesamtverein nimmt sozialistische Ausrichtung in Statuten auf (Leipziger Resolution) und beschliesst Gründung von Landesverbänden. **1923** Starke Geldentwertung in Deutschland, Schweizer Naturfreunde bezahlen Mitgliederbeiträge für deutsche Mitglieder. **1929** Börsenkrach

	Organisation	Häuser	Bildung, Naturkunde, Naturschutz, Fotografie	Sport und Tourismus	Dienstleistung, Vereinspresse	Nationale Ereignisse, Politik, Wirtschaft, Gesellschaft	Internationale Ereignisse und NFI
1930– 1939	**Um 1930** Heftige Richtungskämpfe zwischen SP- und KP-Anhängern in Basel, 1932 Gründung einer zweiten sozialdemokratischen OG **1932** Walter Escher wird Landesobmann. **1934** Der Sitz des Gesamtvereins wird von Wien nach Zürich verlegt. **1934** Albert Georgi wird Landesobmann. **1938** Statutenrevision	**1931** Ausbau der Säntishütte zu Haus mit 120 Schlafplätzen **1936** Landeshaus Reutsperre (ob Meiringen) • Landeshaus Cristolais (einfache Hütte, da grosses Ferienheim durch Hotelbauverbot verhindert) • In vielen Häusern finden Arbeitslose und Emigranten günstige oder kostenlose Aufnahme **Ab 1939** Einquartierung von Militär in vielen Hütten	• Das Kurswesen leidet allgemein an Geldmangel. **1931** Ski-Werbefilm «Empor zur Sonne» **1935/36** Werbefilm «Berg frei»	**Ab 1930** Oster-Skilager mit jährlich steigenden Teilnehmerzahlen, organisiert durch Zürcher Naturfreunde; Bildung der Zürcher Lagerleitung, in der Folge auch Lagerleitungen in Basel und anderen Städten **Ab 1932** Unterricht in der neuen Einheitstechnik des Skifahrens **1935** Erster zentraler Bergsteigerkurs **1937** Segelfliegergruppe in der OG Zürich **1938** Paddler-Gruppe auf Ebene Landesverband	**Ab Winter 1930/31** Zwei Mal jährlich erscheint die Naturfreunde-Illustrierte, die zu Werbezwecken auf der Strasse verkauft wird. **1936/37** Schuldensanierung Sporthaus	**1930–1936** Wirtschaftskrise, grosse Arbeitslosigkeit und Einbruch im Fremdenverkehr **1935** Gottlieb Duttweiler gründet die Reiseorganisation Hotelplan. **1939** Gründung der Reka durch SGB und SFV **1939** Mobilisierung der Schweizer Armee, Rationierung von Lebensmitteln, Energieträgern und anderen Mangelgütern	**Ab 1930** Wirtschaftskrise, Deflation **1933** NS-Machtübernahme in Deutschland **1933** Gründung der NS-Reiseorganisation Kraft durch Freude **1934** Dollfussregime in Österreich **1934** Zerschlagung der Naturfreundeorganisationen in Deutschland und Österreich **1935** Die Volksfrontregierung in Frankreich proklamiert Ferien für alle. **1939** Beginn des Zweiten Weltkriegs
1940– 1949	**1941** Beitritt zur Reka (Annahme von Reka-Checks in den Häusern) **1942** Erstes Veteranentreffen **1943** Beitritt zum Bund für Naturschutz **1946** Statutenrevision: Bezirksobmännerkonferenz wird ersetzt durch Zentralvorstand. **1948** Zentralsekretariat (Sitz: Zürich), ab 1950 in Bürogemeinschaft mit Sekretariat der NFI **1949** Urabstimmung betr. Streichung des Wortes «Sozialismus» aus den Statuten: abgelehnt	**1941** Eröffnung des Landeshauses Lüeg ins Land (Riederalp VS) **1943** Verkauf der Flühlihütte		**1940–1944** Friedel Niederer leitet als erste Frau in der Landesleitung das Kurswesen. **1940** Aufnahme in den Interverband für Skilauf (Berechtigung, selbst Skiinstruktoren auszubilden) **1941** Osterskilager in Zermatt mit über 400 Teilnehmern **1942** Antrag auf Aufnahme in den Schweizerischen Verband für Leibesübungen (SLL) abgelehnt **1943–1950** Ressort Volkstourismus	**1943** «Berg frei» ohne frz. und ital. Teil, für frankophone Naturfreunde erscheint neu der «Ami de la Nature».	**1940** Erste grosse Demobilisierung der Armee und offensive Fremdenverkehrswerbung im Inland («Macht Ferien, schafft Arbeit») **Ab 1941** Verbesserte Konjunktur **1941** Gründung des Seminars für Fremdenverkehr an der Universität St. Gallen **Ab 1942** Einsetzende Diskussionen über die Nachkriegszeit sowie über die soziale Öffnung im Fremdenverkehr **1943** Ernst Nobs wird erster sozialdemokratischer Bundesrat.	**1940** Kapitulation Frankreichs **1945** Ende des Zweiten Weltkriegs in Europa **Ab 1945** Wiederaufbau der Naturfreundeorganisationen in Deutschland und Österreich **1947** Beginn des Kalten Kriegs (osteuropäische Länder werden Satelliten der Sowjetunion)
1950– 1959	**Ab 1950** Bildung von Kantonalverbänden **1951** Entzug des passiven Wahlrechts für PdA-Mitglieder **1951** Wechsel des Vororts von Zürich nach Bern **1951** Fritz Schmidlin wird Zentralpräsident. **1952** Revision der Zentralstatuten **1953** LIRAN **1954** Namensänderung zu «Schweizerischer Touristenverein ‹Die Naturfreunde›/Union touristique suisse ‹les amis de la nature›» **1954** Erhöhung des Jahresbeitrags	**Ab 1950** Um- und Neubau von Landeshäusern als Ferienheime **1953** Hüttenreglement strebt «planmässigen» Häuserbau an.		**Ab 1951** Bemühen um allgemeine gesellschaftliche Anerkennung der Leistungen im sportlichen Ausbildung **Ab 1955** Zusammenarbeit mit dem SAC in der Bergrettung	**Ab 1950** Verstärkte Förderung der Naturkunde **1955** Erster Landes-Foto-Wettbewerb und Gründung der Vereinigung Schweizerischer Naturfreunde-Fotografen, seither jährliche Durchführung von Foto-Wettbewerben	**Ab 1950** Verstärkte Zuwanderung ausländischer Arbeitskräfte • Erste Proteste gegen Wasserkraftprojekte (Rheinau, Spöl) **Ab 1953** Förderung von Familienferien durch Sozialtourismus **1955** Erstes Feriendorf: Reka in Albonago TI **Ab 1955** Funktion des Ferienwohnungsbaus	**1950** Korea-Krieg **1950** Gründung der Naturfreunde Internationale

133

	Organisation	Häuser	Bildung, Naturkunde, Naturschutz, Fotografie	Sport und Tourismus	Dienstleistung, Vereinspresse	Nationale Ereignisse, Politik, Wirtschaft, Gesellschaft	Internationale Ereignisse und NFI
	1956 Otto Schärer wird Zentralpräsident. • Neue Zusammensetzung des ZV: 1 Vertreter auf je 600 stimmberechtigte Mitglieder **1956** GL distanziert sich von der PdA in Reaktion auf deren Billigung des gewaltsamen Einmarsches der SU in Ungarn.	**Ab 1953** Intensives Bemühen der Westschweizer Sektionen um ein Landeshaus in der Romandie **1955** Eröffnung des Landeshauses Ca' Mimosa (Caslano TI)	**1956** Antrag an DV für vermehrtes Interesse am Naturschutz (OG Winterthur) **1956** Bildung der Fachgruppe Esperanto **1959** Das Ressort Bildung und Propaganda wird aufgeteilt.	**1958** Aufnahme im Verband für Sport- und Leibesübungen (SLL) **1958** Emmy Nöthiger-Bek publiziert Arbeitertouristen- und Volkstourismus-Erinnerungen von Mathis Margadant und anderen («Sonne, Fels und Schnee»)	**1956** Änderung des Namens der Verbandszeitschrift: aus «Berg frei» wird «Naturfreund»; erscheint bis 1964 monatlich im Zeitungsformat	**1956** Erster Internationaler Kongress für Sozialtourismus in Bern **Ab 1959** Hochkonjunktur **1959** «Zauberformel» für die Zusammensetzung des Bundesrats	**1956** Ungarn-Aufstand **1957** Naturfreunde Israel signalisieren Interesse an Besuchsreisen von anderen Ländergruppen. **1959** Die NFI gründet die Fachgruppe Camping.
1960–1969	**1960** Aufhebung der Bürogemeinschaft mit NFI, Zentralsekretär Hans Welti wird neu NFI-Sekretär **1961** Walter Weber wird Zentralsekretär des Landesverbands **1963** Erwin Schneider wird Zentralpräsident. **1964** Erhöhung des Jahresbeitrags	**1962** Eröffnung des Landeshauses Zermatt	**1960** Erste nationale Naturschutztagung im Albishaus **1969** Der Kongress stimmt drei Entschliessungen betr. Naturschutz zu: Erhaltung des Reusstals, Gegen die Erschliessung des Jöriglatschers als Sommer-Skizentrum, Unterstützung der Volksinitiative gegen den Überschallknall privater Luftfahrzeuge	**1960** Anträge an die DV betr. Förderung des Zeltens **Ab 1966** Einbezug in die Jugend + Sport-Ausbildung des Bundes	**1960** Letztes Erscheinungsjahr des internationalen «Naturfreund». Neues Zeitschriftenkonzept auf nationaler Ebene **1961** Die Naturfreunde-Illustrierte wird eingestellt, der langjährige Redaktor Albert Gorter tritt zurück. **1961–1964** Neben der Verbandszeitschrift erscheint eine kulturell orientierte Vierteljahresschrift **1965** Fusion Vierteljahresschrift mit Verbandszeitschrift	**1960** Hans Peter Tschudi (OG Riehen-Basel) wird Bundesrat. **1963** Der Bundesrat verfügt eine Plafonierung der Zahl ausländischer Arbeitskräfte. • Zunahme der individuellen Motorisierung und Reiseboom • Bauboom und Wachstum der Agglomerationen	**1961** Berliner Mauer **Ab 1964** US-Intervention in Vietnam **1968** Internationale Studenten- und Jugendproteste
1970–1979	**1970** Revision der Zentralstatuten («Gegner jeder Diktatur» gestrichen) **1971** Erhöhung des Jahresbeitrags **1972** Jean Riesen wird Zentralpräsident. **1973** Personalfürsorgestiftung **1974** Nach krankheitsbedingtem Rücktritt von Riesen wird Erwin Schneider erneut Zentralpräsident. **1974** Erhöhung der Jahresbeiträge, ab 1975 automatische Anpassung an die Teuerung	**1974** Kauf des «Hôtel des Sports» und Eröffnung als Westschweizer Landeshaus (1975) **1979** Grundsatzentscheid betr. Verzicht auf das Führen eigener Häuser durch den Landesverband	**1970** Ressort Naturschutz **1972/1975** Ergänzung der Zentralstatuten um Zielsetzungen im Natur-, Landschafts- und Heimatschutz **1977** Der Kongress kritisiert in milder Form die Atomenergie.	• Anhaltend grosse Bedeutung der Skischulen	**1972/73** Die Unfallkasse wird in einen Solidaritätsfonds überführt. **1977** Neukonzeption des «Naturfreund»	**1970/1974/1977** Überfremdungsinitiativen, in der Volksabstimmung jeweils abgelehnt **1971** Frauenstimmrecht **1971** Verfassungsartikel über den Umweltschutz • Neue soziale Bewegungen (Frauen, Umwelt, Anti-Atomkraft) **1971** Mouvement populaire pour l'environnement in Neuenburg (gegen Autobahnbau) **1978** Kanton Jura **1979** Wahl des ersten Grünen in den Nationalrat	
1980–1989	**1980** 75-Jahr-Jubiläum unter dem Motto «Natur 2000» • Eine Analyse der Altersstruktur zeigt Überalterung. **1981** Emil Schaffer wird Zentralpräsident. **1982** Erhöhung der Mitgliederbeiträge **1984** Namensänderung zu «Naturfreunde Schweiz» sowie Umbenennung des Kongresses in DV	**1980** Überführung Zermatt in eine AG **Ab 1980** Verkauf aller Landeshäuser **1981** Die DV lehnt die Schaffung eines Häuserfonds ab.	**1984** Revision der Zentralstatuten: Das Engagement für Natur- und Umweltschutz wird verstärkt. **Ab 1985** Der Landesverband befasst sich vermehrt mit Umwelt- und Landschaftsschutz und Themen im Grenzbereich von Sport und Natur.	**1989** Gründung der Naturfreunde Reisen AG	**1987** Der «Naturfreund» erhält neues Layout und Farbfotos.	**1980/81** Jugendunruhen **Ab 1980** Bildung Grüner Kantonalparteien **1983** Formation der Grünen in einem gemässigten und einem progressiven nationalen Zusammenschluss	**1986** Reaktorunfall in Tschernobyl **Ab 1987** Die NFI proklamiert jährlich eine europäische Landschaft zur Landschaft des Jahres.

	Organisation	Häuser	Bildung, Naturkunde, Naturschutz, Fotografie	Sport und Tourismus	Dienstleistung, Vereinspresse	Nationale Ereignisse, Politik, Wirtschaft, Gesellschaft	Internationale Ereignisse und NFI
	1985 Silvio Bircher wird Zentralpräsident. **1986** Rudolf H. Strahm wird Zentralsekretär. **1987** Beginn der aktiven Mitgliederwerbung **1988** Neue Mitgliederkategorie «Direktmitgliedschaft» **1988** Verlegung des NFI-Sitzes von Zürich nach Wien **1988** Verlegung Zentralsekretariat von Bern nach Zürich **1989** Peter Bernasconi wird Zentralpräsident.	**1987** Die DV stimmt dem Häuserfonds zu. **1989** Erste Häusersanierungen mit verbilligten Geldern der Schweizerischen Gesellschaft für Hotelkredit	**1987** Aufnahme in die Liste der beschwerdeberechtigten Organisationen laut Umweltschutzgesetz des Bundes **Ab 1988** finanzielle Beiträge des Bundes für Landschafts- und Naturschutz **1988** Natur- und Umweltschutzkommission NUS		**1989** Vertrieb von Umwelt- und Freizeitartikeln (NFS Boutique)	**Um 1985** Debatte um das «Waldsterben» **1986** Chemieunfall Schweizerhalle	**1989** Fall der Berliner Mauer und Ende des Kalten Kriegs
1990–1999	**1992** Peter Glauser wird Zentralsekretär. **1993** Kauf Pavillonweg 3, Bern **1997/1998** nfs future (breite Diskussion um vereinfachte Organisationsstrukturen) **1997** Stephan Frischknecht wird Zentralpräsident. **1998** Abschaffung des Zentralvorstands und Einführung neuer Mitgliederkategorien **1998** Die DV spricht sich gegen die Suche nach neuem Vereinsnamen aus.	**1991** Häuserführer und -karte **Ab 1993** Zunehmender Verkauf von Sektionshäusern **1995** Projekt «Frühlingserwachen» fördert die Professionalisierung. **1996** Die DV lehnt zentralisierende Schritte im Häuserwesen sowie höhere Beiträge an Häuserfonds durch hausbesitzende Sektionen ab. **1999** Kauf des Begegnungszentrums Zwingli in Wildhaus durch die Stiftung «naturfreunde zentrum zwingli»	**1995/96** Landschaft des Jahres «Alpen» (NFI-Projekt) **1999** Kulturweg Alpen (Proklamation, Markierung und Dokumentation eines Weitwanderwegs vom Wallis nach Graubünden)	**1994–1996** Reorganisation des Kurswesens (team alpin) **1996** Auflösung der FA **Ab 1997** Die Leiterausbildung wird zentral organisiert auf Ebene Landesverband	**Ab 1993** Der «Naturfreund» erscheint im Vierfarbendruck parallel als deutsche und französische Ausgabe und erhält ein neues Erscheinungsbild. **Ab 1997** Periodische kleinere Veränderungen im Erscheinungsbild	**1990** Fichenskandal **1991** Gemässigte Grüne setzen sich durch und heissen ab 1993 Grüne Partei Schweiz • Wirtschaftskrise **1992** Der Beitritt zum EWR wird in der Volksabstimmung abgelehnt. Aufstieg der SVP	• Balkankrieg **1991** Ende der Sowjetunion **1992** 1. Golfkrieg
2000–2005	**Ab 2000** Grosser Personalwechsel im Zentralsekretariat **2000** Revision der Statuten (Sektionen an der DV neu mit einer Stimme pro 250 Mitglieder vertreten) **Ab 2001** Grosse personelle Wechsel im Vorstand **2003** Jürg Zbinden wird Präsident.	**2004** Verlust des Hotels Zermatt **2005** Verlust des Naturfreunde-Zentrums Zwingli, Wildhaus		**2001** «team alpin» wird umbenannt in «outdoor team».	**2004** Auflösung des Solidaritätsfonds	**2002** Beitritt zur UNO	**2001** Zerstörung des World-Trade-Centers in New York (11.9.2001) **2004** 2. Golfkrieg **2004** Vergabe der NFI-Landschaft des Jahres 2005/06 «Jura» gemeinsam an die NFS und die französische UTAN

Verbandsorgane 1905–2005

Verbandslegislative

1906–1924	**Gauversammlung** Delegierte der Ortsgruppen, gegliedert in Ost- und Westgau
1925–1969	**Landesdelegiertenversammlung (LDV)** Delegierte der Ortsgruppen bzw. Sektionen, ab 1946 auch Mitglieder des Zentralvorstands, tagt alle drei Jahre
1925–1946	**Bezirksobmännerkonferenz** Tagt jeweils in den Jahren ohne LDV, bis 1937 nur Berichterstattung, ab 1938 Entscheidungskompetenzen
1946–1948	**Zentralvorstand** Vertreter der Kantonalverbände, Jugendvertreter, Geschäftsleitung, Redaktoren, tagt mindestens zweimal jährlich
1970–1984	**Kongress** Delegierte, Sektionen und Mitglieder des Zentralvorstands, tagt alle drei Jahre
1985–	**Delegiertenversammlung** Delegierte der Sektionen, ab 2000 je ein Vertreter von Kantonal- und Regionalverbänden, tagt bis 1998 alle drei Jahre, ab 1999 jährlich

Verbandsexekutive

1908–1924	Gauleitungen Ost- und Westschweiz
1925–1946	Landesleitung
1947–1998	Geschäftsleitung
1999–	Vorstand

Vorsitzende der Verbandsexekutive:
Bezeichnungen: Landesobmann (1925–1946); Zentralpräsident (1947–1998); Präsident (1999–)

Ernst Grob, Zürich	1925–1932
Walter Escher, Zürich	1932–1934
Albert Georgi, Zürich	1934–1951
Fritz Schmidlin, Regierungsrat, Bern	1951–1956
Otto Schärer, Bern	1956–1963
Erwin Schneider, Nationalrat, Regierungsrat, Bern/Kehrsatz	1963–1972
Jean Riesen, Nationalrat, Regierungsrat, Flamatt	1972–1974
Erwin Schneider, Regierungsrat, Schüpfen	1974 ad interim, 1975–1981
Emil Schaffer, Nationalrat, Regierungsrat, Langenthal	1981–1985
Silvio Bircher, Nationalrat, Regierungsrat, Aarau	1985–1989
Peter Bernasconi, Worb	1989–1997
Stephan Frischknecht, St. Gallen	1997–2003
Jürg Zbinden, Erlinsbach	2003–

Kontrollinstanzen
Rechnungsprüfungskommission bzw. Kontrollstelle (ab 1985) bzw. Geschäftsprüfungskommission (ab 2000)
Beschwerde- und Schiedskommission bzw. Schiedsstelle (ab 1985)

Operative Verbandsführung (Zentralsekretariat)
Bis 1947 erledigen die Mitglieder der Landesleitung die operative Arbeit.
1948 Schaffung eines Büros
1949 Aufwertung zum Sekretariat
1988 Umzug von Zürich nach Bern

Leiter/innen Zentralsekretariat:

Hans Welti	1950–1960
Werner Gehrig	1960
Walter Weber	1961–1986
Rudolf H. Strahm	1986–1992
Peter Glauser	1992–1999
Annelise Ryffel	2000–2001
Fredi Bieri, Markus Lüthi	2001–2002

Mitgliederentwicklung 1915–2004

Jahr[1]	Total	Vollmitglieder[2]	Anschlussmitglieder[3]	Jugendliche[4]	Kinder[5]	AHV	Freimitglieder[6]	Verbandsmitglieder[7] Direktmitglieder Total[8]
1915[9]	2500							
1920	4000							
1925	4881							
1926	5006	3982	647	213				163
1927	5510	4316	738	263				193
1928	6096	4723	826					
1929	6885	5304	923	420				238
1930	7915	5986	1014	587				328
1931	8500	6418	1106	637	89			339
1932	9084	6871	1218	639	92			356
1933	9904	7451	1406	638	139			409
1934	10524	7876	1520	659	179			469
1935	10891	8640	1603	641	179			
1936	11370	8804	1672	668	193			
1937	12083	8388	1763	919	197			
1938	12451	8388	1763	919	197			
1939	11808	8887	1753	984	136			
1940	10837	8223	1617	806	101			
1941	11123	8420	1683	867	108			
1942	11822	8917	1807	909	145			
1943	12277	9159	1878	957	146			
1944	12933	9645	2002	999	207			
1945	13807	10250	2201	1048	238			
1946	15449	11428	2456	1302	263			
1947	16771	12264	2720	1446	341			
1948	17359	12709	2911	1382	377			
1949	18050	13070	3120	1345				
1950	18339	13266	3307	1272	494			
1951	18210	13081	3409	1211				

Jahr[1]	Total	Vollmitglieder[2]	Anschluss-mitglieder[3]	Jugendliche[4]	Kinder[5]	AHV	Freimitglieder[6]	Verbandsmitglieder[7] Direktmitglieder Total[8]
1952	18 476	13 129	3570	1176				
1953	18 558	13 112	3667	1113				
1954								
1955	17 713	12 251	3606	963	781		106	
1956	17 887	12 266	3669	938	894		126	
1957	17 926							
1958	18 524	12 229	3890	1048	1192		165	
1959	19 223	12 519	4053	1175	1272		204	
1960	19 746	12 674	4249	1275	1331		224	
1961	20 495	12 874	4436	1432	1479		274	
1962	21 128	13 224	4635	1504	1460		305	
1963	22 125	13 710	4852	1600	1630		333	
1964	22 527							
1965	23 060							
1966	23 822	14 675	5399	1506	1741			
1967	25 102	15 304	5718	1550	1980			
1968	26 032	15 649	6050	1628	2123			
1969	27 003	16 107	6336	1687	2249		624	
1970	27 722	16 258	6559	1716	2483		706	
1971[10]	28 014	15 115	6701	1529	2745	1062	862	
1972	28 955							
1973	29 671							
1974	30 098							
1975	30 467	15 102	7307	1642	3509	1487	1420	
1976	30 466	14 930	7323	1624	3478	1579	1532	
1977	30 376	14 724	7296	1590	3482	1678	1606	
1978	31 172	15 127	7283	1541	3483	1935	1803	
1979	31 369	14 935	7331	1599	3116	2439	1949	
1980	32 070	15 081	7436	1720	3213	2599	2021	
1981	30 976							
1982	30 288	14 016	6991	1649	2840	2678	2114	
1983	30 519	14 086	6998	1698	2711	2827	2199	
1984	29 100							
1985	27 200							
1986	26 900							
1987	27 030	12 408	6147	3514[11]		2446	2515	
1988	29 199	12 323 + 923	6011 + 405	1150	3162	2523 + 21	2681	2108
1989	29 715	12 100 + 1258	5956 + 491	1002/96	2600 + 809	2713 + 49	2749	2703
1990	29 778	11 891 + 1287	6000 + 411			2717 + 52	2804	2722
1991	30 420	11 922 + 1256	6076 + 510			2781 + 65	2801 + 2	3029
1992	30 838	11 667 + 1429	6050 + 552			2836 + 65	2835 + 3	3233
1993	29 932	11 356 + 1302	5917 + 518	958 + 168	3117 + 885	2817 + 63	2829 + 2	3938
1994	28 980	10 829 + 1309	5709 + 523	841 + 168	3065 + 948	2771 + 72	2743 + 2	3022
1995	28 662	10 487 + 1488	5501 + 579	789 + 176	2942 + 1046	2786 + 75	2786 + 8	3371
1996	27 018	9614 + 1214	5195 + 489	1111 + 170	2678 + 932	2800 + 83	2725 + 7	2895
1997	26 473	8836 + 1182	4992 + 487	1156 + 216	2610 + 961	3176 + 104	2752 + 5	2955
1998								
	Total	Einzelmitglieder	Familienmitglieder	Familienanschluss	Junioren	Freimitglieder		
1999[12]	24 444	9762	5176	9416	128			2279
2000	24 216	9640	50851	9431	103			2414
2001	23 837	9243	4982	9495	117			2442
2002	23 293	8908	4860	9423	102			2206
2003	23 018	8687	4817	9425	89			2273
2004	22 476	6628	4672	9190	125	1861		2238

Die Lücken in dieser Tabelle bedeuten, dass die entsprechenden Daten nicht verfügbar sind oder erst ab einem bestimmten Zeitpunkt erhoben wurden. Vergleiche auch die Hinweise in den Anmerkungen. Quelle: Jahresberichte TVN/NFS; interne Statistiken.

1. Werte jeweils per 31.12. oder per 31.1. des Folgejahres
2. Inkl. arbeitslose Vollmitglieder resp. Vollmitglieder mit reduziertem Beitrag. 1970 wird die Kategorie «reduzierter Beitrag» in die Kategorie «AHV» überführt.
3. Erwachsene Familienangehörige der Vollmitglieder, zumeist Frauen.
4. Mitglieder nach Abschluss der obligatorischen Schulpflicht bis zum Abschluss der Lehre oder des Studiums (Statuten 1952) bzw. bis zur Vollendung des 20. Altersjahrs (Statuten 1985).
5. Bis zum Ende der obligatorischen Schulpflicht.
6. Kategorie Freimitglieder, 1997 umbenannt in Senioren.
7. Mitgliederstatus für Personen in der Westschweiz und im Tessin, 1935 für unbeschränkte Aufnahmen, nach einigen Jahren für eine unterbrochen.
8. Die Kategorie «Direktmitglied» wird 1988 eingeführt. Die Verteilung auf die Kategorien «Voll-», «Anschlussmitglied» resp. «Junior» ist in der entsprechenden Spalte gesondert ausgewiesen (die Zahl nach dem +).
9. Angabe in «Berg frei» 1940, S. 72.
10. Kategorie «AHV» neu eingeführt.
11. Jugendliche inkl. Kinder.
12. 1999 erfolgt eine totale Reorganisation der Mitgliederkategorien. Ein Vergleich mit den vorherigen ist nicht möglich. Einzelmitglied: Erwachsene ab 21 Jahren. Familienmitglied: Erwachsene ab 21 Jahren, sofern Familienangehörige auch NFS Mitglied sind; Familienanschluss: Familienangehörige von Familienmitgliedern; Junior: Jugendliche bis 21 Jahre. Die Kategorien «Kinder» und «Senioren» entfallen. Die Kategorie «Veteranen» (ab 40 Jahren Mitgliedschaft, vom Beitrag befreit) existiert weiterhin.

Mitgliederentwicklung nach Bezirken und Zahl der Ortsgruppen 1925–1950

Bezirke	Region	1925	1930	1935	1940	1945	1950
1	Westschweiz	295	401	519	523	510	667
2	Jura	225	445	499	697	979	1223
3	Bern	691	1072	1535	1559	1836	2340
4	Nordwestschweiz	658	1119	1482	1544	2616	3101
5	Aargau	203	409	840	796	1138	1155
6	Zentralschweiz	234	420	490	574	790	1109
7	Zürich, Stadt und Agglomeration	919	1500	2104	1980	2179	3366
8	Zürich, Land	493	888	1189	1022	1213	1611
9	Nordostschweiz	438	660	946	894	983	1228
10	Ostschweiz	380	562	848	891	1166	1307
11	Graubünden	345	414	422	302	305	375
12	Tessin		27	17	43	92	135
13	Bern/Aargau						722
	Ortsgruppen in der Schweiz, Total	ca. 75	101	132	144	161	172

Der 12. Bezirk (Tessin) wird ab 1934 geführt, nachdem 1931 eine Ortsgruppe Lugano gegründet worden ist.
Der 13. Bezirk wird 1946 gebildet und setzt sich aus bestehenden Sektionen des 3. und 5. Bezirks zusammen.
1941 wird die Ortsgruppe Yverdon vom 1. zum 2. Bezirk umgeteilt, was die Irregularität in der Mitgliederbewegung der Bezirke in diesen Jahren erklärt.
Quelle: Jahresberichte TVN

Mitgliederentwicklung nach Kantonal- und Regionalverbänden 1953–2000

Kantonal- und Regionalverband	1953	1960	1970	1980	1990	2000
GE	285	396	477	537	329	206
VD[1]	524	700	1078	1242	1098	829
FR	97	122	153	148	149	105
NE	818	844	1080	1482	1168	1071
JU[2]				504	467	331
SO	633	666	1148	1488	1200	837
BS	1280	1305	1574	2834[3]	2194	1650
BL	634	676				
BE	3728	3792	4761	5183	4598	3629
AG	1643	1878	2527	3085	2975	2449
LU[4]	591	709	920	817	679	644
ZG	222	189	329	414	348	
SZ[5]	170	289	372	424	455	454
UR	60	46	167	140	99	74
Innerschweiz						289
ZH	5483	5873	9040	9856	7776	6110
SH	361	363	598	592	431	600
TG[6]	379	432	661	693	604	468
SG[7]	1018	866	1105	1626	1524	1714
AR[8]	85	88	121	78		
GL	127	105	113	96	111	48
GR	282	291	412	585	581	528
TI	138	121	206	246	226	129
Direktmitglieder					2703	2279
Total	18558	19746	27722	32070	29778	24216

Quelle: Jahresberichte TVN/NFS

[1] 2000: VD und Valais romand.
[2] Seit 1979.
[3] Ab 1975 BS und BL vereinigt.
[4] Ab 2002 Regionalverband Innerschweiz.
[5] Ab 2002 Regionalverband Innerschweiz.
[6] Ab 2002 Regionalverband Ostschweiz (2004 aufgelöst).
[7] 2000: St. Gallen-Appenzell; ab 2002 Regionalverband Ostschweiz (2004 aufgelöst, Nachfolge: NF Bergsportverband Ostschweiz).
[8] 2000: St. Gallen-Appenzell; ab 2002 Regionalverband Ostschweiz (2004 aufgelöst, Nachfolge: NF Bergsportverband Ostschweiz).

Mitgliederentwicklung nach Kategorien 1930–1997

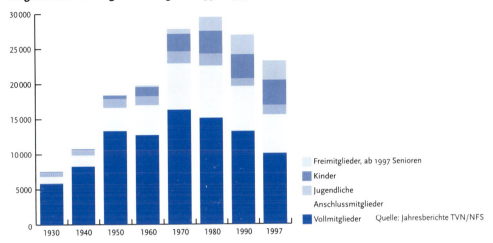

Freimitglieder, ab 1997 Senioren
Kinder
Jugendliche
Anschlussmitglieder
Vollmitglieder   Quelle: Jahresberichte TVN/NFS

Mitgliederentwicklung nach Bezirken 1925–1950

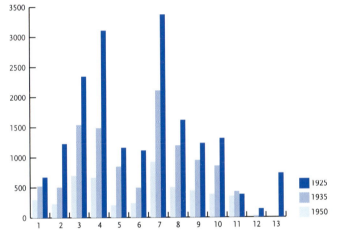

1. Bezirk: Westschweiz, Vorort Lausanne
2. Bezirk: Jura, Vorort La Chaux-de-Fonds
3. Bezirk: Bern, Vorort Stadt Bern
4. Bezirk: Nordwestschweiz, Vorort Basel
5. Bezirk: Aargau, Vorort Baden
6. Bezirk: Zentralschweiz, Vorort Luzern
7. Bezirk: Zürich Stadt und Agglomeration, Vorort Stadt Zürich
8. Bezirk: Zürich Land, Vorort Rapperswil
9. Bezirk: Nordostschweiz, Vorort Schaffhausen
10. Bezirk: Ostschweiz, Vorort St. Gallen
11. Bezirk: Graubünden, Vorort Chur
12. Bezirk: Tessin, Vorort Lugano, neu gebildet 1934, OG Lugano seit 1931
13. Bezirk: Bern/Aargau, neu gebildet 1946 aus OG der Bezirke 3 und 5

1925
1935
1950   Quelle: Jahresberichte TVN

Mitgliederentwicklung nach Kantonalverbänden 1960–2000

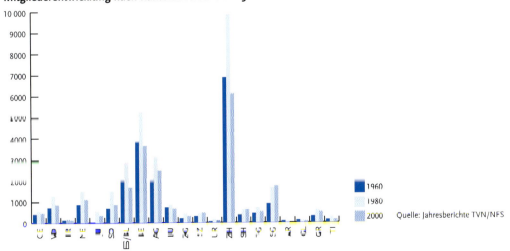

1960
1980
2000   Quelle: Jahresberichte TVN/NFS

Anmerkungen

1 Ludwig Thomas (*1914), Gespräch mit Beatrice Schumacher, 16.8.2004.
2 StAGR, DV/18a, Naturfreunde Kantonalverband Graubünden, Akten Kantonalpräsident, Jahresbericht Sektion Chur 1958, handschriftliche Fassung.
3 Zu den Anfängen der Naturfreundebewegung vgl. Zimmer, Mit uns zieht die neue Zeit, 1984; Pils, Berg frei, 1995.
4 Ar. Stadtverband Zürich, Prot. OG Zürich, 29.6.1906.
5 Ebd., 30.10.1908, 1.12.1908, 29.1.1909; die letzte Delegiertenversammlung des Landesverbands fand am 28.2.1909 statt.
6 Berg frei 5/1930, S.6.
7 Ar. Stadtverband Zürich, Prot. OG Zürich, 21.8.1905.
8 Ebd., 30.4.1909.
9 Zimmer 1984, S.74f.
10 Berg frei 6/1921: Warum gebührt dem organisierten Arbeiter der Vorrang in unseren Ortsgruppen?; ebd., 12/1921: Die gegenwärtige Krise und ihre Überwindung; ebd., 3/1930: Werbe-Arbeit; ebd., 4/1930: diverse Leserbriefe.
11 Zit. nach Zimmer 1984, S.79f.
12 Berg frei 3/1930, S.1.
13 Ar. Sektion Aarau, Tourenbuch 1918–1922, 26.7.1919.
14 Ebd., Pfingstfahrt 1921.
15 Ar. Sektion Aarau, Tourenbuch 1923–1937, Pfingstfahrt 1922, Berichterstatter: Carl Gloor.
16 Jutzi, Mein Leben mit Naturfreunden und Sozialdemokraten, 1987, S.53.
17 Ebd., S.51.
18 Ebd., S.60f.
19 Berg frei 7/1921, S.3f. Hier auch die weiteren Zitate beider Leserbriefe.
20 Berg frei 12/1921, S.3. Damit war der Beschluss der Gaukonferenz von 1918 betr. Bau einer hochalpinen Hütte aufgehoben. Die Ortsgruppen wurden schriftlich über die Bedingungen zur Aufnahme eines Darlehens informiert.
21 Ar. Stadtverband Zürich, Protokoll Hüttenbaukommission 1916–1919.
22 Berg frei 19/1924, S.1.
23 Jb 1933, in: Berg frei 4/1934, S.5.
24 Ar. Gretlers Panoptikum zur Sozialgeschichte der Arbeiterbewegung, Nachlass Albert Georgi, Nachrufe III, Walter Liebherr (1893–1978).
25 Jb 1934, in: Berg frei 4/1935, S.6.
26 Zimmer 1984, S.75.
27 Bundesblatt 1932, Bd. II, S.341–373; Botschaft des Bundesrates betr. Erlass rechtlicher Massnahmen zum Schutz der Hotellerie, in: Bundesblatt 1932, Bd. II, S.261–271; vgl. auch Schumacher: Krise im Reiseland par excellence, in: Traverse 2/1997.
28 Berg frei 5/1941, S.3.
29 Vgl. Lüscher et al., Leben im Widerspruch, 1994; betr. Naturfreunde insbes. S.194–214.
30 Fritz Ehrensperger, Exposé zur Ordnung des Massenreiseverkehrs, 1937 (zitiert nach Schumacher, Ferien, 2002, S.292).
31 Theo Pinkus (1908–1991) im Gespräch mit Dominik Siegrist, 28.2.1991.
32 Kurt Mersiovsky (1918–1997) im Gespräch mit Dominik Siegrist, 9.7.1991.
33 Ebd.
34 Berg frei 2/1944, S.24.
35 Lagerleitung Basel, in: Berg frei 3/1944, S.48.
36 Berg frei 3/1944, S.46.
37 Ebd., S.48.
38 Theo Pinkus (1908–1991) im Gespräch mit Dominik Siegrist, 28.2.1991.
39 Schweizerisches Sozialarchiv, Volkstourismus Bulletin, erschienen vom September 1945 bis Juni 1949 als vervielfältigtes Manuskript.
40 Referate und Diskussionsvoten, in: Volkstourismus Bulletin 3/Januar 1946, Beilage.
41 Theo Pinkus (1908–1991) im Gespräch mit Dominik Siegrist, 28.2.1991.
42 Prot. ZV, 20./21.11.1948, in: Berg frei 1/1949, 2/1949.
43 Ar. NFS, LDV 1951, Unterlagen.
44 LDV 1953, Anträge; Basel verlangte in einem weiteren Antrag, der TVN solle zusammen mit Gewerkschaften, SPS und PdA eine Initiative für ein eidgenössisches Feriengesetz lancieren. Dies wurde abgelehnt mit Verweis auf Zweckartikel 2 und 3 der Landesstatuten.
45 Martha Palma (*1910) im Gespräch mit Dominik Siegrist, 10.1.1992.
46 Jb 1969–1971, S.9.
47 Martha Palma (*1910) im Gespräch mit Dominik Siegrist, 10.1.1992.
48 Hermann Macher (*1915) im Gespräch mit Dominik Siegrist, 14.1.1994.
49 Walter Wehrli (Bern), Förderung des Hüttenbaus, in: Berg frei 2/1947, S.49f.
50 Prot. LDV 1946, S.50. Das Hüttenbauprogramm lag der LDV 1946 zur Beratung vor. Es wurde aber aus Zeitmangel an den neu konstituierten ZV übertragen.
51 Jb 1951, Abschnitt Häuserwesen, in: Berg frei 4/1952, S.91.
52 Jb 1949, Abschnitt Häuserwesen, in: Berg frei 4/1950, S.111.
53 Jb 1957, Abschnitt Häuserwesen, in: Berg frei 4/1958, S.4.
54 Vgl. Schumacher 2002, Ferien, S.361f.
55 Alma Gloor (*1917), im Gespräch mit Beatrice Schumacher, 20.8.2004.
56 Jb 1966–1968, S.19, Bestimmung im neuen Häuserreglement.
57 Jb 1963, S.7f.
58 Ar. NFS, Ablage «Grundsatzpapiere» – Die Zukunftsperspektiven des TVN. Untersuchungen über die Entwicklung bis 1980, mit Vermerk «vertraulich», verfasst von Werner Weber, vervielfältigtes Manuskript, datiert 11.3.1969.
59 Jb 1969–1971, S.9.
60 Jb 1975–1977, S.5.
61 Jb 1975–1977, S.5.
62 Jb 1972–1974, S.13.
63 Jb 1981–1983, in: Kongress 1984, Arbeitspapiere, Traktandum 4, S.13.
64 Jb 1961, in: Naturfreund 4/1962, S.2.
65 Jb 1942, in: Berg frei 4/1943, S.80.
66 Jb 1956, in: Naturfreund 4/1957, S.3.
67 Jb 1958, in: Naturfreund 4/1959, S.3.
68 Jb 1956, in: Naturfreund 4/1957, S.2.
69 Werner Lobsiger, Jb. 1961, in: Naturfreund 6/1962, S.2.
70 Jb 1969–1971, S.21.
71 Berg frei 11/1948, S.345.
72 Turi Ströbele (*1912) im Gespräch mit Dominik Siegrist, 10.1.1995; Ströbele war in den frühen 1950er-Jahren einziges SPS-Mitglied im Vorstand der Sektion Albisrieden. Auch das Ehepaar Palma, befragt am 10.1.1992 von Dominik Siegrist, beschrieb die erwähnten Teile des Zürcher Stadtverbands als «links».
73 Auskunft von Karl und Martha Palma (*1910) im Gespräch mit Dominik Siegrist, 10.1.1992.
74 Jb 1950, in: Berg frei 4/1951, S.120.
75 Jb 1955, in: Naturfreund 4/1956, S.4.
76 Jb 1955, in: Naturfreund 4/1956, S.4.
77 Jb 1981–1983, S.423.
78 Naturfreund 3/1983, S.23: Naturfreunde diskutieren ihre Zukunft (betr. 75. ZV-Sitzung, 26.3.1983).
79 Ar. NFS, Prot. DV 1960, S.31.
80 Eidg. Volksabstimmung vom 5.12.1954 über die Volksinitiative zum Schutz der Stromlandschaft Rheinfall-Rheinau, 31,2% Ja-Stimmen. Einziger annehmender Kanton war Schaffhausen mit 54,3% Ja-Stimmen.
81 Naturfreund 6/1963, S.2: Baubeginn am Spöl.
82 Martha Palma (*1910) im Gespräch mit Dominik Siegrist, 10.1.1992.
83 Kurt Mersiovsky (*1918–1997) im Gespräch mit Dominik Siegrist, 9.7.1991.
84 Rudolf H. Strahm (*1943) im Gespräch mit Beatrice Schumacher, 3.12.2004.
85 Jb NFS 1984–1986, S.7, verweist auf einen Beschluss der Kantonalpräsidenten von 1986 betr. Arbeitsschwerpunkte.
86 Jb NFS 1984–1986, S.9.
87 Jb NFS 1989, in: Naturfreund 2/1990, S.17.
88 Jb NFS 1989, in: Naturfreund 2/1990, S.17. Pro Jahr zahlte der Bund 50000 Franken für Aktivitäten im Bereich Landschaftsschutz.
89 Jb NFS 1989, in: Naturfreund 2/1990, S.17f.
90 Naturfreund 4/1986, S.11.
91 Rudolf H. Strahm (*1943) im Gespräch mit Beatrice Schumacher, 3.12.2004.
92 Jb NFS 1989, in: Naturfreund 4/1990, S.16.
93 Jb NFS 1986, in: Naturfreund 2/1987, S.4f. Die Forderung wurde im Rahmen der Vernehmlassung über die Förderung des Hotel- und Kurortkredits gestellt. Ähnliche Eingaben machten die Reka und der Bund der Jugendherbergen.
94 Ar. NFS, Ablage «Grundsatzpapiere», Diskussionspapier «Zur Situation der Verbandspolitik NFS», für die GL-Klausur vom 22.1.1992.
95 Ar. NFS, Beschlussprotokoll Kongress 1993, Anhang, Manfred Pils, «Die Erneuerung der Naturfreundebewegung».
96 Peter Glauser (*1957) im Gespräch mit Beatrice Schumacher, 9.11.2004.
97 Ar. NFS, Ablage «Reorganisation Kurswesen», Standortbestimmung Kurswesen NFS, 1995.
98 Die 11 Fachausschüsse: Foto, Bergsteigen/Skitouren, Wandern/Bergwandern, Skifahren, Jugend, Naturkunde, Comité nature romand, Comité téchnique romand, Natur- und Umweltschutzkommission, Camping, Esperanto. Die beiden Letzteren waren nicht mehr aktiv.
99 Jb NFS 1993–1995, im Kongressheft 1995, S.58.
100 Ar. NFS, Dokumentation nfs-future, umfassend Arbeitspapiere, Korrespondenzen, Umfrage, Protokolle (7 Ordner).
101 Naturfreund 5/1998, S.22f.: Viel Wohlwollen für nfs-future.
102 Ar. NFS, Ablage nfs-future, Ordner 1998, Dokument «nfs-future, Vernehmlassung betreffs ZV», nicht signiert, nicht datiert.
103 Mündliche Auskunft des damaligen Zentralsekretärs Peter Glauser, 10.3.2005.
104 Peter Glauser (*1957) im Gespräch mit Beatrice Schumacher, 9.11.2004.
105 Naturfreund 4/1999, S.10.
106 Ar. NFS, Prot. DV 12.5.2001 (Huttwil), S.5.
107 Wochenzeitung (WoZ) 23.5.2001, S.5: René Hornung, Krach unter Naturfreunden.

Quellen und Literatur

Quellen

Archiv Naturfreunde Schweiz, Bern
Jahresberichte Landesverband: 1934–1953 (in: Berg frei); 1955–1962 (in: Naturfreund); 1963–1987 (separate Publikation); 1988–1996 (in: Naturfreund); 1997–2004 (in: Unterlagen Delegiertenversammlung).
Protokolle Landesdelegiertenversammlung bzw. Kongress bzw. Delegiertenversammlung, 1936–2004.
Protokolle Zentralvorstand, 1946–1999.
Einzelne Aktenbestände:
Administration (darin: Bericht der Arbeitsgruppe für Studien über die Struktur unserer Mitgliederbeiträge, 17.5.1977; Entwicklung der Löhne und Mitgliederbeiträge, 1980; Statuten 1963–1985.
Varia (darin: Dokumentation zum Richtungskampf der 1950er-Jahre, zusammengestellt von Willy Bühler, TV DRS, 8.10.1988; Natur- und Umweltschutz, 1973–1976); Wir Naturfreunde singen. Liederbüchlein, hrsg. im Verlag der GL des TVN Schweiz.
75-Jahr-Jubiläum
Grundsatzpapiere 1969–1979 (darin: Die Zukunftsperspektiven des TVN. Untersuchungen über die Entwicklung bis 1980, 11.3.1969.
Die Naturfreunde auf dem Weg ins Jahr 2000. Leitbild der Naturfreunde Schweiz, 1987.
Naturfreunde Geschichte (darin: Arbeitspapier Gesamtkonzeption Häuserwesen, 1974).
Fichen-Auszüge NFS, 1939–1981
Reorganisation Kurswesen, 1994–1997
Dokumentation nfs-future, 1997–2000

Archiv Naturfreunde Sektion Aarau
Tourenbücher, 1918–1937
Fotoalbum, ca. 1920 bis ca. 1970

Archiv Naturfreunde Stadtverband Zürich
Protokolle Monats- und Generalversammlungen, 1905–1911
Protokolle Hüttenbaukommission, 1916–1918
Georgi-Bader, Albert (1895–1989): Erinnerungen und Erlebnisse eines alten Naturfreundefunktionärs. O. O. 1980.

Archiv Naturfreunde Sektion Bern
Fotoalbum, ca. 1905 bis ca. 1914

Archiv Naturfreunde Internationale, Wien
Berg frei, 1920–1934
Fotoalben NFI 1, ca. 1908 bis ca. 1950
Fotoalbum NFI 2, ca. 1930 bis ca. 1970
Protokolle Hauptversammlung, 1906–1935

Gretlers Panoptikum zur Sozialgeschichte der Arbeiterbewegung, Zürich
Nachlass Albert Georgi, Nachrufe Bd. 1–3, 1937–1984

Schweizerisches Sozialarchiv, Zürich
Volkstourismus Bulletin, 1945–1950

Staatsarchiv Graubünden
DV/18a, Naturfreunde Kantonalverband Graubünden, Akten Kantonalpräsident, 1954–1981
DV/18a, Naturfreunde Kantonalverband Graubünden, Akten zum Natur- und Umweltschutz 1958–1989

Verbandszeitschriften
Der Naturfreund. Zeitschrift des «Touristenvereins ‹Die Naturfreunde›», 1897–1960 (eingestellt).
Mitteilungs-Blatt der Genossenschaft, der Gauleitungen und der Ortsgruppen des «Touristen-Vereins ‹Die Naturfreunde›» mit Sitz in der Schweiz, 1919–1920.
Berg Frei. Mitteilungsblatt der Gauleitungen Ost- und Westschweiz, des Zentraldepots sowie sämtlicher schweizerischer Ortsgruppen des «Touristenvereins ‹Die Naturfreunde›» (ab 1937: Organ des «Touristenvereins ‹Die Naturfreunde›», Landesverband Schweiz), 1920–1955 (Fortsetzung: Der Naturfreund).
Naturfreunde Illustrierte, 1931–1961 (eingestellt).
Der Naturfreund/L'ami de la Nature. Offizielles Organ des Schweizerischen Touristenvereins Die Naturfreunde/Organe officiel de l'union touristique Les amis de la Nature (Fortsetzung von «Berg frei»); 1955–.
Der Naturfreund/L'ami de la Nature/L'amico della Natura. Vierteljahresschrift für Sozialtouristik und Freizeitgestaltung, 1961–1964 (fusioniert mit Naturfreund, offizielles Organ).

Gespräche

Ruedi Angehrn (*1950), Appenzell, befragt von Beatrice Schumacher, 2.11.2004
Peter Glauser (*1957), Milken, befragt von Beatrice Schumacher, 9.11.2004
Alma Gloor (*1917), Zermatt, befragt von Beatrice Schumacher, 20.8.2004
Hermann Macher (*1915), Zürich, befragt von Dominik Siegrist, 14.1.1994
Kurt Mersiovsky (*1918–1997), Brissago, im Gespräch mit Dominik Siegrist, 9.7.1991
René Moor (*1963), Hünibach, befragt von Beatrice Schumacher, 26.11.2004
Martha Palma (1910–1999), Zürich, befragt von Dominik Siegrist, 10.1.1992
Theo Pinkus (1908–1991), Zürich, im Gespräch mit Dominik Siegrist, 28.2.1991
Rudolf H. Strahm (*1943), Herrenschwanden, 3.12.2004
Turi Ströbele (*1912), Zürich, im Gespräch mit Dominik Siegrist, 10.1.1995
Ludwig Thomas (*1914), Chur, befragt von Beatrice Schumacher, 16.8.2004

Literatur

Arbeitsgruppe für Geschichte der Arbeiterbewegung (Hg.): Schweizerische Arbeiterbewegung. Dokumente zu Lage, Organisation und Kämpfen der Arbeiter. Ergänzungsband 1968–79. Zürich 1980.
Brinkschmidt, Hans-Christian: Das Naturverständnis der Arbeiterbewegung am Beispiel der Naturfreundebewegung. Diss. 1997, Frankfurt/Main 1998.
Bühler-Nöthiger, Emmy: Sonne, Fels und Schnee. Berlin/Zürich 1958.
Erdmann, Wulf; Zimmer, Jochen: Hundert Jahre Kampf um die freie Natur. Illustrierte Geschichte der Naturfreunde. Essen 1991.
Erdmann, Wulf; Lorenz, Klaus-Peter: Die grüne Lust der roten Touristen. Das fotografierte Leben des Arbeiters und Naturfreundes Paul Schminke (1888–1966). Hamburg 1985.
Gruner, Erich: Arbeiterschaft und Wirtschaft in der Schweiz 1880–1914. Bd. 2/1. Zürich 1988.
Hoffmann, Heinz; Zimmer, Jochen (Hg.): Wir sind die grüne Garde. Geschichte der Naturfreundejugend. Essen 1986.
Jutzi, Hanni: Mein Leben mit Naturfreunden und Sozialdemokraten. Hrsg. von der Naturfreundesektion Bümpliz. Bern 1987.
Kulturweg Alpen. Zu Fuss vom Lac Léman ins Val Müstair. Hrsg. von den Naturfreunden Schweiz. Zürich 1999 (Titel der französischen Parallelausgabe: Sentier culturel: Les Alpes suisses d'un bout à l'autre).
Lüscher, Rudolf M.; Schweizer, Werner: Amalie und Theo Pinkus-De Sassi. Leben im Widerspruch. Zürich 1994.
Pils, Manfred: «Berg frei». 100 Jahre Naturfreunde. Wien 1994.
Porrini, Andra: Les débuts de l'Unione Ticinese Operai Escursionisti. Les itinéraires de l'alpinisme populaire tessinois dans l'entre deux guerres. In: Cahiers d'histoire du mouvement ouvrier 18 (2002), S. 63–79.
Rosenberg-Katzenfuss, Odette: Lydia Woog, eine unbequeme Frau. Schweizer Aktivistin und Kommunistin. Zürich 1991.
Sandner, Günther: Zwischen proletarischer Avantgarde und Wanderverein. Theoretische Diskurse und soziale Praxen der Naturfreundebewegung in Österreich und Deutschland (1895–1933/34). In: Zeitgeschichte 23 (1996), S. 306–318.
Schumacher, Beatrice: Ferien. Interpretationen und Popularisierung eines Bedürfnisses, Schweiz 1890–1950. Wien 2002.
Schumacher, Beatrice: Krise im Reiseland par excellence. Zum Umgang mit Krisen von Hotellerie und Fremdenverkehr in der Schweiz. In: Traverse. Zeitschrift für Geschichte 4 (1997), Heft 1, 81–96.
Schwaar, Karl: Isolation und Integration. Arbeiterkulturbewegung und Arbeiterbewegungskultur in der Schweiz, 1920–1960. Basel 1993.
Sechzig Jahre Touristenverein «Die Naturfreunde», 1895–1955. Hrsg. vom Zentralausschuss der Naturfreunde Internationale. Zürich 1955.
Siegrist, Dominik: Pässespaziergang. Wandern auf alten Wegen zwischen Uri und Piemont. Zürich 1996 (= Begleitbuch zur Landschaft des Jahres «Alpen»).
Studer, Brigitte: Un parti sous influence. Le Parti communiste suisse, une section du Komintern 1931 à 1939. Lausanne 1994.
Zimmer, Jochen (Hg.): Mit uns zieht die neue Zeit. Die Naturfreunde. Zur Geschichte eines alternativen Verbandes in der Arbeiterkulturbewegung. Köln 1984.

Bildnachweis

Ruedi Angehrn, Appenzell: S. 24, 126
Bildarchiv & Dokumentation zur Geschichte der Arbeiterbewegung, Roland Gretler, Zürich: S. 9, 16, 18, 20 unten, 26, 28, 33 links, 36, 38, 41 rechts, 55, 59, 60, 61, 68, 69, 87, 91, 97, 101
Peter Bürgi, Hellikon: S. 82, 83
Betty und Hans Fischer-Weisskopf, Münchenstein: S. 75, 76
Alfred Gebs, Chur: S. 10, 11, 94 rechts, 98, 108
Alma Gloor, Zermatt: S. 80, 88–90
Hotelplan AG, Zürich: S. 58
Margrit Kohler, Meiringen: S. 49
Eveline Lenherr, Felicitas Keller, Niederwil: S. 23
Jeannette Liechti, Stettlen: S. 50
Lüscher/Schweizer, Pinkus-De Sassi, 1994: S. 56, 57
René Merki, Zollikofen: S. 129, 130
Denis und Thérèse Monnat-Chapatte, Le Noirmont: S. 103, 104
Naturfreunde Internationale, Wien: S. 15, 17, 19, 20 oben, 31, 34, 39, 42, 43, 45, 46, 66, 86, 93
Naturfreunde Schweiz, Bern: S. 30, 33 rechts, 35, 37, 40, 62–65, 70, 72, 84, 85, 94 links, 99, 106, 109, 110–125
Naturfreunde Sektion Aarau: S. 32, 41 links und Mitte
Naturfreunde Sektion Bern: S. 14, 29
Naturfreunde Stadtverband Zürich: S. 13, 92
Pils, Berg frei, 1999: S. 12
Schweizerisches Sozialarchiv, Zürich: S. 67

Dank

Zahlreiche Personen haben mich bei der Entstehung dieses Buches grosszügig unterstützt. Ihnen allen gilt mein herzlicher Dank.

Im Januar 2004 hat der Vorstand der Naturfreunde Schweiz den Auftrag zur Erarbeitung dieser Publikation erteilt und damit die entscheidende Grundlage gelegt. Konzeption, Recherchen und Schreibarbeit bis hin zur Buchgestaltung haben Brigitte Käser, Hans Kaufmann, Herbert Gruber und Paul Bayard mit viel Engagement und Interesse begleitet. Jürg Zbinden hat das Projekt wo immer nötig präsidial unterstützt. Die Mitarbeiterinnen und Mitarbeiter im Sekretariat in Bern waren stets zu Hilfestellungen bereit. Den Kontakt zwischen Verband und Autorin hat Sabine Braunschweig (Basel) hergestellt.

Während der Recherchen haben sich mir zahlreiche Türen von Sektionsarchiven und Privatwohnungen geöffnet. Zahlreiche Mitglieder haben mir mit Auskünften und Hinweisen weitergeholfen, ihre eigenen historischen Text- und Bilddokumentationen oder chronikalischen Zusammenstellungen grosszügig zur Verfügung gestellt. Namentlich erwähnen möchte ich Erwin Bezler (Basel), Marlène und Kurt Brüschweiler (Horgen), Fred Gebs (Chur), Elly Ravay (Nyon), Otto Windler (Schaffhausen) und Niklaus Zweifel (St. Gallen).

Sehr wertvoll waren die Gespräche mit Zeitzeugen und direkt Beteiligten, die mir aus ihrer Erinnerung Einblick in den Verband und seine Einrichtungen gaben. Dass in diesem Buch auch Zeitzeugen zu Wort kommen, die ich selber nicht kennen lernen konnte, verdankt sich Dominik Siegrist (Rapperswil). Er stellte grosszügigerweise die Tondokumente von Interviews mit älteren Mitgliedern zur Verfügung, welche er im Hinblick auf das Jubiläum 100 Jahre Naturfreunde International von 1995 befragt hatte.

Die Bereitschaft von einzelnen Mitgliedern, über ihre Erfahrungen als Naturfreunde sowie aus ihrem Leben zu erzählen, hat es ermöglicht, dass die historische Darstellung durch Porträts bereichert wird, die persönliche und gegenwartsbezogene Sichtweisen eröffnen.

Die sprachliche Gestalt verdanken die fünf Porträts Roger Monnerat (Basel), der überdies das Werden dieses Buches mit anregenden Fragen und Diskussionen begleitet hat. Mario König (Basel) hat sein Wissen als Fachhistoriker und Lektor eingebracht und die Autorin – einmal mehr – mit unerschöpflicher Neugier und Unterstützung beschenkt.

Der Verlag hier+jetzt hat dieses Buch in angenehmer Zusammenarbeit umsichtig und engagiert betreut sowie sorgfältig und schön gestaltet.

Basel, April 2005
Beatrice Schumacher

Donationen/Dons

**Donationen für das Jubiläumsbuch über 500 Franken/
Dons pour le livre-jubilé de plus de 500 francs:**
Aarau, Sektion NFS: 1000.–
Balsiger Hans Ernst, Luzern: 500.–
Bern, Kantonalverband NFS: 1000.–
Bern, Sektion NFS: 1000.–
Horgen, Sektion NFS: 1000.–
Ostermundigen, Sektion NFS: 1000.–
Wettstein Henri, Versoix: 500.–
Wohnlich Kaspar, Dübendorf: 500.–
Wullschleger Walter, Bern: 1000.–
Zürich, Stadtverband NFS: 1000.–

Weitere Donationen/Autres dons:
Arbon, Sektion NFS
ATB, Verband für Verkehr, Sport und Freizeit
Bayard Irmgard und Paul, Langenthal
Birsigtal und Birseck, Sektion NFS
Chur, Sektion NFS
Dürr-Briner Nelli und Urs, Pratteln
Genève, Section FSAN
Grob-Wäspi Martha und Emil, Gockhausen
Gruber Herbert, Bern
Innerschweiz, Regionalverband NFS
Jaeggi Thomas, Winterthur
Kaufmann-Stalder Sylvia und Hans, Oberrüti
Langenthal, Sektion NFS
Lang-Schoch Kathrina und Hans-Peter, Thalwil
Lenzburg, Sektion NFS
Löw-Scheer Helen und Peter, St. Gallen
Müller-Bodmer Mirjam, Meggen
Münsingen, Sektion NFS
Neuchâtel, Association Cantonale FSAN
Oftringen, Sektion NFS
Paierl Friedl, Stäfa
Pestoni Marco, Mamishaus
Pratteln/Augst, Sektion NFS
Reisacher Anton, Brienz
Renold-Hausammann Rosmarie und Fritz, Seuzach
Schenk Ruth und Hans, Dietikon
Scherrer Heinrich, Berg
Schnell Josef, Bischofszell
Thurgau, Kantonalverband NFS
Tscherwald Amden, Naturfreundehaus
Zbinden Marianne und Jürg, Erlinsbach
Vétéran anonyme

Danebst eingegangen sind zahlreiche kleinere Spenden. Der Vorstand der Naturfreunde Schweiz dankt allen, die sich für das Buchprojekt engagiert haben.
De nombreux autres dons plus modestes ont été effectués. Le comité de la Fédération Suisse des Amis de la Nature remercie tous ceux et celles qui se sont engagés en faveur de ce projet.

Dieses Buch ist nach den neuen Rechtschreiberegeln verfasst. Quellenzitate werden jedoch in originaler Schreibweise wiedergegeben. Hinzufügungen sind in [eckige Klammern] eingeschlossen, Auslassungen mit [...] gekennzeichnet.

Übersetzung: François Grundbacher, Paris
Gestaltung und Satz: Christine Hirzel, hier + jetzt, Baden
Lektorat: Mario König, Basel; Madlaina Bundi, hier + jetzt, Baden
Bildverarbeitung: Humm dtp, Matzingen

© 2005 hier + jetzt, Verlag für Kultur und Geschichte GmbH, Baden
www.hierundjetzt.ch
ISBN 3-906419-96-7